普通高校"十三五"规划教材·物流学系列

物流信息系统管理

傅莉萍 ◎ 编著

清华大学出版社

北京

内 容 简 介

在经济全球一体化的今天，我国仍有一些中小企业因经营思想保守使物流信息管理流于烦琐的形式，不能实现应有的效能。本书吸收国内外物流信息技术理论和实践成果，提炼其精华，从物流信息管理过程如何利用现代信息技术视角谋篇布局，旨在帮助企业提高物流管理效率。重点介绍物流信息系统技术基础、物流信息系统开发、订单信息系统、库存信息系统、运输信息系统、客户管理信息系统、物流成本管理信息系统、连锁物流信息系统及物流信息系统运行与安全管理。书中详细阐述物流信息管理的策略和技巧，指导企业如何规避风险，在物流过程中最大限度地简化管理程序和挖掘潜在价值，提升中小企业的利润水平和经营业绩。

本书封面贴有清华大学出版社防伪标签，无标签者不得销售。
版权所有，侵权必究。举报：010-62782989，beiqinquan@tup.tsinghua.edu.cn。

图书在版编目（CIP）数据

物流信息系统管理/傅莉薄编著. —北京：清华大学出版社，2017（2024.1重印）
（普通高校"十三五"规划教材. 物流学系列）
ISBN 978-7-302-48029-7

Ⅰ.①物… Ⅱ.①傅… Ⅲ.①物流－管理信息系统－高等学校－教材 Ⅳ.①F252-39

中国版本图书馆 CIP 数据核字（2017）第 205698 号

责任编辑：陆浥晨
封面设计：汉风唐韵
责任校对：宋玉莲
责任印制：沈 露

出版发行：清华大学出版社
网　　址：https://www.tup.com.cn，https://www.wqxuetang.com
地　　址：北京清华大学学研大厦A座　　邮　编：100084
社 总 机：010-83470000　　邮　购：010-62786544
投稿与读者服务：010-62776969，c-service@tup.tsinghua.edu.cn
质量反馈：010-62772015，zhiliang@tup.tsinghua.edu.cn
课件下载：https://www.tup.com.cn，010-83470332
印 装 者：三河市天利华印刷装订有限公司
经　　销：全国新华书店
开　　本：185mm×260mm　　印　张：19.5　　字　数：458 千字
版　　次：2017 年 9 月第 1 版　　印　次：2024 年 1 月第 5 次印刷
定　　价：49.00 元

产品编号：075707-02

前 言

现代信息技术的飞速发展带动了传统物流向现代物流的转变,计算机技术的发展和互联网的普及更是促进了现代物流的巨大发展,企业物流管理与作业的信息化水平高低,已经成为区别现代企业与传统企业的重要标志!进行物流信息系统管理已成为发展的必然趋势。

随着经济全球化进程的加快,越来越多的中小企业意识到:单靠个人经验和对商品的占有,已很难在激烈的市场角逐中取胜。中小企业物流信息管理是企业生产与经营的重要组成部分,是社会化大生产的基础。企业物流信息管理是以企业生产与管理范围内物品流动过程的技术与经济管理的发展变化规律为研究对象,以原材料、半成品、成品、服务,以及相关信息从供应到消费的流动与储存过程进行有效的计划、实施和控制,满足客户需要为研究内容,实现企业在经营活动中适时、适地地采用先进的物流管理技术,且与其生产和经营活动达到最优的结合,使企业获得最高的经济效益。

实用性是本书最大的特色。全书通过一些生动的案例,将中小企业物流信息管理中遇到的实务性问题讲解出来,使复杂深奥的物流信息管理知识变得通俗易懂;理论精,实践性强,管理内容丰富且覆盖面广,可操作性非常强,达到学以致用的目的;对于普通高等院校应用型本科物流管理专业学生、物流管理部门主管、企业管理人员以及企业经营者都具有一定的指导和借鉴作用,是一本较为实用的管理培训工具书。

全书共由10章组成,着重解决以下问题:

如何认识和理解物流信息管理的意义和作用。

如何科学、合理地进行物流信息管理,在物流过程挖掘潜力,降低成本,让企业获得更大利润。

如何利用现代信息技术进行适时而恰当的采购、运输配送、库存控制,不断提高企业管理水平,加快企业资金周转率,扩大企业盈利空间。

如何利用信息技术实现物流JIT管理,最大限度地保障企业的有效销售、现金流和净利润成果。

当你遇到物流信息管理难题时,也许能从本书中得到某些启示和帮助,愿这本书能成为你进行企业管理、学习及培训时的好帮手。

本书由广东培正学院傅莉萍编著。本书的出版得到广东培正学院资助和清华大学出版社的指导支持，在此一并表示感谢！

由于学识和经验的局限，加之物流科学、信息技术的日新月异，本书难免有不足、缺点和问题，恳请同行、读者给予批评和指正，以便改正。欢迎与作者联系交流：hzne999888@163.com。

编　者

目 录

第 1 章 物流信息系统概述 1
    1.1 物流信息概述 2
    1.2 物流信息管理 7
    1.3 物流信息平台 16
    本章小结 18
    思考与练习 19
第 2 章 物流信息系统技术基础 22
    2.1 计算机网络技术 23
    2.2 数据库技术 30
    2.3 物流信息技术 33
    本章小结 53
    思考与练习 53
第 3 章 物流信息系统开发 57
    3.1 物流信息系统规划 58
    3.2 物流信息系统开发方法 73
    3.3 物流信息系统实施 84
    本章小结 87
    思考与练习 87
第 4 章 订单信息系统 91
    4.1 订单处理概述 92
    4.2 订单作业信息 95
    4.3 订单信息系统功能 101
    4.4 自动订货系统 103
    本章小结 110
    思考与练习 110
第 5 章 库存信息系统 116
    5.1 库存信息系统概述 117
    5.2 库存信息系统功能 120
    5.3 库存信息系统业务流程 126
    5.4 库存的分类与相关信息 132
    本章小结 137

思考与练习 137

第6章 运输信息系统 140
6.1 公路运输信息系统 141
6.2 配送信息系统 149
6.3 货运代理信息系统 154
6.4 船舶代理信息系统 162
本章小结 170
思考与练习 170

第7章 客户管理信息系统 174
7.1 客户管理信息系统概述 176
7.2 客户管理业务流程 184
7.3 客户管理信息系统功能与应用 190
7.4 客户管理信息系统效益分析 196
本章小结 197
思考与练习 197

第8章 物流成本管理信息系统 200
8.1 物流成本概述 202
8.2 物流成本计算数据和计算对象的确定 211
8.3 物流成本管理信息系统业务需求分析 214
8.4 物流成本信息系统功能与应用 229
本章小结 240
思考与练习 240

第9章 连锁物流信息系统 243
9.1 连锁物流信息系统概述 244
9.2 连锁物流信息系统业务流程 248
9.3 连锁物流信息系统结构 251
9.4 某连锁企业物流信息系统应用 256
本章小结 275
思考与练习 276

第10章 物流信息系统运行与安全管理 279
10.1 物流管理信息系统的运行管理 280
11.2 物流信息系统的维护 288
11.3 物流信息系统的安全管理 291
11.4 物流信息化的影响与观念 296
本章小结 299
思考与练习 300

参考文献 304

第 1 章

物流信息系统概述

> **学习目标**
>
> 通过本章的学习，要求掌握信息、物流信息、信息系统的概念、特征，了解物流信息的功能，认识物流信息的分类，熟悉物流信息系统的构成，了解物流业务信息系统种类和作用，熟悉物流管理信息技术。

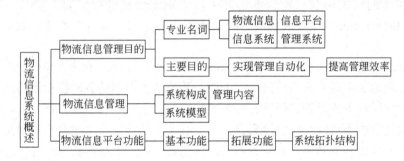

海尔物流信息化建设

只有建立高效、迅速的现代物流系统，才能建立企业核心的竞争力。海尔需要这样的一套信息系统，使其能够在物流方面一只手抓住用户的需求，另一只手抓住可以满足用户需求的全球供应链。海尔实施信息化管理的目的主要有以下两个方面：

（1）现代物流区别于传统物流的主要特征是速度，而海尔物流信息化建设需要以订单信息流为中心，使供应链上的信息同步传递，能够实现以速度取胜。

（2）海尔物流需要以信息技术为基础，能够向客户提供竞争对手所不能给予的增值服务，使海尔顺利从企业物流向物流企业转变。

解决方案

海尔采用了 EOS、EDI、GPS、GIS 等技术，组建了自己的物流管理系统（LMIS）。

LMIS 实施后，打破了原有的"信息孤岛"，使信息同步而集成，提高了信息的实时性与准确性，加快了对供应链的响应速度。如原来订单由客户下达传递到供应商需要 10 天以上的时间，而且准确率低，实施 EOS 后订单不但 1 天内完成"客户—商流—工厂计划—仓库—采购—供应商"的过程，而且准确率极高。

思考

你认为信息化对企业意味着什么？

提示

信息化建设是企业面对信息经济发展的必然选择。面对信息化浪潮，不同的企业理解认知不同，相应作出的选择也不同，进而也迎来了不同的应用效果。信息化建设，对企业来讲不仅仅是应用一两个软件那么简单，它是企业的一项战略举措，我国企业迟早要走向信息化管理，在这一方面，海尔为我们带来了宝贵经验。

1.1 物流信息概述

1.1.1 物流信息

1. 概念

我国实施的国家标准《物流术语》中，对物流信息进行了如下定义：物流信息（Logistics Information）是反映物流各种活动内容的知识、资料、图像、数据和文件的总称。

物流信息是物流活动中各个环节生成的信息，是指与物流活动（如运输、保管、包装、装卸、流通加工等）有关的信息。一般是随着从生产到消费的物流活动而产生的信息流，与物流过程中的运输、保管、装卸、包装等各种功能有机结合在一起，是整个物流活动顺利进行所不可缺少的物流资源。如运输工具的选择、运输路线的确定、在途货物的追踪、仓库的有效利用、订单管理等，都需要详细和准确的物流信息。

如图 1-1 所示，一个制造业企业物流的基础过程是：原材料的购进（供应商与供应科）—产品的生产（生产部门）—产品推向市场（销售科与客户），这个物质实体"位移"过程是单向的。伴随物流产生了众多的信息流，而其中许多信息流发生于不与物流直接

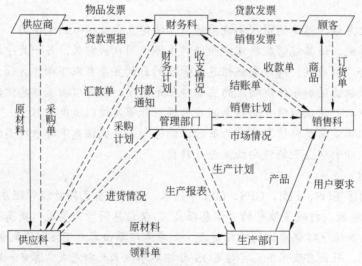

图 1-1 制造业中的物流与信息流

相关的部门，例如，财务科和管理部门。信息流反映的是物流的状态，要求有反馈，即信息流是双向的，用来控制和调节物流。又如，外部供应商通过企业的供应科向该企业供应原材料（物流），伴随物质实体这一"位移"产生的信息流是供应科—供应商—采购单；信息流向：生产部门—管理部门—生产计划—供应科—领料单（信息）以得到供应科提供的原材料（物质实体），并生产出产品（物质实体）交付销售科，而销售科通过市场销售了解客户的需求变化，并将客户的订货单—用户要求—生产部门，生产部门再将生产报表—管理部门—生产计划（信息），信息流如此伴随物流，并对物流的数量、方向、速度进行控制和调节，使之按一定的目的和规则运动。

现代物流发展趋势是物流的信息化，现代物流也可看作是物资实体流通与信息流通的结合。在现代物流运作过程中，通过使用计算机技术、通信技术、网络技术等手段，大大加快了物流信息的处理和传递速度，从而使物流活动的效率和快速反应能力得到提高。建立和完善物流信息系统，对于构筑物流系统，开展现代物流活动是极其重要的一项工作内容。物流信息在物流系统中，既如同其他物流功能一样成其子系统，又不同于其他物流功能，它总是伴随其他物流功能的运行而产生，又不断对其他物流以及整个物流起支持保障作用。

"物流"一词的来源

"物的流通"这个词最初是由英语 Physical Distribution 翻译而来的，开始时只在政府的有关部门中使用，后来，逐步流传到了民间。

而将"物的流通"简称为"物流"并在企业界广泛使用，则已经是 20 世纪六七十年代的事了。

2. 物流信息的特征

物流信息与其他信息相比具有以下特征，如图 1-2 所示。

图 1-2　物流信息的特征

1) 信息量大

物流信息随着物流活动以及商品交易活动展开而大量发生，多品种少批量生产和多频度小数量配送使库存、运输等物流活动的信息大量增加。零售商广泛应用 POS（Point of Sale System，销售时点信息系统）读取销售时点的商品价格、品种、数量等即时销售信息,并对这些销售信息加工整理,通过 EDI(Electric Data Interchange,电子数据交换)向相关企业传送。同时,为了使库存补充作业合理化,许多企业采用 EOS(Electronic Ordering System,电子订货系统)。随着企业间合作倾向的增强和信息技术的发展,物流信息的信息量将会越来越大。

2)更新快

多品种少量生产、多频度小数量配送、利用 POS 系统的及时销售使得各种作业活动频繁发生,从而要求物流信息不断更新,而且更新的速度越来越快。此外,物流信息动态性强,实时性高,信息价值衰减速度快,时效性强,因而对信息管理的及时性和灵活性都提出了很高的要求。

3)来源多样化

物流信息不仅包括企业内部的物流信息(如生产信息、库存信息等),还包括企业间的物流信息和与物流活动有关的基础设施的信息。物流信息的产生源于物质实体的"位移",与整个物流活动密切相关,涉及原材料供应商、企业生产制造商、中间环节的批发商和零售商,以及最终消费者市场(客户)流通的全过程。物流信息种类多,来源广,使得物流信息的搜集、分类、筛选、统计、研究等工作的难度增加。

4)物流信息趋于标准化

物流信息种类多,不仅本系统内部各个环节有不同种类的信息,而且有很多与其他系统(如生产系统、供应系统)密切相关的信息,企业竞争优势的获得需要供应链各参与企业之间相互协调合作。协调合作的手段之一是信息及时交换和共享。信息处理手段的电子化要求物流信息标准化。

现在,越来越多的企业力图使物流信息标准化和格式化,并利用 EDI 在相关企业间进行传送,实现信息共享。

XML(Extensible Markup Language,可扩展标记语言)

XML 是网页上表示结构化信息的一种标准文本格式,是一个用来定义其他语言的源语言,它没有复杂的语法和包罗万象的数据定义。虽然目前 HTML 语言仍然是建立网页最常用的程序语言,但是它储存信息的能力却有很大的限制。比较而言,XML 具有比较大的弹性,它允许程序员使用任何虚拟形态的信息,从简单的单笔数据直到复杂的数据库。

3. 物流信息的功能

1)流程控制功能

物流信息的流程控制作用就是记录、控制物流活动的基本内容。例如,当收到订单,就记录了第一笔交易的信息,意味着流程的开始。随后按记录的信息安排存货,指导材料管理人员选择作业程序,指挥搬运、装货及按订单交货,都在物流信息的控制下完成。物流信息的主要特征是程序化、规范化,作用上强调效率。

2)管理控制功能

物流服务的水平和质量以及现有管理个体与资源的管理,通过信息系统进行控制。

应该建立完善的考核指标体系来对作业计划和绩效进行评价与鉴别，这里强调了信息对加强控制力度的作用。通过移动通信、计算机信息网、电子数据交换、全球定位系统等技术能够实现物流信息处理网络化，如货物实时跟踪、车辆实时跟踪，提高了管理力度；又如通过每磅的运输和仓储成本、存货周转、供应比率等信息可以进行成本衡量、资产衡量、顾客服务衡量等功能衡量和报告。畅通的信息通道是物流运行控制、服务质量控制、成本控制的基本前提。

3）协调功能

沟通货主、用户、物流服务提供者之间的联系，满足各类货主、用户、中介服务人的需要，满足不同物流环节协同运作的需要。在物流运作中，加强信息的集成与流通，有利于工作的时效性，提高工作的质量与效率，减小劳动强度系数。例如，零售商与物流企业之间共享商品销售信息，物流企业可以据此预测库存情况并及时补货，使库存保持在最佳水平。

4）支持决策和战略功能

物流网络规划决策、运营线路设计与选择、仓库作业计划、库存管理，利用外部资源补充内部瓶颈资源、物流系统运行中的短期决策等管理工作都需要大量经过处理的信息支持，包括评估信息、成本—收益信息等。这一层次的物流信息的特征是范围广，时间跨度大、非结构化程度高，作用上强调有效性而不是强调效率。

流 通 VAN

VAN（ValueAdded Network，流通增值网）是 VAN 公司所经营的各种信息通信服务网络，利用 VAN，企业间可以实现在线联络，不同的计算机可以实现数据交换。各行业、各地区有各种 VAN，流通企业利用的网络称为流通 VAN。在流通 VAN 中，EOS 的数据传输方法被经常使用。

1.1.2 物流信息的内容

物流信息包括物流系统内信息和物流系统外信息两部分。

1. 物流系统内信息

物流系统内信息是指与物流活动（如运输、保管、包装、装卸、配送、流通加工等）有关的信息，如图 1-3 所示。它是伴随物流活动而发生的。

在物流活动的管理与决策中，如运输工具的选择、运输线路的确定、在途货物的追踪、仓库的有效利用、订单管理等，都需要详细和准确的物流信息，因为物流信息对运输管理、库存管理、订单管理等物流活动具有支持保证的功能。

2. 物流系统外信息

物流系统外信息是在物流活动以外发生的，但提供给物流使用的信息，包括供货人信息、顾客信息、订货合同信息、交通运输信息、市场信息、政策信息，还有来自企业内生产、财务等部门的与物流有关的信息。

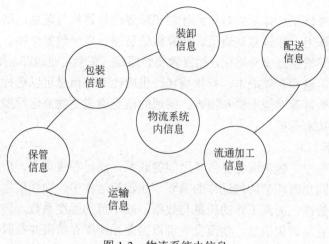

图 1-3 物流系统内信息

1.1.3 物流信息的分类

1. 按信息沟通联络方式划分

（1）口头信息。通过面对面交谈所进行交流的信息。它可以迅速、直接传播，但也容易失真，与其他传播方式相比速度较慢。物流活动的各种现场调查和研究，是获得口头信息最简单的方法。

（2）书面信息。物流信息表示的书面形式，可以重复说明和进行检查。各种物流环节中的报表、文字说明、技术资料等都属这类信息。

2. 按信息的来源划分

（1）外部信息。在物流活动以外发生但提供给物流活动使用的信息，包括供货人信息、客户信息、订货合同信息、交通运输信息、市场信息、政策信息，还有来自企业内生产、财务等部门的与物流有关的信息。

（2）内部信息。来自物流系统内部的各种信息的总称，包括物流流转信息、物流作业层信息、物流控制层信息和物流管理层信息。

3. 按照物流信息变动度划分

（1）固定信息。固定信息有如下三种形式：一是物流生产标准信息。这是以指标定额为主体的信息，如各种物流活动的劳动定额、物资消耗定额、固定资产折旧等。二是物流计划信息。物流活动中在计划期内已定任务所反映的各项指标，如物资年计划吞吐量、计划运输量等。三是物流查询信息。在一个较长的时期内很少发生变更的信息。物流企业内的职工人事制度、工资制度、财务制度等。

（2）流动信息。与固定信息相反，流动信息是物流系统中经常发生变动的信息。这种信息以物流各作业统计信息为基础，如某一时刻物流任务的实际进度、计划完成情况、各项指标的对比关系等。

1.1.4 物流信息的作用

一般人们认为信息流是伴随物流的产生而产生的,但是随着信息技术的发展和应用,信息以及信息流的作用由过去单一的、被动转变为多方的、主动的。一类信息流先于物流的产生,它控制着物流产生的时间、流动的大小和方向,引发、控制、调整物流,主要是各种决策、计划、用户的配送加工和分拣及配货要求等;另一类信息流则与物流同步产生,例如,运输信息、库存信息、加工信息、货源信息、设备信息等,它们反映物流的状态。前者是计划信息流或协调信息流,后者为作业信息流,如图1-4所示。

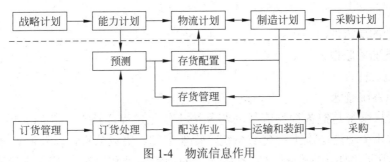

图1-4 物流信息作用

第三利润源

企业追求利润,其第一种来源是"增加销售额";第二种来源是"降低制造(采购)成本";第三种来源,就是引人注目的"降低物流成本"。在结束经济高速增长的20世纪70年代,出现了销售额上不去的情况,因而也不可能降低制造成本。这时,被称为"黑暗大陆(未开拓的领域)"的物流,开始为人们所关注。

降低物流成本的效果,可以与扩大销售额相媲美。这种第三利润源的理论,具有较充分的说服力,为经营层所认可。

1.2 物流信息管理

1.2.1 信息系统

1. 系统的定义

系统指在一定环境中,为了达到某一特定功能而相互联系、相互作用的若干个要素所组成的一个有机整体。

例如,物流公司就是一个系统,它是由员工、场地、物流设施设备、资金、部门、商品、信息等组成的,为了有效地实现商品物资流通,以最好的方式组织和运输产品,在满足消费者商品需求的同时,从中获取最大利润。

2. 系统的模型表示

输入、处理、输出是组成系统的三个基本要素,加上反馈功能就构成一个完整的系统，如图 1-5 所示。

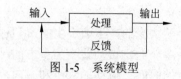

图 1-5 系统模型

3. 系统的特征

根据上述系统的定义，可以得到系统的如下特征：

① 整体性。
② 目的性。
③ 系统的层次性。
④ 系统的关联性。
⑤ 环境适应性。

4. 信息系统概念

物流信息系统是把各种物流活动与某个一体化过程连接在一起的通道。一体化过程建立在这几个功能层次上：交易系统、管理控制、决策分析，以及制订战略计划系统。图 1-6 所示说明了在信息功能各层次上的物流活动和决策。正如该金字塔形状所示，物流信息管理系统管理控制、决策分析以及战略计划的制订需要以强大的交易系统为基础。

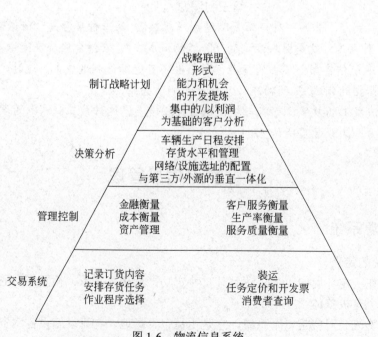

图 1-6 物流信息系统

第一层次是交易系统。交易系统是用于启动和记录个别的物流活动的最基本的层次。交易活动包括记录订货内容、安排存货任务、作业程序选择、装运、任务定价和开发票以及消费者查询等。

例如，当收到的消费者订单进入信息系统时，就开始了第一笔交易。随着按订单安排存货，记录订货内容意味着开始了第二笔交易。随后产生的第三笔交易是指导材料管理人员选择作业程序。第四笔交易是指挥搬运、装货，以及按订单交货。最后一笔交易是打印和传送付款发票。这个过程中，当消费者需要时必能获得订货状况信息，整个过程通过一系列信息系统交易就完成了消费者订货功能的循环。交易系统的特征是：格式规则化、通信交互化、交易批量化以及作业逐日化。结构上的各种过程和大批量的交易相结合主要强调了信息系统的效率。

第二层次是管理控制，要求把主要精力集中在功能衡量和报告上。当物流信息系统有必要报告过去的物流系统功能时，物流信息系统是否能够在其处理的过程中鉴别出异常情况也是很重要的。管理控制的例外信息对于鉴别潜在的客户或订货问题是很有用的。例如，有超前活动的物流信息系统应该有能力根据预测的需求和预期的入库数来预测未来存货短缺情况。

某些管理控制的衡量方法，诸如成本，有非常明确的定义，而另一些衡量方法，诸如客户服务，则缺乏明确的含义。例如，客户服务可以从内部（从企业角度）或从外部（从客户的角度）来衡量。内部衡量相对比较容易跟踪，然而，外部衡量却难以得到，因为它们是建立在对每一个客户监督的基础上的。

第三层次是决策分析，主要把精力集中在决策应用上，协助管理人员鉴别、评估、比较物流战略和策略上的可选方案。典型分析包括车辆日常工作和计划、存货管理、设施选址，以及有关作业比较和安排的成本——收益分析。对于决策分析，物流信息系统必须包括数据库维护、建模和分析，以及范围很广的潜在可选方案的报告构件。与管理控制层次相同的是，决策分析也以策略上的和可估价的焦点问题为特征。与管理控制不同的是，决策分析的主要精力集中在评估未来策略的可选方案上，并且它需要相对松散的结构和灵活性，以便作范围很广的选择。因此，用户需要有更多的专业知识和培训去利用它的能力。既然决策分析的应用要比交易应用少，那么物流信息系统的决策分析趋向于更多地强调有效（针对无利可图的账目，鉴别出有利可图的品目），而不是强调效率（利用更少的人力资源实现更快的处理或增加交易量）。

最后一个层次是制订战略计划，主要精力集中在信息支持上，以期开发和提炼物流战略。这类决策往往是决策分析层次的延伸，但通常更加抽象、松散，并且注重于长期。作为战略计划的例子，决策中包括通过战略联盟使协作成为可能、厂商的能力和市场机会的开发提炼，以及顾客对改进的服务所作的反应。物流信息系统的制订战略计划层次，必须把较低层次的数据结合到范围很广的交易计划中去，以及结合到有助于评估各种战略的概率和损益的决策模型中去。

图 1-7 所示在提出物流信息系统功能各层次设立理由的同时，介绍了系统的使用和

决策的特点。从历史上来说，物流信息系统的开发把精力集中在改进交易系统的效率上，以建立竞争优势的基础。最初的理由是减少交易成本以获得较低的价格。然而，因为物流信息系统的费用增加并不总是使相应的成本减少，因此要提出有关加强或增加 LIS 物流信息系统应用的理由已经变得越来越困难。

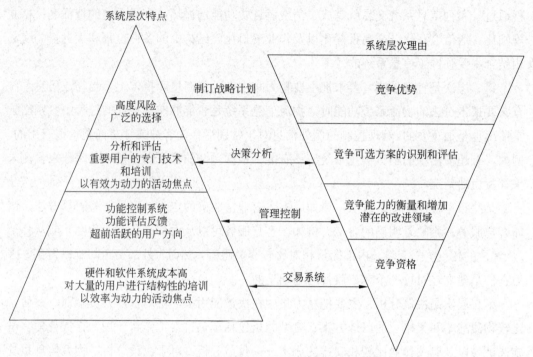

图 1-7　物流信息系统的用途、决策特点以及理由

图 1-7 所示的相对图形说明了物流信息系统的开发和收益—成本的特色。左边说明了开发和维护的特色，而右边则显示了各种收益。开发和维护成本包括硬件、软件、通信、培训和人员费用。一般来说，坚固的基础要求物流信息系统为交易系统作出更大的投资，并相应地减少更高的系统层次的投资。交易系统成本高是因为有众多的系统用户、大量的通信需求、很高的业务量，以及重要软件的复杂性。交易系统成本还相对比较明确，收益或报酬比较确定。更高层次的系统用户必须更加及时地投资、培训，以及制订战略决策，并且相应地关心由此引起的系统收益的不确定性和风险。

图 1-7 所示还说明了与物流信息系统各层次相关的收益。如先前所说明的那样，交易系统的效率收益涉及更快的处理和更少的人员资源。然而，通信和处理速度已加快到这样的程度，即这类特点与其说是竞争优势，倒不如说是竞争资格。有效的管理控制和决策分析提供了洞察竞争能力和可选战略的收益。例如，管理控制系统可以显示一家厂商支持价格的能力，或者，外界的消费者服务考核可以为选择性、以消费者为中心的方案识别各种机会。最后，对评估消费者/产品的盈利性、区段配

送,以及联盟协作等战略计划的制订能力,也会对企业的收益性和竞争能力产生主要的影响。

在过去,绝大部分开支集中花费在改进交易系统的效率上。虽然这些改进在速度上以及在降低作业成本上多少提供了回报,但期望能在降低成本上获益往往是不现实的。因而,最近的物流信息系统应用主要集中在管理控制、决策分析,以及制订战略计划等构件上。例如,正在把仓储和运输交易系统结合进重要的管理控制,用来衡量劳动和设施生产率。生产率衡量被用来奖励良好的表现,改进较差的表现。对于决策分析,许多物流信息系统结合了定量化模型来协助评估配送设施选址、存货水平,以及运输路线。正在开发的更新的物流信息系统应用也结合了重新构思的各种工艺。与简单的自动化物流流程不同,企业正在重新构思它们的物流程序,以减少循环次数和相应的活动。

物流信息化

物流信息化是指广泛使用现代信息技术,管理和集成物流信息,通过分析、控制物流信息和信息流来管理与控制物流、商流和资金流,提高物流运作的自动化程度和物流决策的水平,达到合理配置物流资源、降低物流成本、提高物流的服务水平的目的。

5. 信息系统的构成

信息系统是根据系统目标的需要,对输入的大量数据进行加工处理,代替人工处理的烦琐、重复劳动,为决策提供及时、准确的信息。

可以认为,信息系统就是由一系列相互关联的元素组成的集合,它可以输入数据、经过处理、输出信息,并提供反馈、控制机制以实现某个既定目标。

从结构功能上来看,信息管理系统一般包括信息处理系统和信息传输系统两个方面。信息管理系统的基本结构如图 1-8 所示,其基本组成为:信息源、信息管理者、信息处理器和信息接收者。

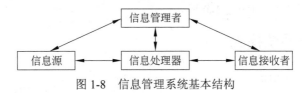

图 1-8 信息管理系统基本结构

1.2.2 物流信息系统

1. 物流信息

物流信息是对物流各环节的活动中收集的数据经过加工处理、予以分析解释、明确意义后,对物流企业经营管理活动产生影响的数据资料。

从控制论的观点,管理过程就是信息的收集、传递、加工、判断和决策的过程。管理信息可以通过实物指标、劳动指标、价值指标和文字图表等形式表现,反映企业所进行的物流活动以及与之相关的外部环境状况,它是现代企业管理工作的依据。

2. 物流信息系统

用计算机和信息技术来支持物流已有多年历史，现代企业将物流作为一种竞争武器，是以企业是否具备实时评估和调整实际物流绩效的能力来衡量的。也就是说，一旦有客户需要、生产需求和库存水平变化产生，就能对此进行实时监控，使企业及时掌握发生的变化，防止产品断货，并维持与客户的及时沟通。这就需要有一体化的物流信息系统，这种信息系统不仅必须在企业内部集成，考虑到对消费市场的客户营销，以及与外部供应商的联系，还必须与整个供应链上的其他成员相集成，以便能够提供从最早的供应商直至最终客户的准确信息。例如，沃尔玛的信息系统就通过 EDI（电子数据交换）技术与供应商沟通，沃尔玛从供应商那里接收有关发运状况、送货时间表、数量，以及账单、发票等信息。同时，沃尔玛还在零售商店的付款通道使用条形码技术来捕获实时销售的信息，并随即下载给厂商，厂商则使用此信息决定应该给沃尔玛发运什么货物。在该信息系统中，订单会自动生成。该信息系统还将销售情况迅速反馈给厂商，厂商由此能够依据准确、及时的销售数据来预测生产需求。他们还能更早地收到付款，这对厂商现金流的有效运作很有帮助。

在该信息管理系统的成功运作下，沃尔玛得到的好处是，它再也不用向众多的厂商直接下订单，并且可以将库存保持在最低水平。这两项策略降低了沃尔玛的成本，也提高了客户服务水平。

综上所述，物流信息系统是利用计算机软硬件、网络通信设备及机械化、自动化设备，进行物流信息的收集、存储、传输、加工、更新和维护，以支持物流管理人员、行业中的领导者控制物流运作的人机系统。

1.2.3　物流信息系统模型结构

物流信息系统模型结构如图 1-9 所示。

1.2.4　物流信息系统模式

1) 公路货运信息系统

公路货运信息系统主要管理的内容包括货运基础档案、货运业务处理和货运跟踪查询。货运基础档案包括车辆基础档案、驾驶员基础档案、配送中心（仓库）的基础档案，以及企业对码头、火车站、机场等信息建立的档案的管理。货运业务处理包括接收托运人订单、送货单确认、车辆预订、车辆配载、货运线路优化、发车管理、途中监控、到站管理、货运异常信息处理、货运签收单维护等。货运跟踪查询是将托运人信息、承运人信息和客户信息都通过管理信息系统进行管理，对货运作业、可用车辆、车辆行驶路线、货物移动情况和运费等进行查询与跟踪。

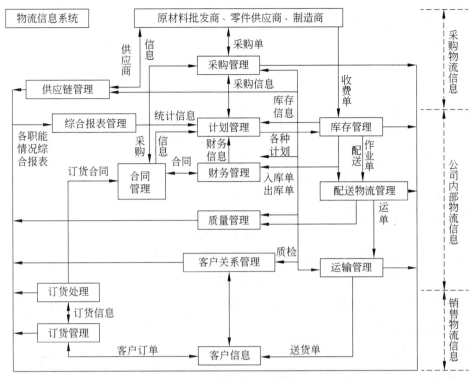

图 1-9 物流信息系统模型结构

2）铁路货运信息系统

铁路货运按照一批货物的重量、体积、性质、形状，可以分为整车运输、零担运输和集装箱运输三种。以整车运输为例说明铁路货运管理的信息内容。如果一批货物的重量、体积、性质或形状需要一辆或一辆以上铁路货车装运（除集装箱货运），就属于整车运输。

3）航空货运信息系统

航空货运的基本作业包括发送作业、途中作业和到达作业。其管理的主要内容是航空货运单上需要填写的内容，包括托运人名称和地址、托运人账号、收货人名称和地址、收货人账号、始发站、路线和目的站、运费、托运人向承运人声明的货物价值、目的站、保险金额、件数、毛重、货物品名及体积等。

HAWB 是什么单证？它与 MAWB 有什么关系？

HAWB 是 House Air Waybill 的简称，即航空分运单，由运输行签发（该运输行本身没有飞机）。运输行将揽收后拼装的货物交航空运输公司，由航空运输公司签发的运输单据是 Master Air Waybill，简称 MAWB。

4）船舶货运信息系统

船舶货运信息管理的基本内容是提出货物运单上的各个项目。管理信息系统除提供上述日常业务操作数据外，利用收集的客户信息还可提供重要的决策之用。也就是说，将数据资料转化成有用的信息，供决策者参考。承运人所做的决策有战术层的，也有战略层的。例如，承运人的一个战术层的运输决策可能是如何分配驾驶员和运输工具，从而使空载路程最短、收入最多；承运人的一个战略层的运输决策可能是根据对未来 5 年内货运流量的预测来决定运输船队的规模大小。战术决策受到战略决策的影响，反之亦然。托运人和收货人也做这样的决策。

提前装船通知（ASN）

提前装船通知（Advanced Shipment Notice，ASN）里面包含着船名、航次、提单号等内容，是发送给客户的一个货物相关信息通知文件。

运输过程所需信息可以分为交易前、交易中、交易后三种。信息的管理关键在于信息系统的集成，信息对于托运人和收货人之间的运输过程是非常必要的，这是连接所有供应链伙伴所必需的。

交易前的信息包括计划运输所需的信息，交易中的信息包括货物到达承运人处时所需的信息，交易后的信息包括交货后所需的信息。表 1-1 说明了托运人、承运人和收货人对三种信息的需求，以及三方之间的信息流必须合成以确保货物如期如约到达。在交易前，托运人需要对采购订单信息进行可能的预测，以便他们选择有能力的承运人并作出决策，托运人还需要从承运人处获知可用设备情况和计划提货时间这样的信息。从战略上，承运人需要从托运人处获知预测的数量，以便适当地计划运载量。从战术上，承运人需要从托运人处获知他所期望的提单（BOL）信息以及期望交货和取货的时间。收货人需要从托运人处获知提前装船通知（ASN）以及从承运人处（或在 ASN 上的托运人处）获知计划交货时间。

表 1-1 管理运输过程所需信息

运输活动	信息使用者		
	托运人	承运人	收货人
交易前	采购订单信息 预测 可用设备	提单信息 预测 取货/交货时间	提前装船通知 交货时间
交易中	货物情况	货物情况	货物情况
交易后	运费清单 承运人业绩 交货证明 索赔信息	付款 索赔信息	承运人业绩 交货证明 索赔信息

在交易中，三方都需要得知货物情况，例如，货物是否按计划到达?许多承运人都通过信息技术，例如，卫星跟踪、车上计算机、条形码来监控货物情况。一般来说，货物信息是由承运人掌握和提供的。通常，这些信息都是另外处理的，只有在交货时间或货物需求发生变化时才通知托运人和（或）收货人。

交易后，如果货物是船上交货，即按离岸价格（FOB）交货的话，需要从承运人处取得运费清单以及交货证明（POD）和承运人业绩的其他证明，例如，货损或索赔信息。承运人需要从托运人处获知承运人业绩情况，例如，是否按时、无货损等，以及从托运人或承运人处得到交货证明（POD），以便开始对托运人就产品进行付款。这些不同类型的信息以及它们的流动如图1-10所示。所以，运输过程中一个严密操作的环节是承运人、托运人和收货人之间信息流的合成。

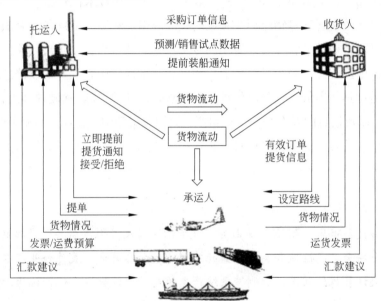

图1-10　运输活动交易前、交易中、交易后信息流示例

离岸价格（FOB）

离岸价格（Free on Board，FOB）涉及装船的问题，装船是FOB合同划分风险的界线，国际上不同惯例对装船的解释不尽一致。按国际商会《INCOTERMS》规定：卖方负担货物在装运港越过船舷为止的一切风险，即当货物在装运港越过船舷时，卖方即履行了交货任务。卖方的交货点（Point of Delivery）是船舷（Ship's Rail），买方自该交货点起，负担货物灭失或损坏风险。但《1990年通则》规定是可以被买卖合同的具体规定或买卖双方确立的习惯做法所超越或改变的。因此，在实际业务中，FOB合同的卖方，往往根据合同规定或双方确立的习惯做法，负责将货物在装运港实际装到船上，并提供

给卖方已装船收据或提单。

1.3 物流信息平台

1.3.1 物流信息平台的含义及功能

1. 物流信息平台的含义

物流信息平台是现代物流业的重要组成部分，对物流供应链上基于信息交换与共享的企业间协作运营起着基础性的支撑作用。物流信息平台的含义可分为广义和狭义。广义的物流信息平台是指全球定位系统（Global Positioning System，GPS）、地理信息系统（Geographical Information System，GIS）、电子商务等多种技术在仓储、货运代理、联运、集装箱运输以及政府管理等物流相关领域的集成应用。例如，2004年9月浙江杭州中药饮片物流信息平台通过了省经贸厅组织的专家鉴定。该平台推动了现代化的物流配送和定量小包装的中药饮片，减少了医院的中药库存，增加了中药饮片的新鲜度。狭义的物流信息平台是指具体提供各类物流信息的特定软硬件基础设施，软硬件基础设施的建设、管理和维护，以及信息的发布是由专业组织，如物流服务中介组织、物流企业等运营的，这类组织为广大的客户提供物流信息，是依托区域综合物流信息服务中心的一种重要基础系统。

汽车网络交易市场（ANX）是由美国汽车制造商及其供应商共同发起的一项行动，计划开发一个安全、高性能和高度可靠的外部商务网络平台，成员企业可以利用该商务网络平台交换计算机辅助设计和制造系统产生的大量设计数据。他们认为，汽车及其零部件的合作设计将会减少汽车供应链中的时间和成本。

2. 物流信息平台的功能

物流信息平台的功能包括基本功能和扩展功能两大部分。基本功能对应于狭义物流信息平台的业务处理；扩展功能涵盖了广义物流信息平台在先进的信息技术与设备支撑下的业务领域。

1）基本功能

（1）数据交换功能。主要指电子单证的翻译、转换和通信，例如，网上报关、报检、结算、缴（退）税、许可证申请、客户和商家的业务往来等与信息平台连接的用户交换信息。这是信息平台的核心功能。

罗塞塔网络（Rosettanet）是美国高技术和电子行业的一项行动，该行动的重点在于建立业务流程集成的标准和工具，通过标准化的界面流程，使供应链成员企业之间实现更加复杂的知识交换。其中一项功能是自动更新分销商的在线目录中的制造商的产品信息。这一自动化更新过程，提高了速度和准确性，使整个行业都有所获益。

（2）信息发布功能。企业通过 Internet 连接到 Web 货运信息网上，例如中国货运信息网、传化物流网等，就可获得站点提供的物流信息。这些物流信息包括专业物流信息平台提供的水运、陆运价格、新闻和公告、政务指南、航班船期、货源和运力、空车配载、铁路车次、适箱货源、联盟会员、政策法规、职业培训等信息。

（3）会员服务功能。主要包括会员单证管理、会员的货物状态和位置跟踪、交易统计、交易跟踪、会员资信评估等。该功能可为注册会员提供个性化服务。

（4）在线交易功能。物流信息平台的交易系统为供需双方提供了一个虚拟交易市场，供方和需方均可发布和查询信息，对自己感兴趣的信息可与发布者进行洽谈，交易系统可为双方提供交易撮合。

2）扩展功能

（1）智能配送功能。即利用物流中心的运输资源、消费者的购物信息和商家的供货信息，寻求最优化的配送方案，尽可能地降低配送成本。信息平台提供的信息用以有效解决路线的选择、配送的车辆类型、配送的发送顺序、客户限制的发送时间等问题。

（2）货物跟踪功能。指采用全球定位系统（GPS）、地理信息系统（GIS）跟踪货物的状态和位置。用户可通过呼叫中心或 Web 站点获得跟踪信息。

（3）库存管理功能。充分利用物流信息平台提供的信息，对整个供应链进行有效的整合，使库存量在满足客户需求的条件下达到最低。

（4）决策分析功能。通过对已有数据的分析，例如，设施选址、客户服务分析等，协助企业管理层鉴别、评估和比较在物流战略层面制订的可选方案。

（5）金融服务功能。利用物流信息平台实现银行、保险、税务、外汇等金融服务。物流信息平台对金融服务只起信息传递作用，具体业务需在相关部门内部处理，处理结果通过信息平台返回客户。

Transora 是美国消费品行业的一项行动。Transora 建立了一个企业之间的全球化电子市场，该电子市场使制造商能够利用互联网商务平台来简化与其全球的供应商、客户和分销商之间的业务交易过程。Transora 是一家独立的公司，由行业内的公司所有并进行投资。2000 年 6 月，49 家消费品公司已经投入了将近 25 000 万美元的资金来资助

Transsora。Transora 支持跨越公司的普遍的合作，提供一批基于互联网的服务和交换的连接，从而达到提高效率、改进与客户和消费者之间交互作用的目的。电子化市场有望引导整个消费品行业的改革，它在许多方面为整个供应链提供了突破性的收益，最终将收益传递到消费者，所涉及的方面包括消费者促销、合作型计划、预测和补货、供应商管理库存、行业能力管理、端点到端点的物流等。

在未来，供应链将采用网络化的技术和业务流程来对消费者和客户需求作出反应，在更高的效率和反应能力的水平上优化结构和绩效。在供应链成员企业之间、供应商网络中以及整个行业市场上，新的电子商务信息交换方法正在不断地被开发出来。公司的成功需要对组织未来电子商务角色进行规划。

1.3.2　物流信息平台的拓扑结构

物流信息平台涉及客户、物流代理中心、库区、运输，包括运输管理系统、仓储管理系统、客户关系管理系统、货代管理系统、财务管理系统等子系统，如图 1-11 所示。

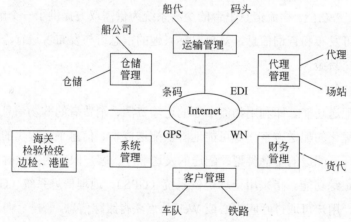

图 1-11　物流信息平台拓扑结构

本 章 小 结

本章通过实例介绍了物流信息、管理信息系统与物流信息管理系统的概念，物流信息流有两类，一类是伴随物质实体的"位移"而产生的，另一类是先于物质实体的"位移"而产生的。由于在物流管理中，信息流的速度和质量对总成本和效率产生着直接影响，因而，现代物流企业都大量应用计算机信息系统进行订单录入、订单处理、产成品库存控制、绩效衡量、货物审核、付款和仓储管理以支持基于时间的竞争，物流企业越来越多地运用信息技术，并把信息技术作为竞争优势的来源。本章最后介绍了物流信息平台，有助于理解现实物流作业中运用信息技术进行物流管理的重要性。

思考与练习

一、填空题

1. 物流信息（Logistics Information）是反映物流各种活动内容的（　　）和文件的总称。
2. 物流信息特征为（　　）、（　　）、（　　）、（　　）。
3. 物流信息的功能为（　　）、（　　）、（　　）、（　　）。
4. 物流系统外信息是在物流活动以外发生的，但提供给物流使用的信息，包括（　　）、（　　）、（　　）、（　　）、（　　）、政策信息，还有来自企业内生产、财务等部门的与物流有关的信息。
5. 内部信息是（　　），包括物流流转信息、物流作业层信息、物流控制层信息和物流管理层信息。

二、判断题

1. 物流信息的流程控制作用就是记录、控制物流活动的基本内容。（　　）
2. 书面信息是通过面对面交谈所进行交流的信息。（　　）
3. 内部信息是来自物流系统内部的各种信息的总称，包括物流流转信息、物流作业层信息、物流控制层信息和物流管理层信息。（　　）
4. 客户订单是引发物流过程运转的信息，订单处理系统是物流系统的中枢。（　　）
5. 库存信息管理是对客户的信息、合同、信息查询等进行整合管理。（　　）
6. 客户管理系统以物的管理为基础，重点管理实际物品的入库、出库、库存以及所产生的信息。（　　）
7. 铁路货运按照一批货物的重量、体积、性质、形状，可以分为整车运输、零担运输和集装箱运输三种。（　　）
8. 公路信息管理的基本内容是提出货物运单上的各个项目。管理信息系统除提供上述日常业务操作数据外，利用收集的客户信息还可提供重要的决策之用。（　　）
9. 运输过程所需信息可以分为交易前、交易中、交易后三种。（　　）
10. 物流信息平台的功能包括基本功能和扩展功能两大部分。基本功能对应于狭义物流信息平台的业务处理；扩展功能涵盖了广义物流信息平台在先进的信息技术与设备支撑下的业务领域。（　　）

三、单项选择题

1. 零售商广泛应用 POS（Point of Sale System，销售时点信息系统）系统读取（　　）的商品价格、品种、数量等即时销售信息，并对这些销售信息加工整理，通过 EDI（Electric Data Interchange，电子数据交换）向相关企业传送。

    A. 销售时点　　　B. 条码　　　C. 标签　　　D. 磁卡

2. 流程物流信息的主要特征是：程序化、规范化，作用上强调（　　）。

    A. 销售时点　　　B. 频率　　　C. 进度　　　D. 效率

3. 在物流运作中，加强（　　）与流通，有利于工作的时效性，提高工作的质量与效率，减小劳动强度系数。
　　A. 销售时点　　　　B. 信息的集成　　　C. 进度　　　　　D. 效率

4. （　　）物流信息表示的书面形式，可以重复说明和进行检查。各种物流环节中的报表、文字说明、技术资料等都属这类信息。
　　A. 口头信息　　　　B. 图文记录　　　　C. 书面信息　　　D. 电子档案

5. 物流信息系统是把各种物流活动与某个一体化过程连接在一起的通道。一体化过程建立在这几个功能层次上：（　　）、管理控制、决策分析，以及制订战略计划系统。
　　A. 交易　　　　　　B. 图文记录　　　　C. 书面信息　　　D. 电子档案

6. 可以认为，信息系统就是由一系列相互关联的元素组成的集合，它可以输入数据、经过处理、输出（　　），并提供反馈、控制机制以实现某个既定目标。
　　A. 数据　　　　　　B. 信息　　　　　　C. 图片　　　　　D. 档案

7. （　　）系统以物的管理为基础，重点管理实际物品的入库、出库、库存以及所产生的信息。
　　A. 库存管理　　　　B. 运输管理　　　　C. 配送管理　　　D. 仓储管理

8. （　　）的速度与质量直接影响整个运作过程的成本与效率。低速、缺乏稳定性的信息传输不但会导致失去客户，而且还会增加运输、库存和仓储成本。订单处理系统能够为提高物流绩效水平提供巨大潜力。
　　A. 物流　　　　　　B. 信息流　　　　　C. 运输　　　　　D. 配送

9. （　　）是现代物流业的重要组成部分，对物流供应链上基于信息交换与共享的企业间协作运营起着基础性的支撑作用。
　　A. 仓库管理系统　　B. 运输系统　　　　C. 物流信息平台　D. 订货系统

10. （　　）主要指电子单证的翻译、转换和通信，例如，网上报关、报检、结算、缴（退）税、许可证申请、客户与商家的业务往来等与信息平台连接的用户交换信息。这是信息平台的核心功能。
　　A. 数据交换功能　　　　　　　　　　　B. 信息交换功能
　　C. 资料交换功能　　　　　　　　　　　D. 企业内部交换

四、简答题

1. 什么是物流信息？
2. 物流信息的特点有哪些？
3. 物流信息分哪几类？
4. 物流信息有何作用？
5. 什么是物流信息系统？

五、论述题

1. 简述物流信息的内容。
2. 简述物流信息系统的功能。
3. 简述物流信息平台的作用。

六、案例分析

沃尔玛如何使用电子信息[①]

管理信息系统可以连接各种信息技术。例如,沃尔玛使用 EDI(电子数据交换)技术与供应商沟通,从供应商那里接收有关发运状况、送货时间表、数量至账单/发票等信息。沃尔玛还在零售商店的付款通道使用条形码读码器来捕获实时销售信息,并随即下载给厂商。厂商则使用此信息决定要发运什么产品给沃尔玛,订单会自动生成。该系统将销售情况迅速反馈给厂商,厂商因此能够依据准确、及时的销售数据预测生产需求。他们也能更早地收到付款,这对其现金流很有帮助。沃尔玛得到的好处是它再也不用向众多的厂商直接下订单,并且可以将库存水平保持在最低水平。这两项策略都降低了沃尔玛的成本,也提高了客户服务水平。

背景

沃尔玛(Wal-Mart Stores, Inc.)来自美国,以营业额计算是全球最大的公司,属世界性的连锁企业。沃尔玛主要涉足零售业。业务类型主要有沃尔玛购物广场、山姆会员商店、沃尔玛商店、沃尔玛社区店四种形式。

沃尔玛百货有限公司由美国零售业的传奇人物山姆·沃尔顿先生于 1962 年在阿肯色州成立。经过 50 余年的发展,沃尔玛百货有限公司已经成为美国最大的私人雇主和世界上最大的连锁零售商。目前沃尔玛在全球 10 个国家开设了超过 5 000 家商场。2004 年沃尔玛全球的销售额达到 2 852 亿美元,连续多年荣登《财富》杂志世界 500 强企业和"最受尊敬企业"排行榜。

讨论

结合案例谈谈信息技术的重要性。

[①] 夏火松. 物流管理信息系统. 北京:科学出版社,2012.

第 2 章

物流信息系统技术基础

学习目标

通过本章的学习,熟练掌握计算机网络技术、数据库技术、条码和射频技术、EDI 技术、EOS 技术,了解 GPS、GIS 技术,熟悉数据库、计算机网络结构、功能和作用。熟悉条码和无线射频技术在物流信息管理中的应用及物流企业内部网络作用。

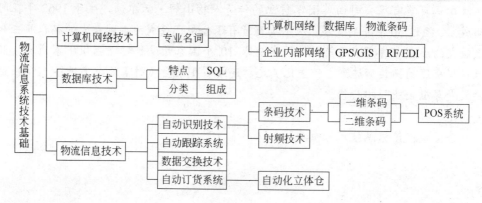

宅急送借助网络、人才、信息技术的优势,迈向现代物流新领域

快运公司运送货物之所以快,是因为有健全的网络,网络的覆盖范围必须涵盖客户业务要求的每一个区域。宅急送通过北京、上海、广州、沈阳、成都、武汉、西安七家全资子公司及全国 130 余家分公司、营业所、营业厅和 280 余家合作公司组成的"宅急送快运网络",使各地的快件都能通过这张运输网络,实现相互对接,迅速将货品送达客户手中。这张网络已覆盖全国 800 多个城市和地区,使异地发货、到付结算成为现实,最大程度地满足客户的需求。

"门对门"业务一直是宅急送追求的完美的快运方式,但这种美好的追求却必须建立在快速、高效的现代快运、物流、网络配送的服务上。为此,它们率先搭建了"宅急送物流信息网络平台",为客户增加了网上业务委托和货物查询服务功能,使传统的开单、查询、结账等业务可轻松在网上完成,全面实现企业信息化,他们还率先在同行业中采用 GPS 全球卫星定位技术，针对物流及货运车辆的实际运行状况，应用先进的 GPS、GIS、计算机和无线电通信技术对公司货运车进行全国范围内全程监控。

货物条码跟踪技术的采用以及全国公司企业资源管理系统（ERP）的建立，在确保运营快速、准时的基础上，使宅急送公司从一个以卡车为主的传统快递公司向以信息技术为主的航空快运公司过渡，开始迈向现代物流的领域。

思考

宅急送物流配送网络的基础是什么？

提示

计算机技术、数据库技术、信息技术、GPS、GIS、条码技术。

2.1 计算机网络技术

2.1.1 计算机网络概述

1．概念

自 20 世纪 70 年代计算机网络诞生以来，不同的机构和部门从不同的角度对计算机网络给出了不同的定义，其中比较科学和完整的定义如下：计算机网络是分布在不同地理位置、具有独立功能的多个计算机系统，用通信设备和通信线路互相连接，按照网络协议相互通信，以共享硬件、软件和信息等资源为目的的计算机系统的集合。这一定义可以理解为"计算机网络=计算机+（网络协议下的）通信+网络软件"。

2．计算机网络系统的一般结构

计算机网络从逻辑结构上一般可分为两个部分，即负责数据处理、向网络用户提供各种网络资源及网络服务的外层资源子网和负责数据转发的内层通信子网。两者在功能上各负其责，通过一系列计算机网络协议把两者紧密地结合在一起，共同完成计算机网络工作。网络结构如图 2-1 所示。

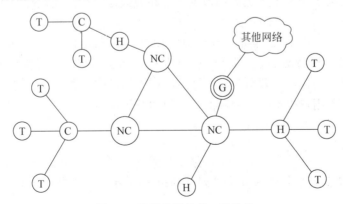

图 2-1 计算机网络的一般结构

H—主计算机；T—终端；C—集中器；NC—节点交换机；G—网络连接器

① 资源子网——负责网络数据处理，由主机、终端及有关软件组成；

② 通信子网——负责网络通信，由节点交换机、集中器、网络连接器和通信线路等组成。

SUN 和 CISCO 公司

1982年，Sun Microsystems 公司诞生于美国斯坦福大学校园。Sun 公司1986年上市，在 NASDAQ 的标识为 SUNW。创立伊始，Sun 的创立者就以与众不同的洞察力率先提出"网络就是计算机"的独特理念。如今，这一理念已驱使 Sun 成为向为全球用户提供最具实力的硬件、软件与服务的领先供应商。

（NASDAQ 是美国最主要的支持高新技术公司发展壮大和支持创业资本"撤出"的市场。到1997年，美国高新技术上市公司中，96%的互联网公司，92%的计算机公司，82%的计算机制造公司和81%的电子通信和生物技术公司在 NASDAQ 上市。）

CISCO 公司是全球领先的互联网设备供应商。它的网络设备和应用方案将世界各地的人、计算设备以及网络连接起来，使人们能够随时随地利用各种设备传送信息。CISCO 公司向客户提供端到端的网络方案，使客户能够建立起自己的统一信息基础设施或者与其他网络相连。

3. 网络协议

网络协议是在计算机网络中，不同地理位置上的计算机的两个进程之间互相通信必须遵守的约定和规程，一般以软件的形式出现。常见的网络协议有 Ethernet、IPX/SPX 和 TCP/IP 等。其中最常用的是因特网上统一使用的网络协议——TCP/IP 协议标准。

TCP/IP 协议标准包括 TCP、IP 等一系列协议，称为 TCP/IP 协议族。其中 TCP（Transfer Control Protocol）是传输控制协议，规定了传输信息怎样分层、分组和在线路上传输。在网络通信的发送端，TCP 协议负责将数据分解成数据包，在数据包头部加上发送和接收节点的名称和其他信息；在接收端，TCP 协议负责将收到的数据包重新组装成文件。IP（Internet Protocol）是网际协议，它定义了因特网上计算机之间的路由选择，其主要的任务是提供相邻节点之间的数据传送和为数据传送提供正确的路径。另外，还包括 Telnet 远程登录协议、FTP 文件传输协议、PPP 点对点协议、UDP 用户数据报协议、ARP 地址解析协议、HTTP 超文本传输协议、SMTP 邮件传输协议及 DNS 域名服务器等。

TCP/IP 协议是因特网的基础和核心，也是因特网信息交换、规则、规范的集合，是因特网的标准通信协议，主要解决异种计算机网络的通信问题，使网络在互联时把技术细节隐藏起来，为用户提供一种通用的、一致的通信服务。

路 由

路由是把信息从源穿过网络传递到目的地的行为，信息在路上至少遇到一个中间节点。

4. 计算机网络的分类

1）按计算机联网区域分类

计算机网络按其覆盖的范围和信息传送距离的远近可分为局域网、城域网和广域网。

物流企业内部各个部门之间的信息传递一般是在局域网范围内进行，而物流企业与其他企业之间的数据传输则需在广域网内进行。

（1）局域网。局域网（Local Area Network，LAN）是由特定类型的传输媒体（如电缆、光缆和无线媒体）和网络设备（包括交换器、集线器和网络适配器）将计算机互连在一起，并受网络操作系统控制的网络系统，是相对短距离的智能工作站（如 PC）之间形成的通信网络。它可以包括一个或多个子网。通常一个 LAN 的范围一般不超过 6mi（1mi≈1.6km），并且局限于一个单一的建筑物内或一组相距很近的建筑物内。

局域网的主要特点是：地理覆盖范围小、传输速率高、误码率低；组网方便，使用灵活，适合于中、小单元计算机联网。局域网通常有三种：以太网（Ethernet）、令牌环（Token Ring）、光纤分布数据接口（FDDI）。

局域网的组成：局域网由网络硬件和网络软件两大部分组成。网络硬件主要由计算机系统和通信系统组成，用于实现局域网的物理连接，为连接在局域网上的计算机之间提供一条物理通道，使通信双方能够相互传递信息。计算机系统是网络的基本单元，具有访问网络、数据处理和提供共享资源的能力。根据提供的网络功能和在网络中所起的作用不同，计算机系统有网络服务器和工作站之分。通信系统是连接网络基本单元的硬件系统，主要作用是通过通信电缆（即传输介质或传输媒体）、网络接口卡和网络设备等将计算机连接在一起，为网络提供通信功能。网络软件可大致分为网络系统软件和网络应用软件两种类型，包括控制信息传送的网络协议及其相应的协议软件、网络操作系统、通信控制软件和品种繁多的网络应用软件。图 2-2 所示为单集线器双绞线以太网的结构组成示例。

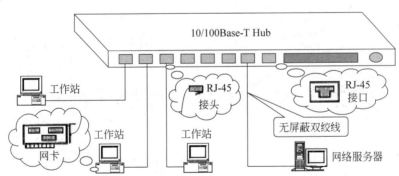

图 2-2　单集线器双绞线以太网的结构组成示例

（2）城域网

城域网（Metropolitan Area Network，MAN）是城市地区网络的简称。城域网是介于广域网与局域网之间的一种高速网络，适应于一个地区、一座城市或一个行业系统使用，分布范围一般在十几千米到上百千米。

电　子　政　务

电子政务（e-Government Affairs）是指政府机构运用现代网络通信与计算机技术，

将政府管理和服务职能通过精简、优化、整合、重组后到网上实现,打破时间、空间以及条块的制约,为社会公众以及自身提供一体化的高效、优质、廉洁的管理和服务。电子政务将实现政务"四化":办公信息化、政务公开化、管理一体化、决策科学化。

(3)广域网。广域网(Wide Area Network,WAN)是借用公共通信网,采用接入技术和广域网互联技术,将分布在不同城市、不同国家的计算机以及计算机网络连接为一个整体,以相互通信、共享资源的网络系统。因特网就是典型的广域网。计算机网络的类型虽然有多种,但对于物流企业来说,经常用到的还是局域网。

常见的公共通信网

常见的公共通信网有:公共电话网(PSTN)、综合业务数字网(1SDN)、非对称数字用户环路(ADSL)、有线电视网(CABLE MODEM)、公共数据网(PDN)、数字数据网(DDN)、帧中继(FR)等。

2)按使用的用户角度分类

(1)互联网。

(2)企业内部网(Intranet)。企业内部网是指利用互联网的成熟技术,建立企业内部的信息系统,它不仅是内部信息发布系统,而同时也是企业内部业务运作系统,用户是企业的员工。企业内部网的基本构成如图2-3所示。

(3)企业外联网(Extranet)。企业外联网就是将企业内部网拓展到供应链的合作伙伴中。用户是合作伙伴,所使用的技术同互联网,但获取和交换的资源不一样。

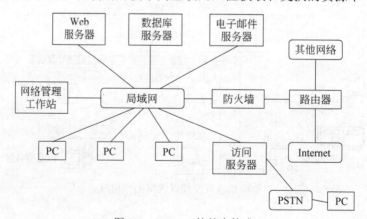

图2-3 Intranet的基本构成

2.1.2 物流企业内部网络

1. 企业内部网络概念

企业内部网是企业内部的计算机网络,它是使用 Intranet 的一些标准通信协议及图形化的 Web 浏览器来支持企业内部的计算机应用,提供部门内部及部门之间的以及全公司范围的通信。这种通信协议包括 HTML(超文本标志语言)、HTTP(超文本传输协议)

和 TCP/IP（传输控制协议/网际协议）。企业内部网可以是一个最简单的雇员查访（阅）工作手册或电话号码本的一台内部的 Web 服务器，也可以是一个更为复杂的，譬如能查阅企业内的有关数据库（当然经过某种授权）、能进行电视电话会议、能进行内部讨论或能进行多媒体传输的企业内部网络。

企业内部网络也使用 Web 服务器，但这种服务器与互联网所使用的服务器不同。企业内部网络的 Web 服务器只与本企业的局域网相连。企业内部网络可以利用新闻和邮件服务器建立自己的新闻组，为自己的用户发送电子邮件。这就是说企业内部网络利用互联网的工具和标准在自己的企业范围内建立一种仅仅允许本企业人员访问的结构。未经允许的用户则不能使用。

企业内部网络也可以使用互联网的 TCP/IP 数据传输协议和 HTML 页面描述语言。当你为一个服务器编写了 HTML 文件，提供了对这些文件的 TCP/IP 链接，并且为职员们的工作站配备了微软公司的 Internet Explorer 等浏览器之后，你就建立了一个内部网络，即企业内部网络。

企业内部网络之所以很快为各类大小公司所接受和使用，根本原因是它向人们提供了充分利用电信优势，以及网页设计表达方法以及使用互联网的机会。正如因特网正在成为个人和公司相互之间进行电子商务的主要机制那样，企业内部网正在逐渐变成为控制电子商务的论坛。供应商、贸易伙伴和顾客可以像企业职工一样在他们的办公桌上通过一般的浏览器访问你的公司。

企业内部网络具有下列特征，企业内部网络上的标准和工具被用于企业内部网络的用户之间传输数据和存储数据。联邦快递公司在世界上有 14 个国家的分部，其众多的 Web 站点每天接纳成千上万的顾客，在其防火墙内，还有 60 多个站点供内部职员使用。这些站点几乎提供了所有的信息，包括公司政策、职员电话簿、工作手册、辅助培训计划等，而且站点数量还在迅速增长。企业内部网络甚至已被在连接到公司的互联网网站点上。也就是说，只要是可打印的文档，就都能够提供给企业内部网络进行编录。大部分企业的主机中，数据库中或局域网上的文件和文档，都可以使用 WWW 的标准进行搜索和使用。更为关键的是它们的表现方式是一致的。

2. 物流企业内部网络建成后的具体功能

物流企业内部网建成以后，可以实现以下功能。

（1）数据共享。业务相关部门（如财务、仓库、运输、调度等）之间可以共享有关数据。对于重要数据，要通过权限的设置，只有赋予一定权限的单位或部门才能使用和访问，不能超越权限使用。

（2）报文传递。有关资料、图纸或从外部网络发来的传真、电子邮件可以通过网络传递；领导可以在网络上审批文件，又称为电子签名。在外工作人员可以通过此功能与企业总部实现信息交流，实现无纸办公。

（3）决策信息支持。通过网络可以随时查询国际、国内市场及相关信息。企业内的"中心信息库"可以保存和管理全公司各方面的资料和信息，并保存为 HTML 格式，供企业的有效站点浏览、查询有关信息和资料。

（4）实时控制与监督。物流企业所送货物、车辆方位可实时通报给企业总部或客户，业务员也可以通过网络随时向上级汇报工作。

（5）网络安全与管理。专业的网络管理工作人员负责网络系统的运行和数据安全、数据备份等工作，对业务应用人员进行权限设定和网络设备的管理、维护工作。

3．企业内部网络的核心技术

企业内部网络技术主要由一系列的组件和技术构成，企业内部网络主要包括网络协议、硬件结构和软件结构。其中网络协议以 TCP/IP 为核心。软件结构由浏览器、中间件和数据库层组成，网络浏览器是指用户使用的界面；中间件为企业级的信息服务产品，它集成了电子邮件、群件系统、Web 等；数据库层是大量数据的存储中心，用于完成复杂的计算。所有这些主要都是在互联网发展过程中产生的。

所谓企业内部网络就是将互联网的三层结构搬到企业 LAN 上构成的系统。确切地说，企业内部网络是把一批限定的客户连接在一起的网络，这些客户使用标准的互联网协议。简言之，企业内部网络是一种企业内部网络，是企业级的互联网。另外，企业内部网络还可以被理解为小型的 Web，专用的 Web，或把它定义为企业的通信网络。

2.1.3 局域网的拓扑结构

拓扑（Topology）是一种研究与大小、距离无关的几何图形特性的方法。在计算机网络中，如果把主机、终端和各种数据通信控制设备等定义为节点，而把两个节点间的连线称为链路，则计算机网络拓扑结构就是一组节点和链路的几何排列或物理布局图形，用以表示网络节点的分布形状及相互关系。

计算机网络的拓扑结构反映了网络中各实体之间的结构关系，它主要是指通信子网的拓扑结构。网络拓扑结构是实现各种协议的基础，并直接关系到网络设计、网络性能、系统可靠性和通信费用等因素，所以它也是设计计算机网络的第一步。

1．总线拓扑结构

总线型网络采用单根传输线作为传输介质，所有的站点都通过相应的硬件接口直接连接到传输介质或称总线上，如图 2-4 所示。使用一定长度的电缆将设备连接在一起，设备可以在不影响系统中其他设备工作的情况下从总线中取下。任何一个站点发送的信号都可以沿着介质传播，而且能被其他所有站点接收。总线拓扑的优点是：电缆长度短，易于布线和维护；结构简单，传输介质又是无源元件，从硬件的角度看十分可靠。总线

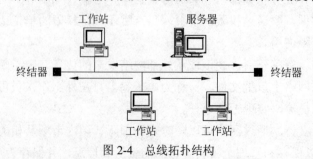

图 2-4　总线拓扑结构

拓扑的缺点是：因为总线拓扑的网不是集中控制的，所以故障检测需要在网上的各个站点上进行；在扩展总线的干线长度时，需重新配置中继器、剪裁电缆、调整终端器等；总线上的站点需要介质访问控制功能，这就增加了站点的硬件和软件费用。

2. 环形拓扑结构

环形拓扑网络是由一些中继器和连接中继器的点到点的传输介质组成的闭合环，如图 2-5 所示。每个中继器都与两条介质链路相连。中继器是一种比较简单的设备，它能接收一条链路上的数据，并以同样的速度串行地把数据送到另一条链路上，信号不在中继器中停留缓冲。环形拓扑的优点是它能高速运行，而且为了避免冲突其结构相当简单。缺点是如果中继器发生故障，则会引起全网停止工作，或可靠性下降。

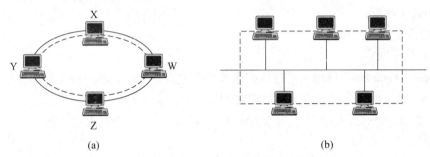

图 2-5　环形拓扑结构

3. 星形拓扑结构

星形拓扑结构如图 2-6 所示。中央节点负责通信控制。这是一种集中式通信管理策略。在星形网中，可以在不影响系统其他设备工作的情况下，非常容易地增加和减少设备。星形拓扑的优点是：利用中央节点可方便地提供服务和重新配置网络；单个连接点的故障只影响一个设备，不会影响全网，容易检测和隔离故障，便于维护；任何一个连接只涉及中央节点和一个站点，因此控制介质访问的方法很简单，访问协议也十分简单。星形拓扑的缺点是：每个站点直接与中央节点相连，需要大量电缆，因此费用较高；如果中央节点产生故障，则全网不能工作，所以对中央节点的可靠性和冗余度要求很高。

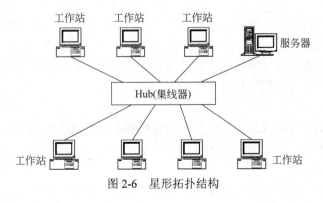

图 2-6　星形拓扑结构

2.2　数据库技术

2.2.1　数据库概述

物流作业是分布在不同的时间、地点，由不同的人员采用不同的载体共同完成的，只有采用数据库技术，才能将物流系统分散的数据集中起来，为所有的作业者、管理者及合作者共同分享。物流信息化表现为物流信息的商品化，物流信息收集的数据库化和代码化，物流信息处理的电子化和计算机化，物流信息传递的标准化和实时化，物流信息存储的数字化等。

1. 数据库的定义和特点

1）数据库的定义

数据库（Data Base，DB）是存放在计算机存储设备中的、以一种合理的方法组织起来的、与公司或组织的业务活动和组织结构相对应的各种相关数据的集合，该集合中的数据可以为公司或组织的各级经过授权的人员或应用程序以不同的权限所共享。

2）数据库的特点

（1）以一定的数据模型来组织数据，数据尽可能不重复（最少的冗余度）。

（2）以最优方式为某个特定组织的多种应用程序或用户服务（应用程序或用户对数据资源共享）。

（3）其数据结构独立于使用它的应用程序（数据独立性）。

（4）对数据的定义、操纵和控制由数据库管理系统统一进行管理和控制。

2. 数据库的分类

数据库的分类方法有许多种，按其数据结构模型来分类，采用层次模型的数据库称为层次型数据库；采用网状模型的数据库称为网状型数据库；采用关系模型（Relational Model）的数据库称为关系型数据库；采用面向对象模型的数据库称为面向对象型数据库。

1）数据模型

模型是抽象地模仿现实世界的事物，如房屋设计模型、城市规划模型等都是对现实世界事物的一种模拟。在数据库技术中，使用数据模型（Data Model）对现实世界数据特征进行描述。数据模型应能比较真实地模拟现实世界，比较容易理解，同时也便于计算机实现。数据模型可分为两类或两个层次。

2）概念数据模型

只描述信息的特性和强调语义，而不涉及信息在计算机中的表示，是现实世界到信息世界的第一层抽象。最常用的是实体联系模型（Entity Relationship Model）。

3）结构数据库模型

直接描述数据库中数据的逻辑结构，这类模型涉及计算机系统，又称为基本数据模型。它是用于机器世界的第二层抽象，通常包括一组严格定义的形式化语言，用来定义和操作数据库中的数据，最常用的有：层次模型、网络模型、关系模型和面向对象模型。

DB2

DB2 是 IBM 开发的一种大型关系型数据库平台，它支持多用户或应用程序在同一条 SQL 语句中查询不同 Data Base 甚至不同 DBMS 中的数据。

网关

网关（Gateway）又称网间连接器、协议转换器。网关在传输层上以实现网络互联，是最复杂的网络互联设备，仅用于两个高层协议不同的网络互联。

2.2.2 数据库管理技术

1. SQL 简介

在数据库中，数据的定义、数据的操纵等主要功能，是通过数据库支持的数据库语言实现的，SQL 就是一种关系数据库语言。

SOL（Structured Query Language）是 1974 年由博伊斯（Boyce）和张伯伦（Chamberlain）提出的，IBM 公司圣乔斯实验室（San Jose Research）研制的 SystemR 上实现了这种语言。由于它功能丰富，语言简洁，使用方法灵活，备受用户及计算机工业界的欢迎。1986年 10 月，美国国家标准局（ANSl）的数据库委员会 X3H2 批准了 SQL 作为关系数据库语言的美国标准，同年公布了标准 SQL 文本。此后不久，国际标准化组织（ISO）批准 SQL 作为关系数据库语言的国际标准。SQL 成为国际标准以后，数据库厂家纷纷推出各自支持 SQL 的软件或与 SQL 的接口软件。这使不同数据库系统之间的相互操作有了共同的基础。目前流行的关系数据库管理系统一般都支持 SQL。

2. 几个基本概念

基本表：基本表是本身独立存在的表。在 SQL 中一个关系就对应一个表，一个表可以带若干索引。

视图：视图是从一个或几个基本表导出的表，它本身不独立存储在数据库中。数据库中只存放视图的定义而不存放视图的数据，这些数据仍存放在导出视图的基本表中，因此，视图是一个虚表。

数据库：数据库是若干个基本表的集合。

3. 数据管理技术

1）安全性管理

安全性管理是数据库管理系统中一个非常重要的组成部分，是数据库管理系统的一个必不可少的重要特征。安全性管理包括两方面的内容：用户登录系统的管理和用户使用数据库对象的管理。特定的用户只有使用特定的认证模式，才能登录到系统中，使用系统的资源。在数据库中，只有具有一定权限的用户，才能使用相应的数据库对象。安全性通常设计为限制访问人员能够查看的各类数据和能够查看的时间，以保护用户数据不受外部侵害。

用户登录系统的管理通过认证来实现。认证是指当用户访问数据库系统时，系统对该用户的账号和口令的确认过程。用户使用数据库对象的管理通过许可来实现。许可用来指定授权用户可以使用的数据库对象和这些授权用的权限。

2）数据库备份

备份是指制作数据库结构和数据的拷贝,以便在数据库遭到破坏时能够修复数据库。数据库的破坏是难以预测的,因此必须采取相应措施,以便能够恢复数据库。备份需要一定的许可。备份的内容不但包括用户数据库的内容,还包括系统数据库的内容。备份有许多方法,通常有：完全数据库备份、增量备份、事务日志备份,应根据不同的情况选择最合适的方法。

2.2.3 数据库系统的组成

数据库系统是以数据为中心的计算机系统,主要应用于大量数据的管理,例如商场、银行、企事业单位的行政管理。作为计算机系统,数据库系统由软件部分、硬件部分和数据库管理员组成,如图 2-7 所示。

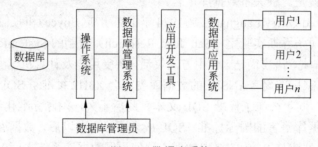

图 2-7　数据库系统

1. 软件部分

1）操作系统（OS）

数据库系统作为计算机系统,需要在计算机硬件上运行,需要操作系统的支持,进行软硬件的管理。

2）数据库（DB）

顾名思义,数据库就是存放数据的仓库。人们从现实世界出发,抽象出有用的数据,对这些数据进行分析、整理、组织,按照数据库技术的要求存储在计算机系统中,称为数据库,因此数据库是长期存储在计算机内、有组织的、可共享的数据的集合。数据库通常由两大部分组成：一部分是应用数据,称为物理数据库,它是数据库的主体；另一部分是关于各级数据结构的描述,称为描述数据库。

3）数据库管理系统（DBMS）

数据库管理系统是数据库系统的核心,位于用户和操作系统之间的一个数据管理软件。

其基本功能是：数据的定义功能、数据库的操作功能（DML）、数据的保护功能（包括数据的恢复、数据的并发控制、数据库的完整性控制和数据的安全性控制）、数据的存储管理、数据库的维护功能（包括数据库的建立、数据的转换、数据的转存、数据库的重组以及性能监测功能）。

数据库管理系统的产品有：Oracle、Sybase、DB2、SQL-Server、Access 等。这些软

件提供了数据存储、查询、检索、运算、统计、编辑与打印等多种功能。

4）应用开发工具

各种应用开发工具和各种宿主语言程序。应用开发工具为开发人员提供高效率、多功能的交互式程序设计系统，例如，报表生成器、表格系统、图形系统等，它们为应用系统的开发提供了良好的环境，使开发效率有了很大的提高。

5）数据库应用系统

利用 DBMS、其他的开发支持软件、宿主语言开发的满足特定应用环境的数据库应用软件。

2．硬件部分

由于数据库系统的数据量很大，加上 DBMS 是一个功能丰富的大规模系统软件，因此数据库系统对在其上运行的计算机硬件资源提出了很高的要求，当然不同的 DBMS 对硬件资源的要求是有差别的。

（1）要求有足够大的内存，运行操作系统、DBMS 的核心模块、应用程序。

（2）有足够的、能直接存储的磁盘空间，存储数据、数据备份，存储操作系统、DBMS 系统、应用程序和数据库系统的其他支持系统。

（3）CPU 要有一定的处理速度，以满足对数据库数据处理的要求。

（4）要求系统有较高的通信能力，以提高数据传送率。

3．数据库管理员（DBA）

数据库管理员是控制数据整体结构的人员。数据库管理员承担创建、监控和维护整个数据库结构的责任。其主要职责是：概念模式的定义；内模式的定义；根据要求修改概念模式和内模式；对数据库访问的授权；完整性约束的说明。

2.3 物流信息技术

2.3.1 自动识别与数据采集技术

从 20 世纪 90 年代中期开始，随着零售业在我国的勃然兴起，自动识别与数据采集技术（Automatic Identification and Data Capture，AIDC）作为提升零售业自动化水平的强有力工具，也得到广泛的应用。自动识别与数据采集技术的核心内容在于能够快速、准确地将现场的庞大数据有效地登录到计算机系统的数据库中，从而加快物流、信息流、资金流的速度，明显地提高了商家的经济效益和客户的服务水平。

AIDC 包括许多技术，可以提供处理不同的信息收集、传递问题的方法。这些技术包括条码技术，电子标签（RFID：无线射频识别和数据传递技术）、磁条磁卡技术、声音图像识别系统、光学字符识别技术（Optical Character Recognition）、生物统计识别方法（Biometrics）等。

1．物流条码技术

1）条码概念

信息采集的常用手段就是使用条形码、射频技术。条形码是一种光电扫描识读设备自动识读并实现信息自动输入计算机的图形标记符号，是由不同粗细平行线按特定格式安排间距的条码符号和字符组成的一种标记。

若将条形码定位、印刷（标贴）在不同的商品或包装上，通过光电扫描输入计算机，我们能在数秒内采集到商品的产地、制造厂家、产品属性、生产日期、价格等一系列的信息。

在企业生产经营中，为了能够迅速、准确地识别物品，自动读取商品信息，减轻劳动强度、降低成本，普遍运用条形码技术。

2）条码的分类

（1）一维条码：是将线条与空白按照一定的编码规则组合起来的符号，如图 2-8 所示。用以代表一定的字母、数字等资料。在进行辨识的时候，是用条码阅读机扫描，得到一组反射光信号，此信号经光电转换后变为一组与线条、空白相对应的电子信号，经解码后还原为相应的数字，再传入计算机。条码辨识技术已相当成熟，其读取的错误率约为百万分之一，首读率大于 98%，是一种可靠性高、输入快速、准确性高、成本低、应用面广的资料自动收集技术。

（2）二维条码：堆叠式二维条码的编码原理是建立在一维条码的基础上，将一维条码的高度变窄，再依需要堆成多行，其在编码设计、检查原理、识读方式等方面都继承了一维条码的特点，如图 2-9 所示，但由于行数增加，对行的辨别、解码算法及软体则与一维条码有所不同。较具代表性的堆叠式二维条码有 PDF417、Code16K、Supercodc、Code49 等。

图 2-8　一维条码　　　　　　　　图 2-9　二维条码

什么是 RSS 码和 CS 码

RSS 码（Reduced Spaced Symbology）和 CS 码（Composite Symbology）由 UCC 和 EAN 国际条码组织创造性开发的，是为了满足日益增长的对较小商品进行识别的商务需要应运而生的两种新的条码符号。

RSS 条码家族包括 7 种线性条码符号，非常适用于对条码空间有限制的应用场合。这些新的条码符号作为对现有条码符号和技术以及 EAN·UCC 条码体系的相关应用的补充，被认为是支撑全球商业活动运转的首要条码符号体系。今天，这些条码符号正被广泛应用于全球 23 个主要行业中，每日的扫描频率多达 50 亿次。

UCC 的高层这样评价 RSS 码的市场前景："随着各主要行业对于较小物品和产品更有效识别需求的不断增强，RSS 码的市场应用空间将会迅速延伸。我们将继续推广并增强这种条码技术，来满足全球经济发展的需要。"

CS 码是一个一维条码（RSS 码、UPC/EAN 码或 UPC/EAN-128 码）和一个二维条码（或者是 PDF417 码，或者是 EAN·UCC 所规定的 MicroPDF417 码的不同形式）的组合。其主要识别信息被编码至一维线性条码中，部分信息可以被低端扫描器轻松识读。次要信息则被压缩编码至二维条码部分，以尽量少占空间。这样，CS 码可以实现对一维条码的向下兼容，可以方便那些暂时尚不具备购置二维条码识读设备能力的用户。除了基本的物品识别功能外，RSS 码和 CS 码的一个明显特点是，（电子版以下略）RSS 码和 CS 码的出现增强了 EAN·UCC 体系的功能，让使用者能够更有效地采集更多信息，并大大降低了成本。

3）条码的优越性

条码的应用有以下几点好处：

（1）可靠准确。有资料可查键盘输入平均每 300 个字符有一个错误，而条码输入平均每 15 000 个字符有一个错误。如果加上校验为位出错率是千万分之一。

（2）数据输入速度快。键盘输入，一个每分钟打 90 个字的打字员 1.6 s 可输入 12 个字符或字符串，而使用条码做同样的工作只需 0.3 s，速度提高了 5 倍。

（3）经济便宜。与其他自动化识别技术相比较，推广应用条码技术，所需费用较低。

（4）灵活、实用。条码符号作为一种识别手段可以单独使用，也可以和有关设备组成识别系统实现自动化识别，还可和其他控制设备联系起来实现整个系统的自动化管理。同时，在没有自动识别设备时，也可实现手工键盘输入。

（5）自由度大。识别装置与条码标签相对位置的自由度要比 OCR 大得多。条码通常只在一维方向上表达信息，而同一条码上所表示的信息完全相同并且连续，这样即使是标签有部分缺欠，仍可以从正常部分输入正确的信息。

（6）设备简单。条码符号识别设备的结构简单，操作容易，无须专门训练。

（7）易于制作。可印刷，称作为"可印刷的计算机语言"。条码标签易于制作，对印刷技术设备和材料无特殊要求。

4）物流条码的编码结构

任何一种条码，都是按照预先规定的编码规则和条码有关标准，由条和空组合而成的。编码规则主要研究包括条码基本术语在内的一些基本概念和条码符号结构以及编码基本原理。

在我国，当前主要应用的是 EAN/UCC-13 代码，这种代码可以分为三种结构，每种结构均由四个部分组成，分别是前缀码（国家或地区码）、厂商识别代码、商品项目代码和校验码，如图 2-10 所示，就是 EAN/UCC-13 编码的数据代码结构之一。

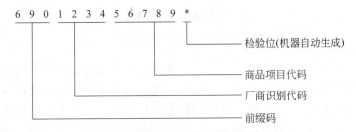

图 2-10　EAN/UCC-13 代码组成

5）条码识读系统组成

（1）条码自动识别硬件技术。自动识别硬件技术主要解决将条码符号所代表的数据转变为计算机可读的数据，以及与计算机之间的数据通信，硬件支持系统可以分解成光电转换系统、译码系统、数据通信系统和计算机系统等。这里主要涉及光电转换技术、译码技术、通信技术以及计算机技术。光电转换系统除传统的光电技术外，目前主要采用电荷耦合器件——CCD图像感应器技术和激光技术。而数据通信则是从软硬件技术的结合来实现的，如图2-11所示。可见，条码技术是集光电技术、通信技术、计算机技术为一体的实用技术。

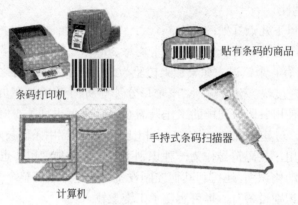

图2-11　条码自动识别系统的组成

（2）条码自动识别软件技术。条码自动识别软件一般包括扫描器输出信号的测量、条码码制及扫描方向的识别、逻辑值的判断以及阅读器与计算机之间的数据通信几部分。

为了识读条码所代表的信息，需要一套条码识别系统，它由条形码读码器、放大整形电路、译码接口电路和计算机系统等部分组成。条码读码器有以下几种。

①光笔条形码扫描器［图2-12（a）］；②手持式条码扫描器［图2-12（b）］；③台式条形码自动扫描器［图2-12（c）］；④激光自动扫描器［图2-12（d）］；⑤卡式条形码阅读器［图2-12（e）］；⑥便携式条形码阅读器［图2-12（f）］。

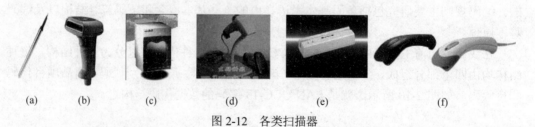

图2-12　各类扫描器

6）条码在物流管理中的应用

（1）仓库配送中心入库作业。入库时，搬运工或叉车驾驶员只需扫描准备入库的物料箱上的标签和准备存放此箱的货架的标签即可。入库可分间接和直接两种：间接入库指物料堆放在任意空位上后，通过条码扫描记录其地址；直接入库指将某一类货物存放在指定货架，具体操作是商品到库时，通过条形码识读器将商品基本信息输入计算机，在此基础上录入商品的入库信息，计算机系统根据预先确定的入库原则、商品库存数量，确定该种商品的库存位置，然后根据商品的数量发出条形码标签，作为该种商品对应仓库内相应货架的记录。对整箱进货的商品，其包装箱上有条形码，放在输送带上经过固定式条形码扫描仪的自动识别，按照指令传送到存放位置附近。如果拟入库的商品集装在托盘上，则需要通过叉车等机械操作入库，这种情况下，托盘一般都贴有条形码，叉车驾驶员通过安装在叉车前面的激光扫描仪，扫描贴于托盘面向叉车的一侧的条形码，按照计算机与射频数据通信系统所得到下载到叉车的终端机上的存放指令将托盘放置在指定的库位，并通过叉车上装有的终端装置，将作业完成的信息传送到主计算机，主计算机更新库存资料。

（2）订货作业。在配送中心、超市、商店的货架上对应商品标贴有信息卡，这些卡除了标示商品的价格、产地、名称、规格型号等信息以外，一般还有该商品的订货点，若该商品目前的陈列量低于订货点，即提示工作人员以掌上型条形码扫描仪读取卡上的商品条形码，并输入订货量。回到办公室后，通过网络发送给供货商供货。

（3）拣货作业。对于摘果式拣货作业，在拣取后用条形码扫描仪读取刚拣取商品上的条形码，即可确认拣货的正确性。对于播种式拣货作业，可使用自动分货机，当商品在输送带上移动时，由固定式条形码扫描仪判别商品货号，提示移动路线与位置。

（4）配货作业。在配货过程中采用条形码管理。在传统的物流作业中，分拣、配货要占去全部所用劳动力的 50%以上，且容易发生差错。在分拣、配货中应用条形码，能使拣货迅速、正确，并提高生产率。

（5）补货作业。由于商品条形码和货架是一一对应的，基于条形码进行补货能确保补货不出现差错。补货时，预先在货架的相应储位卡上贴有商品码与储位码的条形码。商品到位以后，通过手持条形码扫描仪采集商品条形码和储位码的信息，并由计算机核对，判断商品是否是所要找的商品，从而达到保证补货作业正确的目的。

2. 无线射频识别技术及其应用

1）概念

射频识别技术（Radio Frequency Identification，RFID），是 20 世纪 90 年代开始兴起的一种自动识别技术，射频识别技术是一项利用射频信号通过空间耦合（交变磁场或电磁场）实现无接触信息传递并通过所传递的信息达到识别目的的技术。

2）特点

（1）快速扫描且同时识读多个物体。RFID 辨识器可同时辨识读取数个 RFID 标签。

（2）体积小型化、形状多样化。RFID 在读取上并不受尺寸大小与形状限制，不需要为了读取精确度而配合纸张的固定尺寸和印刷品质。此外，RFID 标签更可往小型化与多样形态发展，以应用于不同产品。

（3）抗污染能力和耐久性强。传统条形码的载体是纸张，因此容易受到污染，但 RFID 对水、油和化学药品等物质具有很强的抵抗性。

（4）可重复使用。现今的条形码印刷之后无法更改，RFID 标签则可以重复地新增、修改、删除 RFID 卷标内储存的数据，方便信息的更新。

（5）穿透性和无屏障阅读。在被覆盖的情况下，RFID 能够穿透纸张、木材和塑料等非金属或非透明的材质,并能够进行穿透性通信。而条形码扫描机必须在近距离而且没有物体阻挡的情况下,才可以辨读条形码。

(6)数据的记忆容量大。一维条形码的容量是 50 bytes,二维条形码最大的容量可储存 2~3 000 字符,RFID 最大的容量则有数兆字节。随着记忆载体的发展,数据容量也有不断扩大的趋势。未来物品所需携带的资料量会越来越大,对卷标所能扩充容量的需求也相应增加。

(7)安全性高。由于 RFID 承载的是电子式信息,其数据内容可经由密码保护,使其内容不易被伪造及变造。

3)RFID 系统的组成

最基本的 RFID 系统由三部分组成。

(1)标签(Tag,即射频卡):由耦合元件及芯片组成,标签含有内置天线用于和射频天线间进行通信。

(2)阅读器:读取(在读写卡中还可以写入)标签信息的设备。

(3)天线:在标签和读取器间传递射频信号。

有些系统还通过阅读器的 RS232 或 RS485 接口与外部计算机连接,进行数据交换。

4)工作原理

(1)阅读器通过发射天线发送一定频率的射频信号,当射频卡进入发射天线工作区域时产生感应电流,射频卡获得能量被激活。

(2)射频卡将自身编码等信息通过卡内置发送天线发送出去。

(3)系统接收天线接收到从射频卡发送来的载波信号,经天线调节器传送到阅读器对接收的信号进行解调和解码,然后送到后台主系统进行相关处理。

(4)主系统根据逻辑运算判断该卡的合法性,针对不同的设定作出相应的处理和控制发出指令信号控制执行机构动作。

5)射频识别技术的分类

射频识别技术主要按以下四种方式分类。

(1)按工作频率。根据工作频率的不同,可分为低频和高频系统。

(2)按读写的次数。按读写次数的不同,可分成可读写卡(RW)、一次写入多次读出卡(WORM)和只读卡(RO)三种。

(3)按射频卡的有源与无源。按射频卡有源与无源的不同,可分为有源和无源两种。有源射频卡使用卡内电池的能量,识别距离较长;无源射频卡不含电池,利用读写器发射的电磁波提供能量,但它的发射距离受限制。

(4)按调制方式。根据调制方式的不同,可分为主动式和被动式。主动式的射频卡用自身的射频能量主动地发送数据给读写器。被动式的射频卡,使用调制散射方式发射数据。它必须利用读写器的载波调制自己的信号,适宜在门禁或交通应用中使用。因为读写器可以确保只激活一定范围之内的射频卡。

6)射频识别技术的应用

目前,我国的射频识别技术在下列几种应用中发展前景较好。当然,这里仅仅罗列了射频识别技术应用的一部分。任何一种技术如果得到普及,都将会孕育一个庞大的市场。射频识别将是未来一个新的经济增长点。

（1）安全防护领域。可用于门禁、保安、汽车防盗、电子物品监视系统等。

（2）商品生产销售领域。可用于生产线自动化、仓储管理、自动分拣、产品防伪、RFID 卡收费等。

（3）管理与数据统计领域。在畜牧管理、运动计时等方面应用。

（4）交通运输领域。在高速公路自动收费及交通管理、火车和货运集装箱的识别、港口管理等方面应用。

（5）其他领域。第二代居民身份证即为基于 RFID 的身份证。另外，广深铁路从 2006 年 10 月 10 日起使用的纸质电子车票也为 RFID 电子车票。该车票芯片的内部数据是加密的，只有特定的读写器可以读出数据。造假者无法制造出相同的车票。

3．POS 系统及其应用

1）概念

销售时点信息系统 POS（Point of Sale）是指利用光学式自动读取设备搜集销售商品时，按照单品类别读取商品销售、进货、配送等阶段发生的各种信息，通过通信网络送入计算机系统，按照各个部门的使用目的对上述信息进行处理、加工和传送的系统。

POS 最早应用于零售业，以后逐渐扩展至金融、旅馆等服务性行业，从企业内部扩展到整个供应链。

2）POS 系统组成

POS 系统的基本组成部件包括硬件和软件两个部分，硬件包括电子收款机、条形码扫描仪、金融信用卡刷卡设备、数据通信接口、数据库服务器、网络互连设备等；软件包括系统软件和收款机应用管理软件等。它包含前台 POS 系统和后台 MIS 系统，如图 2-13 所示。

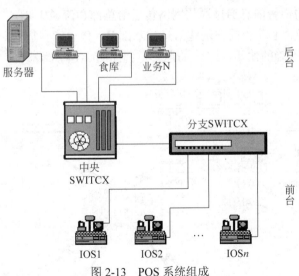

图 2-13　POS 系统组成

（1）前台 POS（Point of Sale）系统。前台 POS 系统指通过自动读取设备（如收银机）在销售商品时直接读取商品销售信息（如商品名、单价、销售数量、销售时间、销售店铺、购买顾客等），实现前台销售业务的自动化，对商品交易进行实时服务管理，并通过通信网络和计算机系统传送至后台。

（2）后台 MIS（Management Information System）系统。后台 MIS 系统负责整个商场进、销、调、存系统的管理以及财务管理、库存管理、考勤管理等。它可根据商品进货信息对厂商进行管理，又可根据前台 POS 提供的销售数据，控制进货数量，合理周转资金，还可以分析统计各种销售报表，快速准确地计算成本与毛利，也可对售货员、收款员业绩进行考核，是职工分配工资、奖金的客观依据。

POS 系统通常与电子订货系统（Electronic Ordering System，EOS）、电子数据交换系统（EDI）、计算机会计系统相结合，可以给业者带来莫大的效益。

3）POS 系统与电子收款机的区别

POS 系统与电子收款机（Electronic Cash Register，ECR）的区别在于 POS 为前台交易系统，而电子收款机只是该系统中的一个销售结算点；在进行商品销售交易时，电子收款机负责具体的商品交易结算和数据保存，而 POS 系统则要完成前台商品销售数据的汇总与上传，以保证后台 MIS 数据库的单品处理和财务的及时入账，POS 系统作为前台交易系统具有很强的实时处理能力，POS 系统与电子收款机的关系是 POS 系统包括 ECR；POS 是 ECR 的发展与完善。

4）POS 的运行过程

以零售业为例，POS 的运行有以下五个步骤。

① 适用 POS 商品的包装上印刷有商品标准条形码。

② 在购买商品时，利用自动读取设备读取商品条形码信息。

③ 读取的商品信息通过通信网络传送给店内的主机，计算机系统瞬时将商品的价格、销售额合计等信息传送给收款台，用以形成缴款单据。

④ 店内搜集的销售信息通过通信网络传送给总部和流通中心。

⑤ 总部、流通中心、店铺在这些信息的基础上，作出库存调整，补充订货、配送管理等方面的快速而准确的决策。POS 的运行过程如图 2-14 所示。

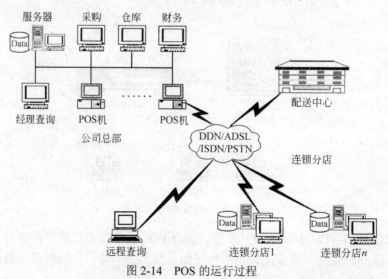

图 2-14　POS 的运行过程

5）POS 的应用

如今，人们出入各大商场、超市或餐厅，都已感受到由收银系统带来的快捷和便利，而刷卡消费，更是最大限度地规避了现金携带等风险，避免了现金交易中出现的找零、验钞等程序，提高了收款速度，真是消费者的福音。银行及商业都在大力推行 POS 机的使用，让越来越多的人享受到便利的服务。

对一些商场、超市、餐饮业等来说，信息系统在竞争中的作用明显提高，对 POS 的需求也就明显增加了。采用 POS 收银系统，除为消费者提供了更多的快捷和便利外，也大大减轻了收银人员的工作强度，提高了收银效率。

POS 收银机具备开放系统，可应用于多种平台和应用软件，也可连接多种外设，还可使用 IC 卡、银行卡授权终端，可单机或联网，还可以连接互联网。在超市经营管理中普遍应用 POS 系统。

超市连锁经营管理由公司总部、配送中心和若干分店三大部分组成，为完成总部的集中控制、配送中心的物流管理、各分店的商品销售，需保持各环节在物流、商流、资金流和信息流的畅通，其管理信息如图 2-15 所示。

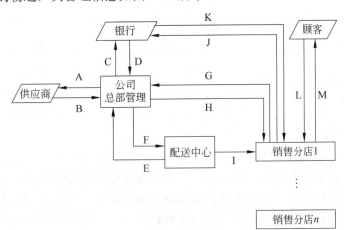

图 2-15　超市管理信息流示意图

A—订货信息；B—商品信息；C—银行业务；D—应收应付；E—入出库、盘存、催提、催销；F—出库单、发票；G—补货、到货、销售、调配信息；H—商品变价信息；I—实际调配；J—营业款；K—银行对账；L—商品购买；M—商品销售

POS 系统除能提供精确销售信息外，透过销售记录还能掌握卖场上所有单品库存量，以供采购部门参考或与电子订货系统连接。

2.3.2　电子数据交换（EDI）技术

1. EDI 定义

EDI（Electronic Data Interchange），即电子数据交换，它是一种利用计算机进行商务处理的新方法。EDI 是将贸易、运输、保险、银行和海关等行业的信息，用一种国际公认的标准格式，通过计算机通信网络，使各有关部门、公司与企业之间进行数据交换与处理，并完成以贸易为中心的全部业务过程。

联合国标准化组织将 EDI 描述成按照统一标准，将商业或行政事务处理转换成结构化的事务处理或报文数据格式，并借助计算机网络实现的一种数据电子传输方法。

2. EDI 的构成

构成 EDI 技术的基本要素主要有三个，即通信、标准和软件。

（1）通信。在传统的商务活动中，贸易单证票据的传递通常由邮政系统或专业传递公司完成。使用 EDI 技术使得我们在商务活动中能够用电子的手段来生成、处理和传递各类贸易单证。电子通信网络是 EDI 系统必不可少的组成部分之一。

（2）标准。在 EDI 技术构成中，标准起着核心的作用。EDI 技术标准可分成两大类。一类是表示信息含义的语言，称为 EDI 语言标准，主要用于描述结构化信息。另一类是载运信息语言的规则，称为通信标准。它的作用是负责将数据从一台计算机传输到另一台计算机。

（3）软件。EDI 系统通常由"报文生成处理""格式转换""联系""通信"四个模块构成。

EDIFACT 标准

EDIFACT 标准包括一系列涉及电子数据交换的标准、指南和规则，包括以下 8 个方面的内容：EDIFACT 应用级语法规则（ISO 9735），EDIFACT 报文设计指南，EDIFACT 应用级语法规则实施指南，EDIFACT 数据元目录（ISO 7372），EDL FACT 代码目录，EDIFACT 复合数据元目录，EDIFACT 段目录，EDIFACT 标准报文目录。

3. EDI 的流通方式

当今世界通用的 EDI 通信网络，是建立在 MHS 数据通信平台上的信箱系统，其通信机制是信箱间信息的存储和转发。具体实现方法是在数据通信网上加挂大容量信息处理计算机，在计算机上建立信箱系统，通信双方需申请各自的信箱，其通信过程就是把文件传到对方的信箱中。文件交换由计算机自动完成，在发送文件时，用户只需进入自己的信箱系统。

EDI 可以看作是 MHS 通信子平台，图 2-16 和图 2-17 分别为 EDI 信箱系统通信和交换原理，以及一个完整的 EDI 通信流程。

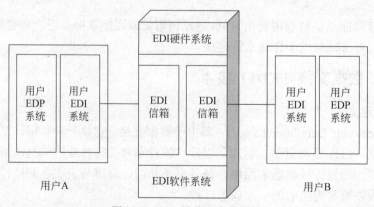

图 2-16　EDI 通信和交换原理

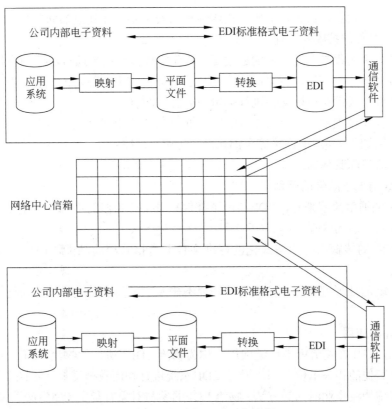

图 2-17　完整的 EDI 通信流程

通信流程中各功能模块说明如下。

1）映射（Mapping）生成 EDI 平面文件

EDI 平面文件（Flat File）是通过应用系统将用户的应用文件（如单证、票据）或数据库中的数据，映射成的一种标准的中间文件。这一过程称为映射（Mapping）。平面文件是用户通过应用系统直接编辑、修改和操作的单证和票据文件，它可直接阅读、显示和打印输出。

2）翻译（Translation）生成 EDI 标准格式文件

其功能是将平面文件通过翻译软件（Translation Software）生成 EDI 标准格式文件。

EDI 标准格式文件，就是所谓的 EDI 电子单证，或称电子票据。它是 EDI 用户之间进行贸易和业务往来的依据。EDI 标准格式文件是一种只有计算机才能阅读的 ASCⅡ 文件。它是按照 EDI 数据交换标准（即 EDI 标准）的要求，将单证文件（平面文件）中的目录项，加上特定的分隔符、控制符和其他信息，生成的一种包括控制符、代码和单证信息在内的 ASCⅡ 码文件。

3）通信

这一步由计算机通信软件完成。用户通过通信网络，接入 EDI 信箱系统，将 EDI 电子单证投递到对方的信箱中。

EDI 信箱系统则自动完成投递和转接，并按照 X.400（或 X.435）通信协议的要求，为电子单证加上信封、信头、信尾、投送地址、安全要求及其他辅助信息。

4) EDI 文件的接收和处理

接收和处理过程是发送过程的逆过程。首先需要接收用户通过通信网络接入 EDI 信箱系统，打开自己的信箱，将来函接收到自己的计算机中，经格式校验、翻译、映射还原成应用文件。最后对应用文件进行编辑、处理和回复。

在实际操作过程中，EDI 系统为用户提供的 EDI 应用软件包，包括了应用系统、映射、翻译、格式校验和通信连接等全部功能。其处理过程，用户可看作是一个"黑匣子"，完全不必关心里面具体的过程。

4．EDI 与电子邮件的区别

从 EDI 的通信流程来看，EDI 和电子邮件有着十分相似的地方，但电子邮件和 EDI 相比，仍有着本质的区别：

（1）EDI 的传输内容为格式化的标准文件并有格式校验功能，而电子邮件为非格式化。

（2）EDI 的处理过程为计算机自动处理不需人工干预，而电子邮件的处理过程需人工干预。

5．EDI 的应用

近年来，EDI 在物流中被广泛应用，称为物流 EDI。所谓的物流 EDI 是指货主、承运业主以及其他的相关单位之间，通过 EDI 系统进行物流数据交换（见图 2-18），并以此为基础实施物流作业活动的方法。物流 EDI 的参与对象有货主（如生产厂家、贸易商、批发商、零售商等）、承运业主（如独立的物流承运企业等）、实际运送货物的交通运输企业、协助单位（政府有关部门、金融企业等）和其他的物流相关单位（如仓库业者、配送中心等）。

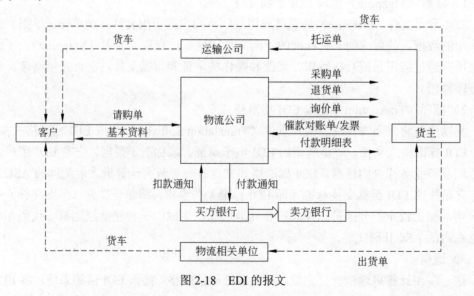

图 2-18 EDI 的报文

从图 2-18 中可以看出，EDI 利用计算机的数据处理和通信功能，将交易双方彼此往来的文档（如询价单或订货单等）转成标准格式，并通过通信网络传输给对方。

6．EDI 技术在物流行业中的应用效益

企业应用 EDI 有三种不同的目的。目的不同，EDI 的功能、所需的人力、时间与成本也不一样，见表 2-1。

表 2-1　EDI 的应用效益

目的	数据传输	改善作业	企业再造
功能	维持订单 减少人工输入 降低错误	与业务系统集成 缩短作业时间 及早发现错误 提高传输可靠性	提高竞争力
参与人员	作业人员	业务主管	决策主管
初期成本	小	较小	最小
引入时间	1 个月	2～4 个月	长久
条件	计算机	管理信息系统	管理信息系统

EDI 的应用效益

EDI 既准确又迅速，可免去不必要的人工处理；节省人力和时间，同时可减少人工作业可能产生的差错。由于它出口手续简便，可减少单据费用的开支，并缩短国际贸易文件的处理周期，因此给使用 EDI 的企业带来了巨大的经济利益。据美国创汇大户 GE 公司 1985—1990 年数据表明，应用 EDI 使其产品零售额上升了 60%，库存由 30 天降到 6 天，每天仅连锁店文件处理一项就节约了 60 万美元，每张订费用由 325 美元降到 125 美元，运输时间缩短 80%，其下属汽车制造厂作为 GE 公司内部 EDI 项目试点，就其购买钢锭一项，第一年就节约了 25 万美元。正因为 EDI 所具有的种种优势，它已被广泛应用于运输、商检、报关、货物跟踪等多种物流管理活动。

2.3.3　电子自动订货系统（EOS）及其应用

1．EOS 的概念

EOS（Electronic Ordering System）即电子订货系统。是指企业间利用通信网络（VAN 或因特网）和终端设备以在线连接（ON-LINE）方式，进行订货作业和订货信息交换的系统。

电子订货系统

EOS 系统是电子订货系统（Electronic Ordering System）的简称，是指将批发、零售商场所发生的订货数据输入计算机，即通过计算机通信网络连接的方式将资料传送至总公司、批发商、商品供货商或制造商处。因此，EOS 能处理从新商品资料的说明直到会计结算等所有商品交易过程中的作业，可以说 EOS 涵盖了整个物流。在寸土寸金的情况下，零售业已没有更多空间用于存放货物，在要求供货商及时补足售出商品的数量且不能有缺货的前提下，必须采用 EOS 系统。EOS 因内涵了许多先进的管理手段，因此在国际上使用非常广泛，并且越来越受到商业界的青睐。

根据 EOS 所涵盖的范围来区分，可分成狭义的 EOS 与广义的 EOS。狭义的 EOS 是指零售商将订单传送到批发商、供应商为止的自动化订货系统；广义的 EOS 则是从零售点下单开始经批发商接单后，再经验货、对账、转账等步骤，完成所有商品交易动作为止。

从结构上看，EOS 包括订货系统、通信网络系统和接单系统三大部分。

2．EOS 的流程

EOS 系统并非单个的零售店与单个的批发商组成的系统，而是许多零售店和许多批发商组成的大系统的整体运作方式。EOS 的作业流程如下。

（1）在零售店的终端利用条码阅读器获取准备采购的商品条码，并在终端机上输入订货材料。

（2）利用电话线通过调制解调器传到批发商的计算机中。

（3）批发商开出提货传票，并根据传票，同时开出拣货单，实施拣货，然后依据送货传票进行商品发货。

（4）送货传票上的资料便成为零售商的应付账款资料及批发商的应收账款资料，并传送到应收账款的系统中去。

（5）零售商对送到的货物进行检验后，便可以陈列与销售了。

3．EOS 的应用

1）EOS 在销售订货业务中的应用（图 2-19）。

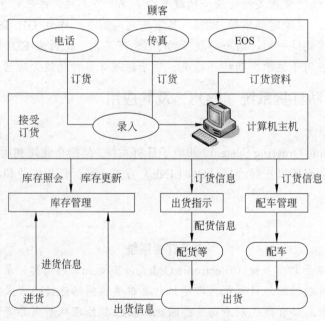

图 2-19　销售订货业务的流程

（1）各批发、零售商或社会网点根据自己的销售情况，确定所需货物的品种、数量，同体系商场根据实际网络情况,把补货需求通过增值网络中心,或通过实时网络系统发送给总公司业务部门;不同体系的商场或社会网点通过商业增值网络中心发出 EOS 订货需求。

(2)商业增值网络中心将收到的补货、订货需求资料发送至总公司业务管理部门。

(3)业务管理部门对收到的数据汇总处理后,通过商业增值网络中心向不同体系的商场或社会网点发送批发订单确认。

(4)不同体系的商场或社会网点从商业增值网络中心接收到批发订单确认信息。

(5)业务管理部门根据库存情况通过商业增值网络中心或实时网络系统向仓储中心发出配送通知。

(6)仓储中心根据接收到的配送通知安排商品配送,并将配送通知通过商业增值网络中心传送到客户。

(7)不同体系的商场或社会网点,从商业增值网络中心接收到仓储中心对批发订单的配送通知。

(8)各批发、零售商、仓储中心根据实际网络情况,将每天进出货物的情况通过增值网络中心或通过实时网络系统,报送总公司业务管理部门,让业务部及时掌握商品库存数量,以确定合理库存;并根据商品流转情况,做好调整商品结构等工作。

上述八个步骤组成了一个基本的电子批发、订货流程,通过这个流程,将某店与同体系商场(某店中非独立核算单位)、不同体系商场(某店中独立核算单位)和社会网点之间的商流、信息流结合在一起。

2)采购订货业务流程

采购订货业务的流程如图 2-20 所示。

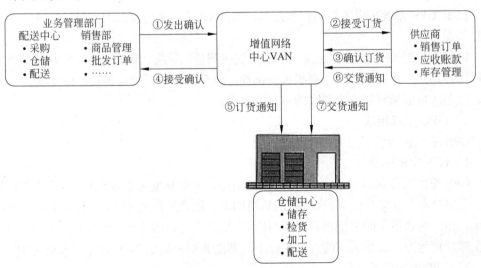

图 2-20 采购订货业务的流程

注:──→ 采购订货信息。

(1)业务管理部门根据仓储中心商品库存情况,向指定的供货商发出商品采购订单。

（2）商业增值网络中心将总公司业务管理部发出的采购单发送至指定的供货商处。

（3）指定的供货商在收到采购订货单后，根据订单的要求通过商业增值网络中心对采购订单加以确认。

（4）商业增值网络中心将供货商发来的采购订单确认发送至业务管理部门。

2.3.4 物流信息跟踪系统（GPS）

1. GPS 概念

GPS（Global Positioning System），意即全球定位系统，是利用卫星星座（通信卫星）、地面控制部分和信号接收机对对象进行动态定位的系统。GPS 能对静态、动态对象进行动态空间信息的获取，快速、精度均匀、不受天气和时间的限制反馈空间信息。

2. GPS 系统特点

GPS 系统主要有以下特点。

1）全球地面连续覆盖

由于 GPS 卫星数目较多且分布合理，所以在地球上任何地点均可连续同步地观测到至少 4 颗卫星，从而保障了全球、全天候连续实时导航与定位的需要。

2）功能多、精度高

GPS 可为各类用户连续地提供高精度的三维位置、三维速度和时间信息。

3）实时定位、速度快

目前 GPS 接收机的一次定位和测速工作在 1 秒甚至更少的时间内便可完成，这对高动态用户来讲尤其重要。

4）抗干扰性能好、保密性强

由于 GPS 系统采用了伪码扩频技术，因而 GPS 卫星所发送的信号具有良好的抗干扰性和保密性。

随着人们对 GPS 认识的加深，GPS 不仅在测量、导航、测速、测时等方面得到广泛的应用，而且应用领域还将不断扩大。例如，汽车自定位、跟踪调度、陆地救援、内河及远洋船对最佳航程和安全航线的实时调度等。

3. GPS 系统组成

GPS 系统包括以下三大部分。

1）GPS 空间部分

GPS 空间部分包括由 24 颗卫星组成的星座，卫星高度为 2 万千米，运行周期 12 小时。卫星分布在 6 条升交点相隔 60°的轨道面上，轨道倾角为 55°；每条轨道上分布 4 颗卫星，相临两轨道上的卫星相隔 40°，使得在地球上任何地方至少同时可看到 4 颗卫星。在全球任何地方、任何恶劣的气候条件下，都能为用户提供 24 小时不间断的免费服务。

2）GPS 地面监控部分

GPS 地面监控部分由分布在全球的若干个跟踪站所组成的监控系统构成。根据其作用的不同，这些跟踪站又被分为主控站、监控站和注入站，如图 2-21 所示。主控站一个，位于美国科罗拉多的斯平士（Colorado Springs）的联合空间执行中心（CSOC）。它的作用是根据各监控站对 GPS 的观测数据，计算出卫星的星历和卫星钟的改正参数等，并将这些数据通过注入站注入卫星中。同时,它还对卫星进行控制,向卫星发布指令,当工作卫星出现故障时,调度备用卫星,替代失效的工作卫星工作。

图 2-21 GPS 卫星监控系统

监测站的主要任务是对每颗卫星进行观测,精确测定卫星在空间的位置,向主控站提供观测数据。每个监测站还配有 GPS 接收机,对每颗卫星连续不断地进行观测,每 6 秒进行一次伪距测量和积分多普勒观测,并采集与气象有关的数据。监测站受主控站的控制,定时将观测数据送往主控站。

3) GPS 用户部分

GPS 用户部分包括用户组织系统和根据要求安装相应的设备,但其中心设备是 GPS 接收机。GPS 接收机是一种特制的无线电接收机,用来接收导航卫星发射的信号,并以此计算出定位数据。根据不同性质的用户和要求的功能,要配置不同的 GPS 接收机,其结构、尺寸、形状和价格也大相径庭。例如:航海和航空用的接收机,要具有与存有导航图等资料的存储卡相接的能力;测地用的接收机要求具有很高的精度,并能快速采集数据;军事上用的,要附加密码模块,并要求能高精度定位。

4. GPS 定位方式

GPS 定位方式有绝对定位与相对定位两种。

1) 绝对定位

绝对定位也叫单点定位,通常是指在协议地球坐标系中,直接确定观测站相对于坐标系原点(地球质心)绝对坐标的一种定位方法。利用 GPS 进行绝对定位的基本原理,是以 GPS 卫星和用户接收机天线之间的距离(或距离差)观测量为基础,并根据已知的卫星瞬时坐标,来确定用户接收机天线所对应的点位,即观测站的位置。

2) 相对定位

在两个或若干个测量站上,设置 GPS 接收机,同步跟踪观测相同的 GPS 卫星,测定它们之间的相对位置,称为相对定位。在相对定位中,至少其中一个点或几个点的位置是已知的,即其在 WGS84 坐标系的坐标为已知,称之为基准点。

由于相对定位是用几点同步观测 GPS 卫星的数据进行定位的,因此可以有效地消除或减弱许多相同的或基本相同的误差,如卫星钟的误差、卫星星历误差、卫星信号在大气中的传播延迟误差和 SA 的影响等,从而获得很高的相对定位精度。

5. GPS 在物流管理中的应用

GPS 系统的建立给导航和定位技术带来了巨大的变革,它从根本上解决了人类在地球上的导航和定位问题,可以满足不同用户的需要。

1)对舰船的作用

对舰船而言,它能在海上协同作战,在海洋交通管制、海洋测量、石油勘探、海洋捕鱼、浮标建立、管道铺设、浅滩测量、暗礁定位、海港领航等方面作出贡献。

2)对飞机的作用

对飞机而言,它可以在飞机进场、着陆、中途导航、飞机会合、空中加油、武器准确投掷及空中交通管制等方面进行服务。

3)用于陆地时的作用

在陆地上,可用于各种车辆、坦克、陆军部队、炮兵、空降兵和步兵等的定位,还可用于大地测量、摄影测量、野外调查和勘探的定位,甚至可以深入到每个人的生活中去,例如,用于汽车、旅行、探险、狩猎等方面。

4)用于空间技术时的作用

在空间技术方面,可以用于弹道导弹的引航和定位、空间飞行器的导航和定位等。

2.3.5 GIS 信息系统

1. 概念

地理信息系统(Geographical Information System,GIS),定义为:"用于采集、存储、管理、处理、检索、分析和表达地理空间数据的计算机系统,是分析和处理海量地理数据的通用技术。" GIS 的基本功能是将表格型数据(无论它来自数据库、电子表格文件或直接在程序中输入)转换为地理图形显示,然后对显示结果浏览、操作和分析。其显示范围可以从洲际地图到非常详细的街区地图,显示对象包括人口、销售情况、运输线路以及其他内容。

2. GIS 的组成

GIS 由四个主要的元素构成:硬件、软件、数据和人员。

1)硬件

硬件是 GIS 所操作的计算机。今天,GIS 软件可以在很多类型的硬件上运行。从中央计算机服务器到桌面计算机,从单机到网络环境,GIS 的硬件组成如图 2-22 所示。

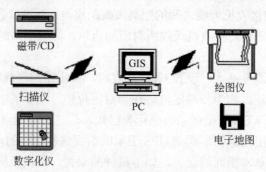

图 2-22 GIS 的硬件组成

2）软件

GIS 软件提供所需的存储、分析和显示地理信息的功能和工具。主要的软件部件有：

① 输入和处理地理信息的工具。

② 数据库管理系统。

③ 支持地理查询、分析和视觉化的工具。

④ 容易使用这些工具的图形化界面。

3）数据

一个 GIS 系统中最重要的部件就是数据了。数据是一个 GIS 应用系统的最基础的组成部分。数据包括空间数据和属性数据，空间数据的表达可以采用栅格和矢量两种形式。空间数据表现了地理空间实体的位置、大小、形状、方向以及几何拓扑关系。

4）人员

人员既包括从事设计、开发和维护 GIS 系统的技术专家，也包括那些使用该系统并解决专业领域任务的领域专家。一个 GIS 系统的运行班子应有项目负责人、信息技术专家、应用专业领域技术专家、若干程序员和操作员组成。

3．GIS 在物流中的应用

1）车辆路线模型

用于解决一个起始点、多个终点的货物运输中，如何降低物流作业费用并保证服务质量的问题。包括决定使用多少车辆、每辆车的行驶路线等。

2）网络物流模型

用于解决寻求最有效的分配货物路径问题，也就是物流网点布局问题。如将货物从 N 个仓库运往到 M 个商店都有固定的需求量，因此需要研究由哪个仓库提货送给哪个商店运输代价小。

3）分配集合模型

可以根据各个要素的相似性把同一层上的所有或部分要素分为几个组，以解决服务范围和销售市场范围的问题。如某一公司要设立 x 个分销点，求这些分销点要覆盖某一地区，而且要使每个分销点的顾客数目大致相同。

4）设施定位模型

用于研究一个或多个设施的位置。在物流系统中，仓库和运输线共同组成了物流网络，仓库处于网络的节点上，节点决定着路线。如何根据供求的实际需要并结合经济效益等原则，在既定区域内设立多少个仓库，每个仓库的位置、规模，以及仓库之间的物流关系等，运用此模型均能很容易地得到解决。

2.3.6 自动化立体仓库（AS/RS）

自动化立体仓库（AS/RS）是由立体货架、有轨巷道堆垛机、出入库托盘输送机系统、尺寸检测条码阅读系统、通信系统、自动控制系统、计算机监控系统、计算机管理系统以及其他（如电线电缆桥架配电柜、托盘、调节平台、钢结构平台等）辅助设备组成的复杂的自动化系统。运用一流的集成化物流理念，采用先进的控制、总线、通信和信息技术，通过以上设备的协调动作，按照用户的需要完成指定货物的自动有序、快速准确、高效的入库出库作业。

1. 应用领域

在我国较早建立立体仓库的企业有：第二汽车制造厂立体库、天水长城开关厂FMS板材立体库、上海宝钢总厂备件立体库、国家"863"计划中CIMS实验工程立体库、济南第一机床厂中央立体库、株洲南方航空动力机械有限公司物流系统、仪征化纤股份公司涤纶长丝立体库、广东震德塑料机械厂有限公司零部件自动化立体库、浙江正泰电器集团立体仓库、伊利液态奶自动化立体仓库、蒙牛乳业自动化立体仓库和中国人民解放军军需、器材立体仓库等百座自动化仓库的建设，这些自动化仓库都达到了当时的国内最高水平，有的甚至达到了国际先进水平。

2. 自动化立体库的组成

高层货架：用于存储货物的钢结构。目前主要有焊接式货架和组合式货架两种基本形式。

托盘（货箱）：用于承载货物的器具，亦称工位器具。

巷道堆垛机：用于自动存取货物的设备。按结构形式分为单立柱和双立柱两种基本形式；按服务方式分为直道、弯道和转移车三种基本形式。

输送机系统：立体库的主要外围设备，负责将货物运送到堆垛机或从堆垛机将货物移走。输送机种类非常多，常见的有辊道输送机、链条输送机、升降台、分配车、提升机、皮带机等。

AGV系统：自动导向小车。根据其导向方式分为感应式导向小车和激光式导向小车。

自动控制系统：驱动自动化立体库系统各设备的自动控制系统。目前以采用现场总线方式为控制模式为主。

库存信息管理系统：亦称中央计算机管理系统，是全自动化立体库系统的核心。目前典型的自动化立体库系统均采用大型的数据库系统（如Oracle、Sybase等）构筑典型的客户机/服务器体系，可以与其他系统（如ERP系统等）联网或集成。

3. 自动化立体仓库的优越性

自动化立体仓库其优越性是多方面的，对于企业来说，可从以下两个方面得到体现：

1）提高空间利用率

早期立体仓库的构想，其基本出发点就是提高空间利用率，充分节约有限且宝贵的土地。在西方有些发达国家，提高空间利用率的观点已有更广泛深刻的含义，节约土地已与节约能源、环境保护等更多的方面联系起来。有些甚至把空间的利用率作为系统合理性和先进性考核的重要指标来对待。

立体库的空间利用率与其规划紧密相连。一般来说，自动化高架仓库其空间利用率为普通平库的2～5倍。这是相当可观的。

2）便于形成先进的物流系统，提高企业生产管理水平

传统仓库只是货物储存的场所，保存货物是其唯一的功能，是一种"静态储存"。自动化立体仓库采用先进的自动化物料搬运设备，不仅能使货物在仓库内按需要自动存取，而且可以与仓库以外的生产环节进行有机的连接，并通过计算机管理系统和自动化物料

搬运设备使仓库成为企业生产物流中的一个重要环节。企业外购件和自制生产件进入自动化仓库储存是整个生产的一个环节，短时储存是为了在指定的时间自动输出到下一道工序进行生产，从而形成一个自动化的物流系统，这是一种"动态储存"，也是当今自动化仓库发展的一个明显的技术趋势。

本 章 小 结

物流企业必须建立起自己的物流管理信息系统。在 Internet 网络时代，物流企业只建立一个物流管理信息系统也已经无济于事，而必须建立起物流企业的内部网络。这就是现在流行的 Intranet（企业内部网络）。企业内部网络的建设与完善是衡量一个现代企业的主要标志，Intranet 的精髓在于利用 Internet 的技术改造企业内部的信息系统结构，以期增进企业整体的效能和利益。

本章通过实例介绍了条码技术、无线射频技术（RFID）。条码技术适用范围广，使用方便，是目前商品信息标记的重要载体，无线射频技术能够在不影响商品运输的基础上对商品信息进行记录，流程简单是未来商品信息记录的发展方向，条码和射频技术已经广泛地用于物流管理，为企业带来了巨大的经济效益。POS 主要任务是对商品销售信息进行统计和实时管理；控制各类商品的库存量并管理商品的订货等，由 EOS 订货系统确定合理库存。

物流 EDI 是将货主、承运业主、实际运送货物的交通运输企业、协助单位和其他的物流相关单位的商务文件，按国际统一的语法规则进行处理，使其符合国际标准格式，并通过通信网络来进行数据交换。它利用存储转发方式将物流运作过程中的订货单、发票、提货单、运货单等数据以标准化的格式，在计算机网络里进行传递、交换、处理，使交易行为更加快速、安全和高效。在 Internet 环境下的应用及 EDI 系统在物流公司、制造商、批发商、运输商等物流行业是如何处理订货、进货、接单、出货、配送、对账及转账等业务。

全球定位系统（GPS）由三部分构成：地面控制部分、空间部分、用户装置部分。它主要用于汽车自定位、跟踪调度、陆地救援；用于内河及远洋船对最佳航程和安全航线的测定、航向的实时调度、铁路运输等。其主要特点是实时、全天候、全球性和高精度的导航定位服务。

GIS 系统将位置和有关的视图结合起来，并把地理学、几何学、计算机科学及各种应用对象等融为一体，利用计算机图形与数据库技术来采集、存储、编辑、显示、转换、分析和输出地理图形及其属性数据。这样，可根据用户需要将这些信息图文并茂地输送给用户，便于分析及决策使用。

思考与练习

一、填空题

1.（　　）是分布在不同地理位置、具有独立功能的多个计算机系统，用通信设备和通信线路互相连接，按照网络协议相互通信，以共享硬件、软件和信息等资源为目的的计算机系统的集合。

2. 计算机网络从逻辑结构上一般可分为两个部分。即（   ）外层资源子网和负责数据转发的内层通信子网。

3. （   ），它使用 Intranet 的一些标准通信协议及图形化的 Web 浏览器来支持企业内部的计算机应用，提供部门内部及部门之间的直至全公司范围的通信。

4. Intranet 技术主要由一系列的组件和技术构成，Intranet 主要包括（   ）。

5. 环形网络的一个典型代表是令牌环局域网，它的传输速率（   ）。这种网络结构最早由 IBM 推出，但现在被其他厂家采用。

二、单项选择题

1. （   ）是一种研究与大小、距离无关的几何图形特性的方法。
   A. 拓扑　　　　　B. 物体　　　　　C. 结构　　　　　D. 网络

2. 计算机网络的拓扑结构反映了网络中各实体之间的结构关系，它主要是指（   ）的拓扑结构。
   A. 拓扑　　　　　B. 通信子网　　　C. 结构　　　　　D. 网络

3. 总线型网络中最典型代表是（   ），目前已经成为局域网（LAN）的标准。
   A. 互联网　　　　B. EDI　　　　　C. 以太网　　　　D. 局域网

4. （   ）是存放在计算机存储设备中的、以一种合理的方法组织起来的、与公司或组织的业务活动和组织结构相对应的各种相关数据的集合，该集合中的数据可以为公司或组织的各级经过授权的人员或应用程序以不同的权限所共享。
   A. 拓扑　　　　　B. 物体　　　　　C. 结构　　　　　D. 数据库

5. 结构数据库模型直接描述（   ）中数据的逻辑结构，这类模型涉及计算机系统，又称为基本数据模型。
   A. 数据仓库　　　B. 文档　　　　　C. 网络　　　　　D. 数据库

6. 基本表是本身独立存在的表。在 SQL 中一个关系就对应一个表，一个表可以带（   ）。
   A. 若干索引　　　B. 一个索引　　　C. 两个索引　　　D. 三个索引

7. （   ）是一种光电扫描识读设备自动识读并实现信息自动输入计算机的图形标记符号，是由不同粗细平行线按特定格式安排间距的条码符号和字符组成的一种标记。
   A. 条形码　　　　B. 射频　　　　　C. 磁卡　　　　　D. 标签

8. （   ）是将贸易、运输、保险、银行和海关等行业的信息，用一种国际公认的标准格式，通过计算机通信网络，使各有关部门、公司与企业之间进行数据交换与处理，并完成以贸易为中心的全部业务过程。
   A. 条形码　　　　B. EDI　　　　　C. 磁卡　　　　　D. 标签

9. （   ）能对静态、动态对象进行动态空间信息的获取，快速、精度均匀、不受天气和时间的限制反馈空间信息。
   A. GIS　　　　　B. EDI　　　　　C. GPS　　　　　D. 标签

10. （   ）的基本功能是将表格型数据（无论它来自数据库、电子表格文件或直接在程序中输入）转换为地理图形显示，然后对显示结果浏览、操作和分析。

A．条形码　　　　　　B．EDI　　　　　　C．磁卡　　　　　　D．标签

三、简答题

1．简述计算机网络的基本拓扑结构及各自特点。
2．物流企业网络有哪些具体功能？
3．简述物流条码系统的功能。
4．简述条码技术和射频技术的联系与区别。
5．什么是绝对定位？什么是相对定位？

四、论述题

1．简述 GPS 系统的功能特点。
2．简述 GPS 系统的工作流程。
3．简述地理信息系统的功能特点。

五、案例分析

EDI 与 MIS 的集成①

图 2-23 所示为物流公司的 EDI 与 MIS 集成的案例。

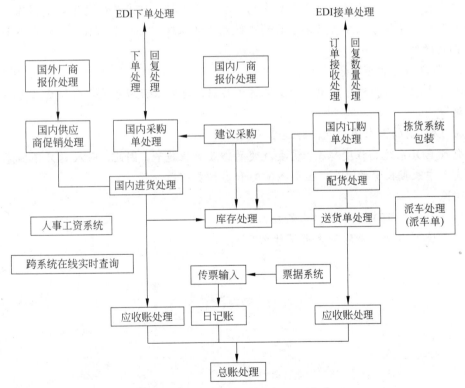

图 2-23　物流公司的 EDI 与 MIS 集成

企业成功引入 EDI 的关键因素取决于使用 EDI 的目的。若只为数据传输而引入 EDI，所需的软硬件成本较低，需要参与的业务部门的人员也较少，因此对企业内部的影响也较小，所以比较容易成功。而随着引入程度的深入，需要改善的作业流程越多，对企业

各部门的影响越大,所费的人力与时间越多,取得成功就比较困难。企业分为两类,即有信息部门的企业与无信息部门的企业。

(1) 对于有信息部门的企业,引入 EDI 的关键因素分述如下:

① 为数据传输而引入。信息部门及相关业务部门人员要沟通协调,达成共识。

② 为改善作业流程而引入。高层主管必须强有力地支持,除信息部门外,相关员工必须了解作业流程的变化及 EDI 的效益,以便完全配合。

③ 作为企业再造的工具。企业领导必须强有力并亲自领导,只有亲自参与才能了解问题所在并及时决策;要组成流程改造小组来推动工作;事先的宣传也是必需的。

(2) 对于没有信息部门的中小企业来说,引入 EDI 的关键因素为:

① 慎重选择信息公司。

选择的原则:是否有 EDI 实施经验,公司规模及经营管理能力是否能满足项目要求,是否了解企业的状态,在本地是否有服务机构或能提供及时服务等。如果企业除数据传输外,还希望能改善作业流程或进行企业再造,则需考察信息厂商的沟通、协调能力及企业管理知识。

② 高层主管的支持和参与。

即使选择了很好的信息公司,如果高层主管不支持,信息公司也很难发挥作用,因为许多跨部门的业务及经营策略方面的决策无人可取代,必须由高层主管亲自参与才能推动 EDI 的实施。

③ 不断进行管理观念的教育。

进行管理观念的教育,使企业上下达成共识,辅之以激励系统,引导员工支持 EDI 的实施。

④ 以目前的需求为重点,再逐步深入。

引入 EDI 系统的程度越深,需要改变的作业流程越多,因此,引入 EDI 不能急于求成,要有中长期投资的眼光,且引入策略和实施要前后一致。

讨论

1. 企业引入 EDI 系统有什么好处?
2. 信息技术给企业管理带来了什么?

第 3 章

物流信息系统开发

学习目标

通过本章的学习,要求熟悉物流信息系统开发方法,了解原型法、面向对象法、结构化系统开发方法、生命周期法的特点、流程,掌握各种方法。

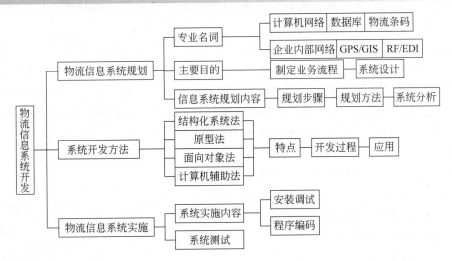

伊利集团分销及库存管理信息系统开发方式的选择[①]

像很多大企业的发展史一样,伊利集团也是从产品经营阶段,走向资本运营阶段,再到现在的品牌经营阶段,这样一步一步走过来的。作为品牌经营的重要手段,信息技术被提到了绝对的高度。伊利集团从自身的业务特点出发,选择了从分销及库存管理环节入手,开始整合销售业务流程,拟建立一个面向全国的、基于因特网的集中式管理信息系统,从而将各事业部、分子公司、经销商、各级代理、各个商品仓库、各个生产厂产成品库存有机地、畅通地衔接起来,以达到与市场的"绝对亲密接触"。

做一件事情总需要理由,尤其是对于投资巨大的信息建设的项目来说,理由更显得

---

① 资料来源于 NOS 供应链实训软件素材库,经作者整理。

重要。其实理由就来源于企业的实际业务发展需求。

在中层领导开会讨论关于下一季度或年度的生产和销售计划的时候，最常见的事情就是底气不足、论据不充分。因为有的人认为应该计划增加40%，有的人又认为应该计划增加50%……当在详细探究理由时，基本上又都是以"上年或上个季度的销售情况不错，看发展态势也不错，总应该比上年或上个季度要强吧"为由。没有确实的数据支持，就很难做到细分市场、了解市场以至采取各种手段应对市场的变化。

还有一个现象：在北京利客隆连锁超市集团的采购部门可能同时出现三名伊利集团的销售人员上门的尴尬场面。怎么了呢?这与伊利集团目前的管理结构有关。伊利集团共有三种产品：液态奶、奶粉和冷冻产品，因此也就有三个事业部，并且是相互独立经营运作、独立管理结算。自然很容易出现以上的现象。因而就面临着要整合企业资源，避免资源浪费等亟待解决的问题。

于是，伊利集团从2000年底开始进行内部改造和整合。对于一个传统产业的企业来说，要想自己独立完成开发、实施、应用这样的系统所要面对的难题实在太多，人才、时间就是其中最关键的两个难题。

当时，伊利集团的信息技术方面的人才也不过几十人，而且相对而言，他们的专门作业能力并不是很强。此外，伊利集团一直是以"领跑战术"作为主要竞争手段，不论是从产品上还是从技术设备上，都要走在行业内的最前线。因此时间上的领跑在一定程度上决定了竞争优势。于是，伊利集团决定选择外包方式，即采用伟库网提供的 ASP 平台产品及服务，实施并运用分销系统及库存管理系统。

思考

企业选择物流信息系统开发方式要考虑哪些因素？

提示

① 企业自身对信息系统采取的战略。
② 需要解决问题的特点。
③ 相应的专业人才。

3.1　物流信息系统规划

3.1.1　物流信息系统规划概述

物流信息系统的开发是一项复杂的系统工程。它涉及物流管理理论、信息系统技术、物流信息技术等知识，不仅涉及运输部门，而且涉及仓储、调度、信息中心、门店等多部门，此外，还涉及技术、管理业务的组织和行为。

一个完整的物流系统开发的基本过程需要经过：系统的规划阶段（任务提出、初步调查和系统的可行性分析）、系统分析阶段、系统设计阶段、系统实施阶段、系统维护和系统评价等六个阶段，其生命周期如图 3-1 所示。

系统各阶段工作量的计算一般常用甘特图（Gautt）来记载和描述，如时间、进度、投入和工作顺序之间的关系。如图 3-2 所示。

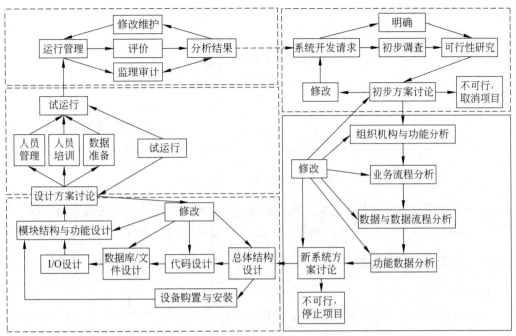

图 3-1 物流系统开发生命周期

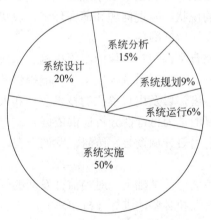

图 3-2 系统生命周期各阶段工作量

1. 物流信息系统的规划

系统规划方法很多,这里介绍常用的结构化系统开发方法。采用结构化系统法开发物流信息系统,其过程一般可分为五个阶段,即系统规划、系统分析、系统设计、系统实施、系统运行维护与评价,每个阶段又细分为若干个步骤,图 3-3 所示的结构化系统开发流程系统规划是物流信息系统开发中的第一个环节。

2. 系统规划的概念及目标

物流信息系统的规划是根据用户的系统开发请求,进行初步调查,明确问题,确定系统目标和总体结构,确定分阶段实施进度,然后进行可行性研究。

系统规划的主要目标是根据组织的目标与战略制定出组织中业务流程改革与创新,

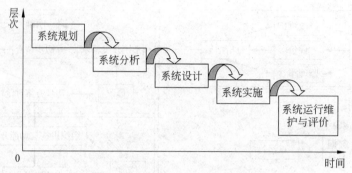

图 3-3　结构化系统法开发流程

以及信息系统建设的长期发展方案,决定信息系统在整个生命周期的发展方向、规模和进程。一般既包括 3~5 年的长期规划,也包括 1~2 年的短期规划。

3.1.2　系统规划的主要内容

1．初步调查

初步调查又称为可行性调查,就是根据用户提出的要求,对用户单位的组织情况、现行系统的情况及其存在的主要问题,进行一次初步的、全面的调查了解。

初步调查的对象是现行系统(包括手工系统和已采用计算机的管理信息系统),目的在于完整掌握现行系统的现状,发现问题和薄弱环节,收集资料,为下一步的系统化分析和提出新系统的逻辑设计做好准备。

具体来说,就是通过调查掌握用户单位的组织机构、系统目标、系统边界、系统与环境的关系、可利用的资源、用户对系统开发工作所能提供的支持、用户单位的领导对开发新的管理信息系统的态度,以及用户单位的技术条件和人员素质等与系统开发有关的基本情况。初步调查的目的是为可行性分析提供依据。

初步调查的方法可以采用召开调查会、访问、发调查表、参加业务实践等方式。

2．可行性分析

可行性分析就是在初步调查的基础上,对当前开发新的管理信息系统的条件是否具备、新系统目标实现的可能性和必要性进行分析和研究。

可行性分析通常应包括:

(1)对系统规定的目标和边界是否合理的分析。系统边界是指系统支持业务活动的范围、程度和有关业务项目等。

(2)对社会限制的分析。新系统的社会因素是很多的,它包括社会、政治和经济发展状况、管理组织体制、人际关系、人的心理状态和习惯势力等,要分析这些因素对开发新系统的影响。

(3)经济上的可行性分析。估计、分析开发费用和系统的经济效益等。

(4)技术上的可行性分析。主要是分析开发新系统所需要的技术资源、人才资源和设备资源等是否具备等问题。

在进行了可行性分析后,要将调查的情况、分析的结果和下一步行动的建议,整理成书面的"可行性分析报告",提交给领导审核。

可行性分析报告的内容包括：系统描述、项目的目标、所需资源、预算和期望效益、对项目可行性的结论。

3.1.3 系统规划的步骤

系统规划的步骤如图 3-4 所示。

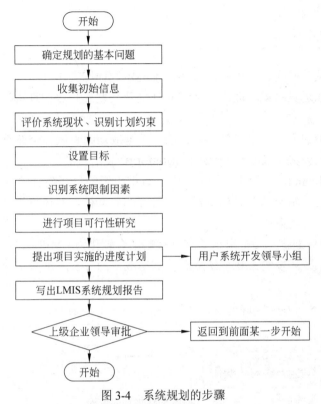

图 3-4 系统规划的步骤

注：LMIS（Logistics Management Information System），即物流管理信息系统。

1．确定规划的基本问题

明确规划的年限、方法、方式及策略等内容。

2．收集初始信息

从各级主管部门、市场同行业竞争者、本企业内部各管理职能部门，以及相关文件、书籍和杂志中收集。

3．评价系统现状、识别计划约束

分析系统目标、功能结构、信息部门的情况等，识别现存设备、软件及其质量，根据企业的人、财、物状况定义物流管理信息系统的约束条件和政策。

4．设置目标

根据企业整体目标，确定物流管理信息系统的目标。

5．识别系统限制因素

这些因素包括环境造成的，如上级主管管理部门、税收部门、市场及客户等信息的要求；或企业管理造成的，如硬件设备等。

6. 进行项目可行性研究
7. 提出项目的实施进度计划
8. 写出管理信息系统规划报告

通过不断与用户、系统开发领导小组成员交换意见，将管理信息系统规划书写成文。

9. 上报企业领导审批

3.1.4 系统规划的方法

系统规划涉及的时间长，内外因素多，不确定性问题突出。科学的系统规划更多地取决于规划人员的远见卓识，取决于他们对环境及其发展趋势的理解。各种方法只能起到辅助作用。

系统规划常用的方法有战略集合转移法、关键成功因素法、企业系统规划法。

1. 战略集合转移法（Strategy Set Transformation，SST）

1978年，William King提出了该法，该法是把组织的总战略看成一个"信息集合"，包括使命、目标、战略及其他战略变量（如管理的复杂性、对计算机应用的经验、改革的习惯及重要的环境约束等）。

LMIS的战略规划就是要把组织的这种战略集合转化为LMIS的战略集合。该战略集合由系统目标、系统环境约束和系统战略计划组成，图3-5所示为实现LMIS战略规划的过程。

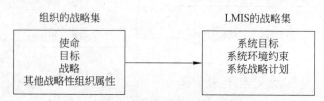

图3-5　LMIS战略规划的过程

2. 关键成功因素法（Critical Success Factors，CSF）

1970年，哈佛大学Willam Zasi教授在LMIS模型中用到了关键成功变量，这些变量是确定LMIS成败的因素。过了十年，麻省理工学院的John Rockart教授把关键成功因素提高成为LMIS战略。其主要思想是"抓主要矛盾"。

CSF的应用步骤：
① 了解企业的战略目标。
② 识别所有成功因素。
③ 确定关键成功因素。
④ 给出每个关键成功因素的性能指标和测量标准。

可以使用鱼刺因果图对识别出来的所有成功因素进行评价，选出关键成功因素，如图3-6所示。

3. 企业系统规划法（Business System Planning，BSP）

企业系统规划法是在20世纪70年代由IBM公司提出的。基本出发点是必须让企业

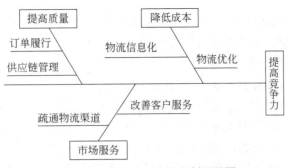

图 3-6　识别成功因素的鱼刺因果图

的信息系统支持企业的目标，让信息系统战略表达出企业各个管理层次的需求，向整个企业提供一致性的信息，并且在组织机构和管理体制改变时保持工作能力。

以企业过程为基础所构建的信息系统具有较强的适应性，一般只要企业的产品或服务不发生变化，企业过程就基本不变，在很大程度上系统独立于企业组织机构的变化。

要特别注意的是，企业过程是企业的一组基本逻辑活动和决策区域，它依赖于企业的产品和服务，但独立于企业的机构。

在实际中，上述规划方法要灵活应用，往往需要多种方法结合，如 CSF 和 BSP 都需要高层管理者先就企业发展的前景达成共识。当企业高层出现意见不一致时，许多企业的领导层并不是简单地强求一致，而是容忍和保留一些对未来的分歧意见。

3.1.5　物流信息系统的分析

系统分析就是对现行系统运用系统的观点和方法，进行全面的、科学的分析和研究，在一定的限制条件下，优选出可能采取的方案，以达到系统预期的目标。

1. 系统分析的基本任务

系统分析的基本任务是彻底搞清用户的要求，详细地了解现行系统的状况和存在的问题。多数用户精通业务，但往往缺乏足够的计算机方面的知识，对计算机"能够做什么"和"不能够做什么"比较模糊。而且，用户虽然精通自己的业务，但不善于把业务过程明确地表达出来，不知道该给系统分析员介绍些什么。对一些具体业务，用户认为理所当然就该这样做或那样做。特别是对某些决策问题，往往根据的是个人的经验和直觉。

由于以上原因，使得系统分析员和用户的交流比较困难，对同一问题的描述容易出现误解和遗漏，而这些误解和遗漏往往成为系统开发的隐患。例如，系统分析说明书是这一阶段的工作成果，它可以认为是用户与开发人员之间的技术合同。系统分析说明书应当严谨准确，无二义性，才能作为设计的基础和验收的依据。否则，如果开发人员和用户对系统分析说明书中的同一个问题有不同的理解，即使系统开发出来了，在验收时也会引起双方的纠缠。为了克服这些困难，协调用户需求和系统分析员的理解，做好系统分析工作，在此基础上再进行系统功能、用户需求和限制条件的分析，综合考虑各种因素，确定一个切实可行的新系统方案。系统分析阶段结束的标志是提交一个经审批通过了的"系统分析报告"。

系统分析是系统设计的前提,如果把系统分析和系统设计看成是要完成某项任务的话,系统分析就是要解决"做什么"的问题。

2. 物流信息系统分析的目标

物流信息系统的开发就是要实现目标系统的物理模型,即建立一个物理系统。物理模型是由系统的逻辑模型经过实例化得来的。系统的逻辑模型只描述系统要完成的功能和要处理的信息,与物理模型相比,逻辑模型忽略了实现的方法与细节。物理模型用来描述系统"怎么做"的问题,逻辑模型则用来描述系统"做什么"的问题。需求分析的目标就是要借助于当前系统的逻辑模型,导出目标系统的逻辑模型,解决目标系统"做什么"的问题。实现这一目标可以借助下述步骤。

1)获取现行系统的物理模型

现行系统可能是已经存在的计算机数据处理系统,也可能是手工的数据处理过程。系统分析员通过现场调查研究,了解现行系统的运行情况,掌握现行系统的组织机构、资源利用、日常业务数据处理过程以及数据的输入和输出等,并借助一个具体的模型来反映自己对现行系统的理解。这一模型就是现行系统的物理模型,它客观地反映现行系统的实际情况。

2)从现行系统的物理模型抽象出其逻辑模型

在物理模型中有许多关于物理系统实现的细节问题。去掉这些非本质的细节性问题,从物理模型当中抽取那些关于"做什么"的本质性问题,从而得到反映系统本质的逻辑模型。

3)建立目标系统的逻辑模型

目标系统的逻辑模型建立在现行系统的逻辑模型基础之上。分析目标系统与现行系统逻辑上的差别,明确目标系统要"做什么",对现行系统的逻辑模型进行调整,从而导出目标系统的逻辑模型。

4)优化目标系统的逻辑模型

对目标系统的逻辑模型,还要根据实际情况做一些优化。例如,目标系统的用户界面优化、系统功能的优化、输入输出的优化等。

3.1.6 物流信息系统分析的内容

系统分析按其内容可以分为目标分析、需求分析。

1. 目标分析

目标分析包括对现行系统的组织目标分析和目标系统的组织目标分析。任何一个企业或组织都有自己的目标,这是组织开展各项工作的指南。信息系统是帮助企业实现其总体目标的,因此,在开发信息系统时,首先应该弄清楚企业的组织目标。组织目标分析包括以下内容:

(1)根据系统调查的结果分析、归纳、确定现行系统中的关键问题,列出问题表。

(2)根据问题表,画出现行系统目标树。目标树的树根是企业总体目标,下一层是对总体目标分解所得到的分目标,依次往下,最底层是实现目标所具备的功能。

(3)分析、确定各个分目标以及它们之间的关系,如果目标之间有冲突,确定解决冲突的方法。

（4）根据各分目标在系统中所起作用的轻重程度，重新排列问题表，重要的目标排在前面，次重要的排在中间，不重要的排在最后。这是确立新系统目标的基础。

目标系统的组织目标分析是指在现行系统组织目标分析的基础上，确定目标系统应该在哪些方面发挥作用以及如何发挥作用。一般来讲，目标系统在以下两个方面功能得到了加强。

① 辅助管理功能。新的计算机管理信息系统可以帮助人们从大量烦琐、重复的日常工作中解放出来。如生产经营情况的统计、财务记账、填制各类报表等。

② 辅助决策功能。新的计算机管理信息系统可以充分发挥信息存储、检索、传递的能力和迅速、准确的计算能力，人—机结合解决问题的能力，帮助企业决策者制订各种计划，实现辅助决策功能。

2. 需求分析

在系统分析阶段，系统分析员要对企业各有关部门的业务流程进行详细的调查。除此之外，还要向各级领导和业务人员就系统处理事务的能力和决策功能的需求作出分析。

（1）按照企业的管理目标并结合业务流程图，分析系统事务处理能力需求的合理性，既要对不合理的业务流程进行调整，还要对系统事物处理能力需求进行调整。

（2）按照企业的管理目标，分析决策辅助功能需求的合理性。

（3）根据信息系统的投资规模，综合分析、平衡各项需求，找出关键的、主要的需求，并制订出满足这些需求的初步计划，为功能分析打下基础。

需求分析的结果还要反馈给业务人员，以征求意见进行修改。

3.1.7 业务流程分析

在对物流信息系统进行分析的过程中，通常会收集到大量的报表、单据、文件等资料。需要按照业务功能将业务处理过程中的每一个步骤用一个完整的图形表达出来，并在绘制业务流程图的过程中发现系统存在的问题，分析并改正问题，对业务处理过程进行优化。

1. 物流信息系统业务流程符号

对现行系统的组织结构和功能进行分析时，需要将详细调查中有关某项业务流程的资料从业务流程的角度串起来以便作进一步的分析。业务流程分析可以帮助系统分析人员了解该业务的具体处理过程，发现系统调查中的错误和疏漏，修改现行系统的不合理部分，优化业务处理流程，进行流程重组，为目标系统的开发打下基础。

对业务流程进行描述可以使用业务流程图（Transaction Flow Diagram，TFD）这个图形工具，它用一些规定的符号和连线来表达某个具体业务处理过程。业务流程图是在业务功能的基础上将其细化，利用系统调查的资料，用完整的图形将业务处理过程中的所有处理步骤串联起来。

业务流程图的表达目前还没有统一，在不同的参考资料中会看到各种不同符号表示的业务流程图。这里介绍业务流程图的几种基本符号，它们所代表的内容与业务系统最基本的功能一一对应，这几种基本符号如图 3-7 所示。

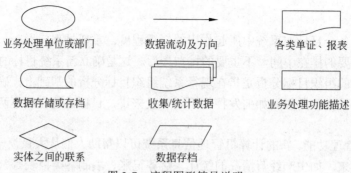

图 3-7 流程图形符号说明

业务处理单位或部门符号表达了某项业务参与的人或者事物；业务处理描述符号表明了业务处理功能，一般以一个简单的祈使句表示；数据存储或存档符号表明了一种数据载体，但这个数据是作为档案来保存的，比如财务部门存档的发票；数据表单符号表明了业务处理单位或部门传递的相关单据或实物，或业务处理产生的相关单据；物流或信息流符号表明了业务数据或实物的流动方向，注意这个符号不表示由谁去完成某项业务。

2. 业务流程图的绘制

使用以上几种基本符号，系统分析员按照业务的实际处理步骤和过程完成业务流程图的绘制，业务流程分析采用的是自顶向下的方法，首先画出高层管理的业务流程图，然后再对每一个功能描述部分进行分解，画出详细的业务流程图。图 3-8 所示为物流信息系统订单处理业务流程。从图中可以看到，业务流程图表示了各个组织机构的业务处理过程和他们之间的分工和联系，表示出了连接各机构的信息流、物流的流通情况和传递关系，反映出了现行系统的界限、环境、输入、输出、数据存储和处理。业务流程图

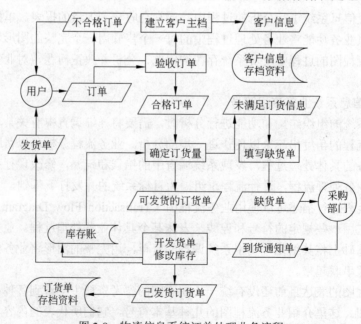

图 3-8 物流信息系统订单处理业务流程

是系统分析的重要依据。

3.1.8 物流信息系统分析的方法

随着计算机技术的不断提高和信息系统的普遍应用,人们不断尝试、总结进行系统分析的方法。在信息系统开发的实践中,常用的系统分析的方法有:结构化分析方法、面向数据结构的系统开发方法、原型化方法等。本书软件采用了面向对象分析方法。

结构化系统分析方法是面向数据流进行分析的方法。它是利用图形作为表达工具,非常清晰、简明,易于学习和掌握。具体地说,它按照自顶向下、逐层分解的原则,将系统功能逐层分解为多个子功能,对应于多个子系统,并在功能分解的同时进行相应的数据分析和分解,借助于数据流程图来表示。

3.1.9 系统分析的步骤

1. 详细调查

一般来说,一个新的物流信息系统的开发,总是建立在现行物流系统基础上的。因此,为了开发新系统,应对现行系统进行详细调查。

详细调查与初步调查不同,初步调查中调查的面广但不深入,是对用户单位及现行系统的概况进行一般性的调查,其目的是为开发新系统的可能性和必要性进行可行性分析提供依据。而详细调查则是要全面、深入、细致地调查和掌握现行系统的运行情况,为系统功能分析提供素材。调查的重点应该围绕人力、物力、财力和设备等资源的管理过程中。

2. 详细调查的目的和原则

物流管理信息系统详细调查的对象是现行系统(包括手工系统和已采用计算机的管理信息系统),目的在于完整掌握现行系统的现状,发现问题和薄弱环节,收集资料,为下一步的系统化分析和提出新系统的逻辑设计做好准备。

详细调查应遵循用户参与的原则,即由使用部门的业务人员、主管人员和设计部门的系统分析人员、系统设计人员共同进行。设计人员虽然掌握计算机技术,但对使用部门的业务不够清楚,而管理人员则熟悉本身业务而不一定了解计算机,两者结合,就能弥补不足。

3. 功能分析

这里所说的功能指的是目标系统应该具备的功能。

功能具有层次性的特点。各层次功能之间存在着信息交换。因此,系统的功能分析主要包括功能层次结构分析和信息关联分析两个方面。

4. 系统效益分析

系统效益分析,即估计系统开发所需费用和所得的利益。首先,要估算系统开发所需费用,这不仅包括对系统硬件、通信设备、软件开发工具、操作系统等的购置费用以及开发费用等,还包括系统安装完成后,用以运行系统、维护系统的费用。

可以从定性分析开始估算系统的收益。用户单位在建立信息系统后,可期望获得以下一些利益:

① 减少机会损失。如减少了订货处理错误，缩短了工期，减少了返工、退货等。
② 自动化、省力化。例如分类核算的自动化、开发标的自动化等。
③ 资金效用。如提高了资金回转率。
④ 库存效用。如减少了库存量，从而避免了误码积压，减少了库存保管费用。
⑤ 提高了生产计划精确度，保证了订货及时等。

然后，将以上分析结果定量化，计算出详细的收益额或投资回报率等指标。

根据系统分析结果，最后提出新系统逻辑方案。写出信息系统需求说明书或功能说明书及初步的系统用户手册，提交管理机构评审。

5. 编写系统分析报告

系统分析报告是系统分析阶段工作的总结，也是进行物流信息系统设计的依据。系统分析报告要请领导审批，批准后才可以开始进行系统的设计。

系统分析报告的内容主要包括：
① 现行物流业务系统的状况及其存在的问题。
② 新系统即物流信息系统的目标。
③ 新系统的逻辑模型。
④ 支持新系统方案的可行性分析。

3.1.10 系统设计

系统分析报告被批准后，就可以开始信息系统即物流信息系统的设计了。

1. 系统总体设计

在总体设计阶段的主要工作是：决定系统的整体结构、决定系统硬件设备和系统软件，划分子系统，决定应用系统的模式及其控制结构图。

在硬件设计中要决定系统所使用的计算机、打印机、数据收集设备、存储设备、数据传送设备、数据显示设备等。通常应从新系统的数据量和数据流量出发，考虑所购置计算机的数据存储能力和处理能力是否能够满足需要。

在决定购买硬件设备时，还要充分考虑设备的配套，如数据采集设备、打印输出设备等。过去信息系统总体设计考虑的主要问题在于能否满足企业自身信息处理的需要，所以常常以信息处理的数据量和计算机的处理能力为中心来考虑问题。随着计算机网络化的发展，局域网、企业网、行业网等计算机网络的形式，今后的硬件设计还要充分考虑企业外部信息的问题。企业不但需要得到有关政府管理部门的信息，还要与行业中的合作伙伴等经常通信，或通过 EDI 进行贸易，同时企业还需要对外提供技术和信息服务，例如建立电子广告、企业网络主页等。

系统总体设计和硬件设计是牵涉到技术性因素较多的工作，要求设计者有足够的信息技术方面的背景知识。硬件性能主要是由设备决定的，同时又受到软件系统的很大影响。所以需要综合地考虑许多因素。

2. 系统详细设计

详细设计是对各个子系统更详细的设计，主要包括三方面的内容：数据存储设计、用户界面设计和处理设计。

（1）数据存储设计是对数据库物理结构、存储内容、存储数据的数量和流量等进行设计。这一步是其他软件系统成分的基础。对数据库的成分不能随意设定，对表的各个域的设定，应遵循关系数据库的规范理论，同时根据实际需要确定它们的长度、类型等。在使用 GUI 以后，这一步可以可视化地完成。

（2）用户界面设计包括代码设计、输入校验设计、输出格式设计、用户界面设计等。

（3）处理设计是系统详细设计阶段耗时最多的工作，其中包括了对各个模块内部处理过程的详细描述，通常用文字、图表等方法来描述对数据的核对、变换、分类、合并、检索、抽出、计算等详细步骤。

3．物流信息的编码方法

1）代码的种类

常用的有顺序码和区间码。

顺序码又称序列码，它是一种用连续数字代表编码对象的代码，通常从 1 开始。例如一个单位的员工号可以编成：0001，0002，0003，…，9999。

区间码把数据分成若干组，代码的每一区间对应一组数据，例如电话号码。在使用这种编码时，需要为待编码的每组信息规定出一个号码序列。当项目表很复杂，但易于明确分组时，适宜使用区间码。

区间码的优点是码中数字的值和位置都代表一定意义，信息处理比较可靠，排序、分析、检索等操作易于进行。但这种码的长度与它分类属性的数量有关，有时可能造成很长的码，代码的维护也比较困难。

2）代码宽度的确定

在确定信息代码时，究竟采用几位数字或字符宽度，可根据具体信息的全部数量来计算确定。以本书软件代码设计说明代码的设计过程，如图 3-9 所示。

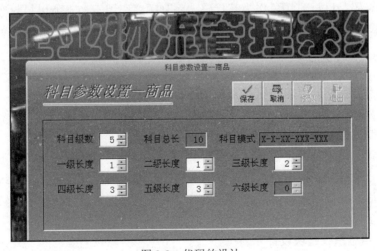

图 3-9　代码的设计

商品代码的分类应以国家通用的物资目录和商品目录的分类为依据，结合企业物资的实际情况，本着科学性、系统性、可扩延性和实用性原则，以区间码为主，顺序码、助忆码为辅的线分类方法对物资进行分类编码。

系统物资代码设计由 10 位阿拉伯数字组成，将其分为五个层次，整个物资代码的结构（如图 3-10 所示）及含义如下。

第一层：表明物资大类。例如，产品颜色是黑色的，用"H"表示。

第二层：表明物资中类。例如，地拖板"B"表示。

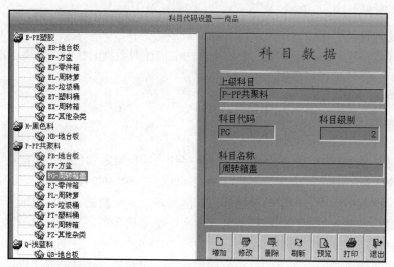

图 3-10　代码的结构层次

第三层：表明物资小类。例如，塑胶周转箱中，方形的用"F"表示，椭圆形的用"T"表示等。

第四层：表明物资的品名、型号及规格。它用四位阿拉伯数字表示。根据物资材料颜色，采用颜色组合码和系列顺序码相结合的表示方法。

颜色组合码是以材料颜色作为其代码，系列顺序码用于当不能以材料颜色作为其代码时，对同一品种的材料按其规格型号的顺序系列编码，并留有足够的空位，以便于编码。

第五层：表明物资的材质型编号。对于塑胶类，其材质是表示它的化学成分，例如，合成塑胶等。没有材质要求的用"000"表示。

3）代码编制流程

代码编制流程如图 3-11 所示。

系统设计的结果是产生系统设计说明书或程序编写说明书。然后，就可以进入系统实施阶段。程序员开始根据系统设计说明书进行编程和调试。最后，新系统通过严格的调试、排错后，就可以开始投入使用，也就是进入了现行系统到新系统的转换过程。最后，系统完全投入运行，进入了运行维护阶段。

4. 物流信息系统模块设计

物流信息系统对物流信息进行收集、整理、存储、传播和利用，也就是将物流信息从分散到集中，从无序到有序，从产生、传播到利用。同时对涉及物流信息活动的各种要素，包括人员、技术、工具等进行管理，实现资源的合理配置。在这个意义上，物流

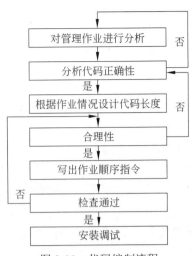

图 3-11 代码编制流程

信息系统将硬件和软件结合在一起，对物流活动进行管理、控制和衡量。典型的物流信息系统结构图如图 3-12 所示。结构图也称为模块图。

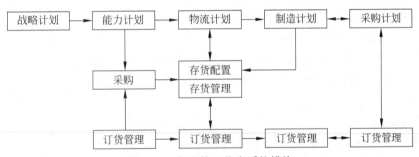

图 3-12 物流管理信息系统模块

模块设计时要注意以下几点：

1）模块的大小要适当

模块的大小是模块分解时要考虑的一个重要问题。模块多大最好？有许多不同的观点。模块自顶向下的分解，主要按功能来进行，也就是说一个模块最好一个功能。同时要注意模块间的接口关系以简单为宜。从经验上讲，为了提高可读性和方便修改，一个基本模块的程序量在 10~100 个语句。这当然不是绝对的，例如对于一个数学公式计算模块，即使语句远远超出上述范围，也不应生硬地将它们分成几个小模块。因此，模块的功能是决定模块大小的一个重要出发点。

2）消除重复的功能

设计过程中若发现几个模块的功能是相似的，则应设法消除其中的重复功能。因为同一功能的程序段多次出现，不仅浪费了编码时间，而且还会给调试和维护带来困难。

3）补充、完善和修改

在系统分析阶段，加工说明中所反映的用户要求（例如出错处理、过程信息以及种种限制等）不能完全在数据流图中反映。然而，在系统设计阶段的系统模块结构图中，都必须体现出用户的所有要求。因此，由数据流图导出的初始模块结构图必须进行补充、完善，还要根据模块分解的原则进行修改，才能达到用户的要求。企业要根据自己的实际情况进行系统模块设计。

5. 数据库设计

对于一个给定的应用环境，构造最优的数据库模式，建立数据库及其应用系统，使之能够有效地存储数据，满足各种用户的应用需求（信息要求和处理要求）。

1）数据库设计的任务

（1）根据用户需求研制数据库结构的过程。

（2）对于一个给定的应用环境，构造最优的数据库模式，建立数据库及应用系统，使之能有效地存储数据，满足用户的信息要求和处理要求。

2）数据库设计的内容

数据库设计包括数据库的结构设计和数据库的行为设计。

（1）数据库的结构设计如下。

① 根据给定的应用环境，进行数据库的模式或子模式的设计。

② 由于数据库模式是各应用程序共享的结构，一般是不变化的，所以结构设计也称静态模型设计。

③ 包括概念设计、逻辑设计和物理设计。

（2）数据库的行为设计如下。

① 确定数据库用户的行为和动作，即用户对数据库的操作。

② 数据库的行为设计就是应用程序设计。

3）数据库设计的特点

数据库设计的特点如下。

① 数据库建设是硬件、软件、技术与管理的结合。

② 整个设计过程中要把结构（数据）设计和行为（处理）设计密切结合起来。

数据库设计过程如图3-13所示。

4）数据库设计的基本步骤

（1）需求分析。需求收集和分析，得到用数据字典描述的数据需求，用数据流图描述的处理需求。

（2）概念结构设计。对需求进行综合、归纳与抽象，形成一个独立于具体DBMS的概念模型。

（3）逻辑结构设计。将概念结构转换为某个DBMS所支持的数据模型（例如关系模型），并对其进行优化。

（4）物理结构设计。为逻辑数据模型选取一个最适合应用环境的物理结构（包括存储结构和存取方法）。

（5）数据库实施。运用DBMS提供的数据语言（例如SQL）及其宿主语言（例如C），根据逻辑设计和物理设计的结果建立数据库，编制与调试应用程序，组织数据入库，并进行试运行。

（6）数据库运行和维护。数据库应用系统经过试运行后即可投入正式运行。在数据库系统运行过程中必须不断地对其进行评价、调整与修改。

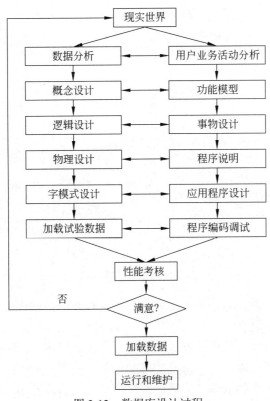

图 3-13　数据库设计过程

3.2　物流信息系统开发方法

3.2.1　结构化系统法

1. 结构化系统法的基本思想

结构化系统法又称瀑布法、生命周期法,是一种传统的信息系统开发方法,用系统工程的思想和工程化的方法,按用户至上的原则,结构化、模块化、自顶向下地对系统进行分析与设计。如图 3-14 和图 3-15 所示。

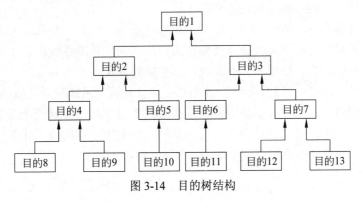

图 3-14　目的树结构

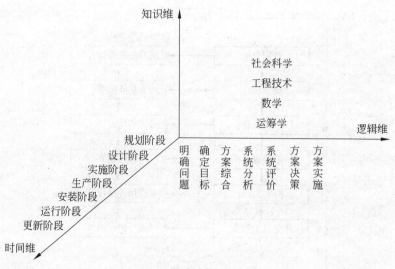

图 3-15 霍尔三维结构

20 世纪 90 年代以前，系统开发主要是使用这种方法。软件工程学的许多理论也是在使用这种方法中诞生的。

生命周期法的主要思想是将开发过程视为一个生命周期（Life Cycle），也就是几个相互连接的阶段，每个阶段有每个阶段明确的任务，要产生相应的文档。上一个阶段的文档就是下一个阶段工作的依据。当系统开发出来了以后，并不意味着整个系统生命周期的结束，而是意味着根据物流企业的需要对系统的修改和重建的开始。

2. 生命周期法的开发过程

生命周期法的整个开发过程可分为以下五个基本阶段：系统规划、系统分析、系统设计、系统实施、系统维护。各个阶段的主要工作内容如下：

（1）系统规划阶段。明确当前物流企业所面临的问题和未来信息系统的关系，决定为解决这些问题进行信息系统开发所采用的基本策略、基本方法和组织结构。

（2）系统分析阶段。根据系统规划的思想，对组织当前所面临的问题进行详细分析，对物流企业现行信息处理方法作出详尽的描述，提出新系统的若干代替方案，并对其进行成本效益分析。

（3）系统设计阶段。根据系统分析的结果，提出信息系统逻辑模型和物理模型，进行子系统的划分，描述系统的功能和实现方法。

（4）系统实施阶段。按照系统设计的思想实现系统，进行软件编程和调试检错，硬件设备的购入和安装，对物流企业有关操作人员的训练，从旧系统向新系统转换。

（5）系统维护阶段。使用和评价系统，对系统的开发、改进等。

以上各阶段中，（2）、（3）、（4）三个阶段是主要阶段。系统开发队伍的系统分析师、系统设计师、程序员三部分人员分别担任三个阶段主要工作。在这三个主要阶段中，还各有一个主要的任务，就是要产生各阶段的文档，它们既是该阶段工作的总结，同时又是下一阶段的工作基础。它们之间的关系如图 3-16 所示。

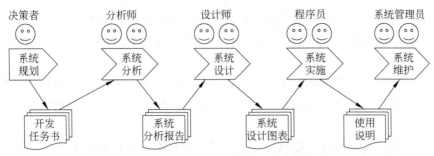

图 3-16　管理信息系统的开发周期

生命周期法是一种"面向功能的"系统开发方法,在系统分析阶段主要是将系统的功能加以分解,使之成为软件开发人员所能理解的形式。在系统设计阶段也是根据系统的功能要求来进行。生命周期法的特点是强调结构化、规范化、文档化;强调在不同的开发阶段中由不同的人员从事专门的工作,产生各阶段的文档。这样,一旦在某阶段发现了问题,就转到其上一阶段进行修正,避免较大的损失。另外,系统的软件结构设计是以功能模块的设计为中心的。

在生命周期法的每一阶段中,又包含若干步骤,步骤在该阶段可以不分先后,但仍有因果关系,总体上不能打乱。其关系如图 3-17 所示。

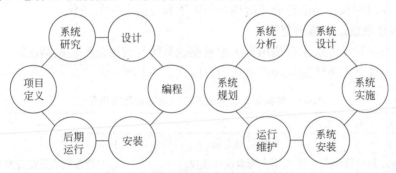

图 3-17　物流管理信息系统生命周期

生命周期法是一种传统的方法,但现在仍有很大影响,它的一些基本思想如封装、模块化等仍被一些新提出的开发方法所继承使用。但是生命周期法的问题是开发效率低,在 4GL 开发工具迅速发展起来之后,开发信息系统已经不需要经过烦琐的模块设计,而是代之以原型法或数据中心的开发方法。

3. 结构化系统法的主要原则

(1) 用户参与原则。

(2) 工作阶段严格区分原则。

(3) 自顶而下原则。

(4) 系统开发过程工程化,工作成果文档化、标准化原则。

4. 结构化系统的特点

(1) 自顶向下整体地进行分析与设计和自底向上逐步实施的系统开发过程:在系统规划、分析与设计时,从整体考虑,自顶向下地工作;在系统实施阶段则根据设计的要求，先编制一个具体的功能模块，然后自顶向下逐步实现整个系统。

（2）用户至上是影响成败的关键因素，整个开发过程中，要面向用户，充分了解用户需求。

（3）符合实际，客观性和科学化，即强调在设计系统之前，深入实际，详细地调查研究，努力弄清实际业务处理过程中的每一个细节，然后分析研究，制订出科学合理的目标系统设计方案。

（4）严格区分工作阶段，把整个开发过程划分为若干个工作阶段，每一个阶段有明确的任务和目标，预期达到工作成效，以便计划和控制进度，协调各方面的工作。前一阶段的工作成果是后一阶段的工作依据。

（5）充分预料可能发生的变化，如环境变化、内部处理模式变化和用户需求变化。

（6）开发过程工程化，要求开发过程的每一步都要按工程标准规范化，工作文件或文档资料标准化。

（7）强调开发过程的整体性和全局性，在整体优化的前提下考虑具体的分析设计问题。

（8）严格区分工作阶段，每一阶段及时总结、发现，总是及时反馈和纠正，避免造成浪费和混乱。

（9）开发周期长，不能充分了解用户的需求和可能发生的变化。

5. 结构化系统法的适用范围

结构化系统开发方法主要适用于大型系统或系统开发缺乏经验的情况。

结构化系统开发方法的优缺点及适用范围见表3-1所示。

表3-1 结构化系统开发方法的优缺点及适用范围

优　　点	缺　　点	适用范围
整体思路清楚	开发周期太长	大型系统或系统开发缺乏经验的情况
阶段性非常强，每阶段均有工作成果出现	不大符合认知规律	
系统分析中易诊断出原系统存在的问题	需要大量的文档和图表，工作量较大	

3.2.2 原型法概述

1. 原型法的概念

原型法是20世纪80年代随着计算机软件技术的发展，特别是在关系数据库系统（Relational Data Base System，RDBS）、第四代程序生成语言（4th Generation Language，4GL）和各种系统开发生成环境产生的基础上，提出的一种从设计思想、工具、手段都全新的系统开发方法。

2. 原型法的基本思想

原型法的基本思想是试图改进生命周期法的缺点，在短时间内先定义用户的基本需求，通过强有力的软件环境支持，开发出一个功能并不十分完善的、实验性的、简易的信息系统原型。运用这个原型，与用户一起反复进行补充、修改、完善、发展，直至得到用户满意的系统。所以，原型法依据的基本模型是循环或迭代模型。

3. 原型法的特点

原型法从原理来看，并无任何高深的理论和技术，但为什么会备受推崇，在实践中获得了巨大的成功呢？我们认为与结构化系统法相比，原型法具有如下几方面的特点：

（1）原型法更多地遵循了人们认识事物的规律，那就是人们认识事物的过程都是循序渐进的，不断受环境的启发，不断完善的。

（2）原型法将模拟的手段引入系统分析的初期阶段，沟通了人们的思想，缩短了物流企业管理人员和系统分析人员之间的距离，解决了结构化系统法中最难于解决的一环。

（3）原型法的模拟原型能启发人们对问题进行较确切的描述和较准确的认识。

（4）充分利用了最新的软件工具，摆脱了陈旧的工作方法，使系统开发的时间、费用大大地减少，效率、技术等方面都大大地提高。

（5）原型法将系统调查、系统分析、应用设计等阶段融为一体，物流企业管理人员能看到系统实现后是什么样子，提高物流企业管理人员对参加系统研制工作的积极性。

4. 原型法的开发过程

（1）确定用户的基本需求。这是系统开发一开始要做的工作，也是建立初始原型的必要条件。这一步骤主要是确定用户准备从系统中得到些什么，对系统有哪些要求。如果要求较多，还要确定各种要求的优先顺序。在分析这些基本需求基础上，构造一个简单的、并不完整和完善的计算机化的模型。这一阶段不需要大量收集和充分积累数据和信息。

（2）建立系统初始原型。根据构造的模型，采用快速技术，开发出一个尽量满足物流信息管理基本要求和习惯的初始系统模型。

（3）运行和评价原型。将开发出来的系统初始原型交给物流企业使用。物流企业信息管理操作人员在使用过程中检验、评价这个原型，如不满意或者不满足，再提出意见和要求，请求修改完善。

（4）修改旧原型、建立新原型。根据使用者提出的意见和要求，对旧原型进行修改、完善或扩充，构造新的系统原型，再重复上述（3），即将修改、完善后的新原型交给物流企业运行和评价。

（3）和（4）是一个反复迭代的过程，直至满足物流企业信息管理需要为止。

（5）建立最终系统。满足物流信息管理需要的系统可能是一个新系统，也可能是完善系统的开发基础。这一步是改进数据管理的例行程序，增强有关辅助的功能，以及完成系统说明的各种资料和使用说明等。原型法进行开发的基本步骤如图3-18所示。

5. 原型法的优缺点

原型法的最大优点在于它可以有效地避免因开发者到用户的认识隔阂所产生的失败。开发者在正式开发之前就可得用户的真正需求，而用户能在较短的时间内看到系统的模样。用户还能够容易地和开发者合作，从而使得人力资源得到了有效的利用，在这种开发中，一般不需要太多人员，少数人就可以完成。其缺点是系统开发的管理较困难，系统的许多方面没有明确目标，而处于不断修改的状态下，开发人员控制较难，容易造

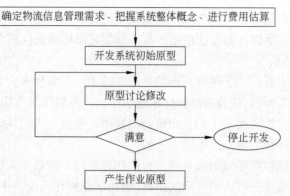

图 3-18　原型法进行开发的基本步骤

成混乱。同时，原型法是一种模拟方法，这样其对许多内部处理程序和拥有大量逻辑计算的功能模块等均无法模拟。

6. 原型法的开发方法

方法一：直接开发可用系统。利用开发可用的原型，逐步向实际应用系统靠拢，直到用户满意为止。

原型法开发步骤（方法一）如图 3-19 所示。

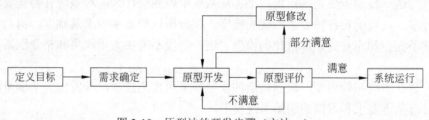

图 3-19　原型法的开发步骤（方法一）

方法一特点：原型将构成未来可运行的系统；开发周期相对较短。用户需求（系统定义）分析；规范。原型中存在一定的隐患。无法划分系统的开发与维护阶段。

方法二：利用原型确定系统的定义。利用开发的原型不断补充和确认用户需求，然后从可用的原型出发，重新建立实际的系统。

原型法开发步骤（方法二）如图 3-20 所示。

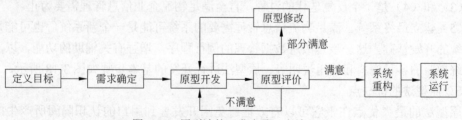

图 3-20　原型法的开发步骤（方法二）

方法二特点：在原型基础上重构可运行的系统。原型系统部分可重用。开发周期较前一种方法长。可以用来明确和规范用户需求。系统中将不存在因为多次修改而产生的隐患。但用户需求可能变化。

关于 MRP、DRP、ERP

MRP（Material Requirements Planning，物料需求计划），因为库存物料随时间推移会被使用和消耗，为了满足生产需求，往往造成库存积压，从而导致库存占用的资金大量增加，产品成本也就随之较高。MRP 的管理思想用于实现"在需要的时候提供需要的物料数量"。

DRP（Distribution Requirement Planning，分销需求计划）是流通领域中的一种物流技术，是 MRP 思想在流通领域应用的体现。它主要解决分销物资的供应计划和调度问题，达到既保证有效地满足市场需要又使得配置费用最节省的目的。

ERP（Enterprise Resource Planning，企业资源计划）是当今国际上先进的企业管理模式和系统化的管理软件，该软件对企业所拥有的人、财、物、信息、时间和空间等资源进行综合平衡和优化管理。

7．原型法的适用场合

原型法主要用于以下情况：

① 用户事先难以说明需求的较小的应用系统。

② 决策支持系统。

③ 与结构化系统法结合起来使用，即整体上仍使用结构化系统法，而仅对其中功能独立的模块采用原型法。原型法的优缺点及适用范围如表 3-2 所示。

表 3-2　原型法的优缺点及适用范围

优　点	缺　点	适用范围
认识论上的突破	开发工具要求高	用户事先难以说明需求较小的应用系统
加强了与用户的交流	解决复杂系统和大型系统问题很困难	决策支持系统
开发风险及开发成本降低	管理水平要求高	与结构化系统法结合起来使用

3.2.3　面向对象法

面向对象系统的开发方法（Object Oriented，OO）是从 20 世纪 80 年代各种面向对象的程序设计方法（如 Smalltalk、C 等）逐步发展而来的，本书软件采用了 OO 方法开发。

1．OO 方法的基本思想

OO 认为，客观世界是由各种各样的对象组成的，每种对象都有各自的内部状态和运动规律，不同的对象之间的相互作用和联系就构成了各种不同的系统。当我们设计和实现一个客观系统时，如能在满足需求的条件下，把系统设计成由一些不可变的（相对固定）部分组成的最小集合，这个设计就是最好的。而这些不可变的部分就是所谓的对象。这种方法的主要思路是所有开发工作都围绕对象展开，在分析中抽象地确定出对象以及其他相关属性，在设计中将对象严格地规范，在实现时严格按照对象的需要来研制软件工具，并由这个工具按设计的内容，直接地产生出应用软件系统。面向对象方法是一种基于问题对象的自底向上的开发方法。

面向对象方法中，系统模型的基本单元是对象，是客观事物的抽象，是相对稳定的。系统的功能是通过对象之间的消息传递来实现的，如图 3-21 所示。因而面向对象方法开发的系统有较强的应变能力，重用性好。

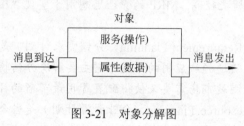

图 3-21　对象分解图

2．OO 方法的特点

（1）以独立对象为基础，整个系统是各个独立对象的有机结合。

（2）对象是一个被严格模块化了的实体，称之为封装（Encapsulation）。这种封装了的对象能满足软件工程的一切要求，而且可以直接被面向对象的程序设计语言所接受。

（3）解决了从电子数据处理系统到软件模块之间的多次映射的复杂过程。

（4）对象可按其属性进行归类（Class）。类有一定的结构，类上可以有超类（Superclass），类下可以有子类（Subclass）。这种对象或类之间的层次结构是靠继承关系维系着的。

（5）各种对象之间有统一、方便、动态的消息传递机制。而传递的方式是通过消息模式（Messagepattern）和方法所定义的操作过程来完成的。

（6）统一建模语言（Unified Modeling Language，UML）是用于建立面向对象系统模型的标准标记法，是面向对象系统分析和设计的重要标准和工具，从而使面向对象系统分析和设计系统化和规范化。

UML 的主要特点：

① UML 统一了 Booch、OMT 和 OOSE 等方法中的基本概念，而且这些基本概念与其他面向对象技术中的基本概念大多相同。

② UML 扩展了现有方法的应用范围。

③ UML 是标准的建模语言，而不是标准的开发过程，其发展历程如图 3-22 所示。尽管 UML 的应用必然以系统的开发过程为背景，但不同的组织和不同的应用领域，需要采取不同的开发过程。

3．OO 方法的优缺点

OO 方法以对象为基础，利用特定的软件工具直接完成从对象客体的描述到软件结构之间的转换。这是 OO 方法最主要的特点和成就。OO 方法的应用解决了传统结构化开发方法中客观世界描述工具与软件结构的不一致性问题，缩短了开发周期，解决了从分析和设计到软件结构之间多次转换的繁杂过程，是一种很有发展前途的信息系统开发方法。

4．OO 方法的开发过程

（1）系统调查和需求分析。对系统将要面临的具体管理问题以及用户对系统开发的

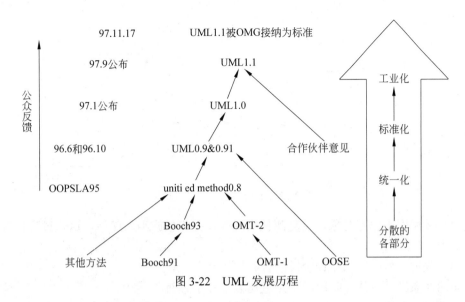

图 3-22　UML 发展历程

需求进行调查研究，即先弄清要干什么的问题。

（2）分析问题的性质和求解问题。在繁杂的问题域中抽象地识别出对象以及其行为、结构、属性、方法等。一般称之为面向对象的分析，即 OOA。

（3）整理问题。对分析的结果作进一步的抽象、归类和整理，并最终以范式的形式将他们确定下来。一般称之为面向对象的设计，即 OOD。

（4）程序实现。用面向对象的程序设计语言将上一步整理的范式直接映射（即直接用程序设计语言来取代）为应用软件。一般称之为面向对象的程序，即 OOP。

识别客观世界中的对象以及行为，分别独立设计出各个对象的实体；分析对象之间的联系和相互所传递的信息，由此构成信息系统的模型；由信息系统模型转换成软件系统的模型，对各个对象进行归并和整理，并确定它们之间的联系；由软件系统模型转换成目标系统。

应用面向对象开发方法设计 MIS 的基本思路：

① 获取用户需求。

② 用统一的建模工具构造对象模型。

③ 识别与问题有关的类及类之间的联系，识别与 MIS 解决方案有关的类。

④ 对设计类及其联系进行调整，使之如实地表达事物之间实际存在的各种关系。

5．OO 方法的开发模型

面向对象开发一般经历三个阶段：面向对象系统分析（OOA）、面向对象系统设计（OOD）和面向对象系统实现（编程）。这与传统的生命周期法相似，但各阶段所解决的问题和采用的描述方法却有极大区别。图 3-23 所示为面向对象系统开发模型，它表达了面向对象开发的内容和过程。

图 3-23 所示的面向对象开发模型体现了面向对象开发方法的基本特征。

（1）分析与设计是反复的，充分体现了原型开发的思想。

（2）分析与设计的不断反复结果是对客观世界对象的模型化，建立针对族的规格说明。

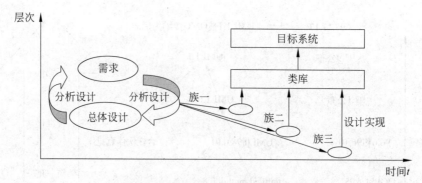

图 3-23 面向对象系统开发模型

（3）运用库中已有对象，反复测试实现族，并将新族纳入库中，这一过程体现了继承和重用。

（4）强调分析阶段和设计阶段的合并。

面向对象开发方法各阶段的思路包括以下几个方面。

（1）分析阶段。这一阶段主要采用面向对象技术进行需求分析。面向对象分析运用以下主要原则：

① 构造和分解相结合的原则。构造是指由基本对象组装成复杂活动对象的过程；分解是对大粒度对象进行细化，从而完成系统模型细化的过程。

② 抽象和具体结合的原则。抽象是指强调事务本质属性而忽略非本质细节；具体则是对必要的细节加以刻画的过程。OO 方法中，抽象包括数据抽象和过程抽象：数据抽象把一组数据及有关的操作封装起来，过程抽象则定义了对象间的相互作用。

③ 封装的原则。封装是指对象的各种独立外部特性与内部实现相分离，从而减少了程序间的相互依赖，有助于提高程序的可重用性。

④ 继承的原则。继承是指直接获取父类已有的性质和特征而不必再重复定义。这样，在系统开发中只需一次性说明各对象的共有属性和服务，对子类的对象只需定义其特有的属性和方法。继承的目的也是提高程序的可重用性。

（2）设计阶段。这一阶段主要利用面向对象技术进行概念设计。值得注意的是面向对象的设计与面向对象的分析使用了相同的方法，这就使得从分析到设计的转变非常自然，甚至难以区分。可以说，从 OOA 到 OOD 是一个积累型的扩充模型的过程。

一般而言，在设计阶段就是将分析阶段的各层模型化的"问题空间"逐层扩展，得到模型化的特定的"实现空间"。有时还要在设计阶段考虑硬件体系结构、软件体系结构，并采用各种手段（如规范化）控制因扩充而引起的数据冗余。

系统分析过程如图 3-24 所示。

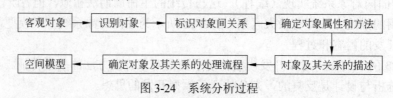

图 3-24 系统分析过程

（3）实现（编码）阶段。这一阶段主要是将 OOD 中得到的模型利用程序设计实现。

具体操作包括：选择程序设计语言编程、调试、试运行等。前面两阶段得到的对象及其关系最终都必须由程序语言、数据库等技术实现，但由于在设计阶段对此有所侧重考虑，故系统实现不会受具体语言的制约，因而本阶段占整个开发周期的比重较小。

3.2.4 计算机辅助（CASE）方法

1. CASE 方法的基本思路

计算机辅助方法（Computer Aided Software Engineering，CASE）解决问题的基本思路是：在前面所介绍的任何一种系统开发方法中，如果自对象系统调查后，系统开发过程中的每一步都可以在一定程度上形成对应关系的话，那么就完全可以借助于专门研制的软件工具来实现上述一个个的系统开发过程。这些系统开发过程中的对应关系包括：生命周期法中的业务流程分析、数据流程分析、功能模块设计、程序实现；业务功能一览表，数据分析、指标体系-数据/过程分析-数据分布和数据设计，数据库系统，等等；OO 方法中的问题抽象——属性、结构和方法定义，对象分类，确定范式——程序实现，等等。

另外，由于在实际开发过程中上述几个过程很可能只在一定程度上对应，故这种专门研制的软件工具暂时还不能一次"映射"出最终结果，还必须实现其中间过程。对于不完全一致的地方由系统开发人员再作具体修改。上述 CASE 的基本思路决定了 CASE 环境的特点：

（1）在实际开发一个系统中，CASE 环境的应用必须依赖于一种具体的开发方法，例如生命周期法、原型法、OO 方法等。而一套大型完备的 CASE 产品，能为用户提供支持上述各种方法的开发环境。

（2）CASE 只是一种辅助的开发方法。这种辅助主要体现在它能帮助开发者方便、快捷地产生出系统开发过程中各类图表、程序和说明性文档。

（3）由于 CASE 环境的出现从根本上改变了我们开发系统的物质基础，从而使得利用 CASE 开发一个系统时，在考虑问题的角度、开发过程的做法以及实现系统的措施等方面都与传统方法有所不同，故称之为 CASE 方法。

2. CASE 方法的特点

CASE 方法与其他方法相比，一般的来说有如下几方面的特点：

（1）解决了从客观世界对象到软件系统的直接映射问题，强有力地支持软件、信息系统开发的全过程。

（2）既支持自顶向下的结构化开发方法，又支持自底向上的面向对象和原型化开发方法。

（3）简化了软件的管理和维护，加速了系统的开发过程，使开发者从繁杂的分析设计图表和程序编写工作中解放出来。

（4）自动生成文档和程序代码，使系统产生了统一的标准化文档。

（5）着重于系统分析与设计，具有设计可重用性等。

（6）尽管 CASE 工具在系统开发的一些方面提供了方便，它能够加快分析和设计的速度，利于重新设计，但它并不能做到系统设计的自动化，并且无法使业务上的需求自然而然地得到满足。系统分析和设计工作仍然要依靠分析与设计者的分析技能。

3.2.5 各种开发方法的比较

各种开发方法的比较有以下几点。

（1）生命周期法是基于系统的生命周期理论，严格、细致地一步一步规划各个开发阶段的任务以及得到相应的阶段成果，非常系统、严谨。由于后一阶段的工作需要前一阶段成果的支持，因此每一个阶段均非常重要，直接影响到后阶段的成果，因此开发周期常常较长，代价较大，故多被用于大型的系统开发。

（2）原型法是一种基于 4GLS（第四代程序生成语言）的快速模拟方法，它通过模拟以及对模拟后原型的不断讨论和修改，最终建立系统。要想将这样一种方法应用于一个大型信息系统开发过程中的所有环节是根本不可能的，故它多被用于小型局部系统或处理过程比较简单的系统设计来实现这一环节。

（3）面向对象法是一种围绕对象来进行系统分析和系统设计，然后用面向对象的工具建立系统的方法。这种方法可以普遍适用于各类信息系统开发，但无法涉足系统分析以前的开发环节。

（4）CASE 方法是一种除系统调查外全面支持系统开发过程的方法，同时也是一种自动化的系统开发方法，适用于各类信息系统开发。

3.3 物流信息系统实施

把信息系统设计转换成计算机可以接受的程序，即写成以某一程序设计语言表示的"源程序清单"，这步工作也称为编码。

3.3.1 系统实施的主要内容

系统实施阶段的工作量很大，任务复杂，而且涉及面广，包括软硬件的配置。因此，要进行全面规划，确定实施的方法、步骤和所需的时间、费用。

1. 设备安装调试

根据系统设计阶段提出的设备配置方案，购置物流作业工具，如 GPS 终端、POS 设备等，安装好物理层面的计算机网络系统，进行计算机机房设计施工、计算机系统及各种设备的安装、调试等。

2. 程序编码

根据程序设计说明书，进行相关物流各功能模块程序流程的设计和程序的编制。

3. 程序调试和系统测试

在进行程序调试和系统测试前，应从多方面予以考虑，准备好调试和测试所需的数据。程序调试分程序单调、模块分调、子系统调试和系统联调。经过调试成功的系统，在正式运行前，还要进行软硬件各种设备的联合系统测试。所谓系统测试，就是试运行，用以检验系统运行的正确性、可靠性和效率。

相 关 术 语

1. 程序单调

程序单调是对单个程序进行语法检查和逻辑检查。这项工作应由程序的编写者自己完成，经常使用的调试方法是白箱法。

2. 模块分调

整个物流信息系统划分为若干个功能子系统，每个功能子系统包括若干个功能模块，一个功能模块的功能通常要由若干个独立的程序完成。因此，在单个程序调试的基础上，下一步就要进行模块分调。模块分调除了程序编制者参加之外，主要应由其他人员去调试，如主程序员和设计人员。模块分调经常采用黑箱法，其目的是保证模块内部控制关系和数据处理内容的正确，同时测试其运行效率。

3. 联调

联调包括子系统调试和系统总调试。当各个功能模块调试通过之后，即可转入各个子系统调试，只有全部子系统都调试通过之后，方可转入系统总调试。联调的目的是发现系统中属于相互关系方面的错误和缺陷。因此，子系统调试和系统总调试的主要目标已不是查找程序内部逻辑错误。程序联调的方法大都采用黑箱法。

4. 系统转换

系统转换就是用新系统代替旧系统。

5. 用户培训

用户培训包括事务管理人员的培训、系统操作员的培训和系统维护人员的培训。系统实施阶段的主要成果就是物流信息系统的具体物理实现，以及相关系统使用说明书的编制。

3.3.2 系统测试

测试是保证信息系统质量的重要手段，其主要方式是在设计测试用例的基础上检验信息系统的各个组成部分。首先进行单元测试以发现模块在功能和结构方面的问题；其次将已测试过的模块组装起来进行组装测试；最后按所规定的需求，逐项进行有效性测试，决定已开发的信息系统是否合格，能否交付给用户使用。

1. 系统测试的主要任务

进行系统的日常运行管理、评价、监理审计三部分工作，然后分析运行结果。如果运行结果良好，则运行管理部门，指导生产经营活动；如果运行有问题，则要对系统进行修改、维护或者局部调整；如果出现了不可调和的大问题（这种情况一般是系统运行若干年之后，系统运行的环境已经发生了根本变化时才可能出现），则必须进一步提出开发新系统，这标志着老系统生命的结束、新系统的诞生，这全过程就是系统开发的生命周期。

2. 系统测试的内容

1）功能测试

功能测试是指对系统中的功能进行测试，确定其是否具备所规定的功能。功能测试主要注意边界条件、覆盖条件以及出错处理是否有效等问题。

2）性能测试

性能测试主要是指对程序和系统数据的精确性、时间特性、适应能力是否能满足实际要求进行测试，如运行环境、接口、系统处理时间、响应时间、数据转换时间等。

3）可靠性与安全性测试

可靠性与安全性测试是指在可靠性和安全性方面进行的测试，如加密效果、授权的有效性和可靠性、系统的容错能力等。

系统测试常用方法介绍

1. 黑箱测试（Black box testing）

黑箱测试即不管程序内部是如何编制的，只是从外部根据 HIPO 图的要求对模块进行测试。

2. 数据测试（Data testing）

数据测试即用大量实际数据进行测试。数据类型要齐备，各种"边值""端点"都应该调试到。

3. 穷举测试（Exhaustive testing）

穷举测试亦称完全测试（Complete testing）。即程序运行的各个分支都应该调试到。

4. 操作测试（Operating testing）

操作测试即从操作到各种显示、输出做全面检查是否与设计要求相一致。

5. 模型测试（Model testing）

模型测试即核算所有计算结果。

3. 系统测试的主要步骤

1）模块测试

模块测试是对单个模块进行的测试，目的是保证每个模块作为一个单元能够正确运行。通常情况下，模块测试方案设计比较容易，发现的错误主要是编码和详细设计方面的错误。模块测试比系统测试更容易发现错误，能更有效地进行排错处理，是系统测试的基础。

2）子系统测试

子系统测试是在模块测试的基础上，将测试过的模块组合起来形成一个子系统进行测试。子系统测试主要解决模块间的相互调用、通信问题，所以测试重点在接口方面。子系统测试通常采用自顶向下和自底向上两种测试方法。

3）系统测试

在所用子系统都成功测试之后，将它们组合起来进行的测试就是系统测试。系统测试主要解决的是各子系统之间的数据通信、数据共享问题，测试系统是否满足用户要求。

系统测试的依据是系统分析报告，要全面考查系统是否达到了设计目标。系统测试可以发现系统分析遗留的未解决问题。

4）验收测试

在系统测试完成后，要进行用户的验收测试。验收测试是把系统作为单一的实体进行测试，它是用户在实际应用环境中所进行的真实数据测试。与系统测试的内容基本一致，测试要使用手工系统所用过的历史数据，将运行结果与手工所得相核对，考察系统的可靠性和运行效率。

本 章 小 结

开发管理信息系统时，首先要选择适宜的开发方式、合理的结构模式，充分满足开发管理信息系统的基本条件，分析开发过程中可能要遇到的各种问题。其次要重视建立开发机构，开发人员分工明确，责任到人，对前面学过的结构化系统法、原型法、面向对象法和 CASE 开发方法学以致用。通过本章的学习，学生能做到理论联系实际，参与一些简单或专项物流信息管理系统的设计与开发。

开发物流信息系统的方法很多，主要有结构化系统法、原型法、面向对象法、CASE 方法等。

物流信息系统在现代组织中起着重要的作用，它包括软件、硬件、数据及存储介质、通信系统、非计算机系统的信息收集处理设备、规章制度及工作人员等七个部分。

建立物流管理信息系统，一般要经历信息需求分析、决策集成、信息处理设计、实施、安装前调试、用户准备与培训、用户参与、安全检查、建立定期评审制等阶段。

本章介绍了四种物流管理信息系统开发方法，企业要根据自己实际情况进行选择。

思考与练习

一、填空题

1. 物流信息系统的开发是一项复杂的系统工程。它涉及（　　）等知识，不仅涉及运输部门，而且涉及仓储、调度、信息中心、门店等多部门，此外，还涉及（　　）。

2. 系统规划的主要目标是根据组织的目标与战略制订出组织中业务流程改革与创新和信息系统建设的长期发展方案，决定信息系统在（　　）。

3. 系统规划常用的方法有战略集合转移法、（　　）。

4.（　　）就是对现行系统运用系统的观点和方法，进行全面的、科学的分析和研究，在一定的限制条件下，优选出可能采取的方案，以达到系统预期的目标。

5. 目标分析包括对现行系统的（　　）分析。

二、判断题

1. 系统边界是指系统支持业务活动的范围、程度和有关业务项目等。（　　）

2. 可行性分析报告的内容包括：系统描述、项目的目标、所需资源、预算和期望效益、对项目可行性的结论。（　　）

3. 系统决策按其内容可以分为目标分析、需求分析和功能分析。（   ）
4. 在系统分析阶段，系统分析员要对企业各有关部门的业务流程进行详细的调查。（   ）
5. 对现行系统的组织结构和功能进行分析时，要将详细调查中有关某项业务流程的资料从业务流程中单独列出分析。（   ）
6. 系统效益分析，即估计一下系统开发所需费用和所得的利益。（   ）
7. 系统的吞吐量越大，系统的处理能力越弱。（   ）
8. 把信息系统设计转换成计算机可以接受的程序，即写成以某一程序设计语言表示的"源程序清单"，这步工作称为编码。（   ）
9. 系统物资代码设计由20位阿拉伯数字组成，将其分为三个层次。（   ）
10. 数据库备份是指对数据库的备份，不包括所有的数据以及数据库对象。（   ）

三、单项选择题

1. 采用结构化系统法开发物流信息系统，其过程一般来讲可分为五个阶段，即系统规划、系统分析、系统设计、系统实施、（   ）与系统维护。
   A. 系统评价　　　　B. 系统测试　　　　C. 系统运行　　　　D. 系统跟踪

2. 初步调查的对象是现行系统（包括手工系统和已采用计算机的管理信息系统），目的在于完整掌握现行系统的现状，发现问题和薄弱环节，收集资料，为下一步的系统化分析和提出新系统的（   ）做好准备。
   A. 界面设计　　　　B. 逻辑设计　　　　C. 模块设计　　　　D. 功能设计

3. 可行性分析报告的内容包括：系统描述、项目的目标、（   ）、预算和期望效益、对项目可行性的结论。
   A. 界面设计　　　　B. 逻辑设计　　　　C. 所需资源　　　　D. 功能设计

4. （   ）系统分析方法是面向数据流进行分析的方法。它是利用图形作为表达工具，非常清晰、简明，易于学习和掌握。
   A. 结构化　　　　　B. 面向对象　　　　C. 计算机辅助　　　D. 流程法

5. 在总体设计阶段的主要工作是：决定系统的整体结构、决定系统硬件设备和系统软件，划分子系统，决定应用系统的模式及其（   ）图。
   A. 模块结构　　　　B. 子系统　　　　　C. 拓扑结构　　　　D. 控制结构

6. 从经验上讲，为了提高可读性和方便修改，一个基本模块的程序量在（   ）个语句。
   A. 10～100　　　　B. 20～60　　　　　C. 10～50　　　　　D. 10～60

7. 系统规划阶段要明确当前物流企业所面临的问题和未来信息系统的关系，决定为解决这些问题进行信息系统开发所采用的基本策略、基本方法和（   ）结构。
   A. 功能　　　　　　B. 组织　　　　　　C. 拓扑　　　　　　D. 流程

8. （   ）是一种"面向功能的"系统开发方法，在系统分析阶段主要是将系统的功能加以分解，使之成为软件开发人员所能理解的形式。
   A. 生命周期法　　　B. 组织机构法　　　C. 计算机辅助法　　D. 原型法

9. （   ）的基本思想是试图改进生命周期法的缺点，在短时间内先定义用户的基本需求，通过强有力的软件环境支持，开发出一个功能并不十分完善的、实验性的、简易的信息系统原型。

  A．生命周期法 B．组织机构法 C．CASE 方法 D．原型法

10．（ ）解决问题的基本思路是：在前面所介绍的任何一种系统开发方法中，如果自对象系统调查后，系统开发过程中的每一步都可以在一定程度上形成对应关系的话，那么就完全可以借助于专门研制的软件工具来实现上述一个个的系统开发过程。

  A．生命周期法 B．组织机构法 C．CASE 方法 D．原型法

四、简答题

1．简述系统规划的步骤。
2．说明在生命周期法系统开发中，各个阶段的主要工作和各阶段相互间的关系。
3．举例说明企业应如何选择物流信息系统的开发方法及开发方式。
4．如何进行物流信息系统开发的可行性分析？
5．系统测试的内容主要有哪些？

五、论述题

1．简述生命周期法的原理、步骤如何。
2．简述生命周期法、原型法、面向对象法、CASE 方法的优缺点和适用范围。
3．简述企业选择物流信息系统开发方式应该考虑哪些因素。

六、案例分析

南宁市石乳茶叶公司信息系统开发方法的选择[①]

  我国南宁市石乳茶业公司（以下简称"石乳"）是在对原有国有企业的股份制改革的基础上建立的民营企业，属于中小企业，以生产、经营花茶为主要产品，其销售方式主要是批发，其批发商分布在我国几个省，相对稳定。石乳生产用的主要原料是已经粗加工了的干茶和相应的各种鲜花，如茉莉花、玉兰花等，经销的产品主要有绿茶、花茶、袋泡茶，其生产类型属于离散型生产。

  公司的股份分为民营、职工两方。该公司决策层由总经理、分管经营、分管技术和分管生产的副总经理各一名组成，设有经理室、销售部、技质部、人劳部、财务部、三个生产车间、原料仓库、物料仓库和成品仓库等主要部门。总经理还要把关原料采购的价格和数量。销售部日常的主要工作有根据客户的订货单及市场需求的经验估计，制订公司精制车间、熏花车间、小包装车间的生产计划及发货计划，完成产品销售，应收应付账管理等工作。精制车间是单纯的加工车间，熏花车间是重要的加工车间，还有成品的包装工作，小包装车间完成成品的包装。该公司的销售无售后服务需要。

  该公司的正式职工约 100 人，其中具有大专学历以上的职工约占职工人数的 50%，平均年龄为 32 岁。公司几位领导均懂技术，经过了 MBA 课程培训，有相当的管理能力。由于该公司具有明显的生产周期，因此除了正式职工外，公司还长期使用长年性临时工和季节性临时工，其中长年性临时工主要从事产品的包装；季节性临时工主要从事产品的制作，高峰期间临时工人数与公司正式职工的比例约为 1∶1，临时工采取计件计时来

[①] 李凯．物流信息系统．北京：北京大学出版社，2013．

计酬。为提高企业的竞争力，公司经常利用生产空闲时间，为员工进行各种知识的培训，如茶叶制作技术、现代化管理思想和方法等。由于实际需要，该公司需要进行企业信息化建设，同时面临信息系统开发方法的选择。

讨论

你能根据上述基本情况，提出适合该企业信息系统的开发方法吗？

第 4 章

订单信息系统

学习目标

通过本章的学习，要求掌握订单信息系统的功能、作用，了解订单业务的工作流程、了解订单业务相关信息，懂得如何将物流订单信息进行整合。

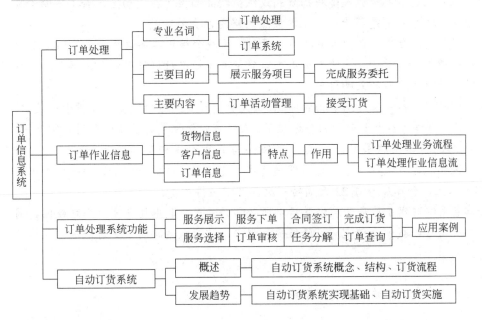

南方公司的订单处理[①]

南方公司（The Southland Corporation）因旗下的 7 800 家 7-11 店和捷市便利店（Quick Mark Store）而闻名于世。由于店铺内绝大部分空间都要用于售货，所以货架上的商品必须频繁地得到补给，如果货架上的某种商品缺货，店里也没有储备存货来补充货架。订单处理系统必须做到方便、快捷、准确，以保证店里的货源不断。我们看一下这些要求

---

① 资料来源于 NOS 供应链实训软件素材库，经过作者整理。

是如何实现的。

每家分店都有一份针对该店印就的库存清单或称订货指南（Order Guide），其上列明授权各分店销售的商品（Authorized Items）。店铺经理或工作人员用一个手持电子订单录入器读出订货指南或货架上的条形码，接着输入每种商品所需的数量。该信息随后通过网络传到南方公司的配送中心，在那里进入订单录入、订单履行系统，该系统把全天收到的订货及调整信息按商品、仓库汇总起来。在全部订单都收讫后，系统按商品和各仓库供货区的订货量生成一张拣货清单（Picking List），并在给各分店的每张拣货单（Picking Document）上配以相同的三位数的控制码。同时，系统还监控各货架上的货量，一旦某货架上的库存量低于预先设定的临界点，系统就会生成一张大宗货物拣货单（Bulk Picking Label），示意仓库的工作人员从托盘货物存储区提取一整箱货物，送到单品拣货区（Unit Picking Location）。在这份大宗货物拣货单上，还标明应附在商品上的零售价格，并指明贴过价签后的商品应摆放在哪个拣货区。在单品拣发区，商品是从货架的后部补充进来的，从货架的前部被放入塑料拣货箱或纸板物品箱里（在流动区，除了不贴价签及搬运的是整个托盘而不是箱子外，基本按照同样的方法补货）。

当大宗货物或托盘货物存储区的库存不足时，系统会根据经济订货批量（EOQ）向采购人员提出理想的订货量。采购人员审查订货量并视情况对订货规模作出调整后，系统即开始准备针对供应商的采购订单。

系统还可以根据各分店订购货物的体积，每天利用可变的运输调度法安排卡车装货，调整送货路线。通过对各卡车车厢的合理配货，系统可以保证最大限度地利用载货空间，并使每条线路的行车里程最短。然后，系统按与装货次序相反的顺序打印交付收据（Delivery Receipt），方便各分店和货车驾驶员清点货物。该订单处理系统的平均订单履行率在99%以上，仓库库存每22天周转一次，非常值得称羡。

现代信息系统取代了原来开展经营活动所必需的资产。利用信息高速公路或因特网（Internet），公司可以减少仓储空间，降低库存水平，缩短搬运时间，更好地跟踪订单的处理进度。

思考

南方公司为什么要实施订单处理系统？

提示

订单处理系统的功能组成，订单处理的作用：物流和反馈的信息流、资金流，把客户需求和企业内部的生产经营活动以及供应商的资源整合在一起，体现完全按客户需求进行经营管理的一种全新的管理方法。

4.1 订单处理概述

客户订单是引发物流过程运转的信息，订单处理系统是物流系统的中枢。信息流的速度与质量直接影响整个运作过程的成本与效率。低速、缺乏稳定性的信息传输不但会导致失去客户，而且还会增加运输、库存和仓储成本。订单处理系统能够为提高物流绩效水平提供巨大潜力。

4.1.1 订单处理的概念

订单活动是物流活动的起点,在该环节,客户与企业双方通过离线(人员洽谈)或在线(电子商务)等多种方式完成物流服务委托,是企业为客户提供配货、运输、货代等服务的前提。

订单处理的效率,直接影响着客户服务水平,同时,牵动着物流作业的合理性和有效性。

所谓订单处理是指从接到客户订单开始一直到着手准备拣选货品之间的工作,通常包括有关用户和订单的资料、单据处理等内容。

订单处理有人工处理和计算机处理两种形式,目前主要采用计算机处理。虽然人工处理弹性较大,但只适合少量的订单处理,一旦订单的数量较多,处理将变得缓慢且容易出错。而计算机处理则速度快、效率高,且成本较低,适合大量的订单处理。

4.1.2 订单处理内容

1. 订单活动的管理

订单活动是物流活动的起点,在这个环节里,客户与企业双方通过信息交流,完成物流服务委托。订单管理就是对订单活动过程进行计划、组织和控制过程。订单管理的内容如图 4-1 所示。

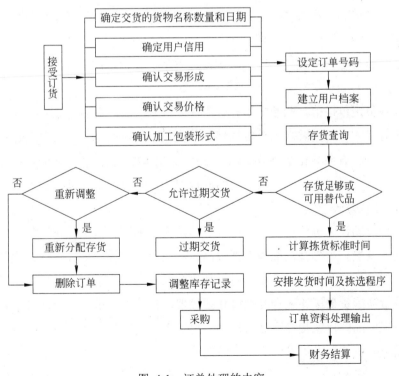

图 4-1 订单处理的内容

现代化的订单管理,订单处理作业都是通过计算机网络来实现的。在订单处理作业中,最重要的是通过网络将企业本部与物流配送中心和各个客户连接起来,从而使订货信息通过信息系统传输到物流中心,在准备发货的同时同期进行自动制作发货票、账单等业务。

2. 订单处理步骤

接受订货的方式,由传统的人工下单、接单,已经演变为计算机直接或间接接送订货资料的电子订货方式。

1)传统订货方式

(1)厂商补货。供应商直接将商品装车,依次给各个订货方送货,缺多少补多少。这种方法适合周转快的商品,或新上市的商品。

(2)厂商巡货、隔天送货。供应商派巡货人员前一天先到各客户处查询需要补充的商品,次日再补货。供应商采用这种方式可利用巡货人员为商店整理货架、贴标签或提供经营管理意见、市场信息等,也可利用机会促销产品。

(3)电话或口头订货。订货人员确定好商品名称和数量,以电话方式向厂商订货。订货种类和数量往往都很多,因此花费时间长,且出错率较高。

(4)传真订货。客户将缺货信息整理成文,传真给供应商。这种方式可快速准确传递订货资料,但传真的资料或许会因品质不良而增加事后确认作业。

(5)邮寄订单。客户将订货单直接邮寄给供应商。这种做法效率极低,在当今信息社会,基本上已经不能满足市场需求了。

(6)客户自行取货。客户自行到供应商处看货、补货,此种方式多为传统杂货店所采用。

(7)业务员跑单接单。业务员到各客户处去推销产品,而后将订单带回公司。

以上所有方式,都需要人工重复性地输入大量资料,在输入输出时工作效率低下而且出错率极高。随着市场竞争日益加剧,订货的高频率以及快速响应的供应需求,已经使传统的订货方式无法应付,因此,新的订货方式——"电子订货"应运而生。

2)电子订货方式

这是一种借助计算机信息处理,以取代传统人工书写、输入、传送的订货方式。这种方式传送速度快、可靠性及准确性都较高,不仅可以大幅度地提高客户服务水平,而且能有效地缩减存货及相关的成本费用。具体有以下三种。

(1)订货簿或货架标签配合终端机和扫描器。订货人员携带订货簿及手持终端机巡视货架,发现商品缺货就扫描商品条形码,再输入订货数量,在所有订货资料都输入完毕后,利用数据机将订货信息传给供应商或总公司。

(2)POS(销售时点管理系统)。客户若有POS收银机可以在商品库存档内设定安全库存量。每销售一笔商品计算机会自动扣除该商品库存。当库存低于安全库存量时,便自动生成订单,经确认后便可通过通信网络传给总公司或供应商。

(3) 订货应用系统。客户的计算机信息系统里若有订单处理系统,就可将应用系统产生的订货信息转化成与供应商约定的共同格式,在约定的时间里将订货信息传送出去。

4.2 订单作业信息

4.2.1 订单作业引发的信息

仓管员在接受客户订单时,需要在短时间内处理大量的信息,主要包括两方面:一是对客户订单进行确认;二是进行配送中心内部的能力核查。所涉及信息如图 4-2 所示。

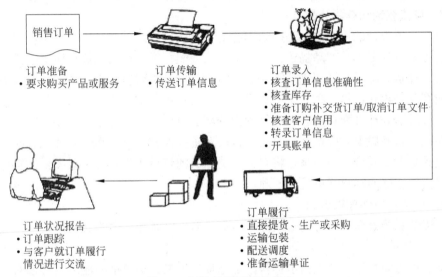

图 4-2 订单处理涉及的信息

订单处理的信息有如下几点:

1. 货物数量及日期的确认

这是对订货资料项目的基本检查,包括品名、数量、送货日期等是否正确,并准确核实运送时间。

2. 客户信用的确认

是否接受该客户的订单,首要应检查该客户的财务状况,以及其信用状况和信用额度,以确定该客户是否有能力支付此订单的账款。

3. 订单价格确认

不同客户由于订购批量不同,可能对应不同的售价,因而输入价格时系统应进行检查。

4．加工包装确认

客户订购的商品若有特殊包装、分装或贴标签等要求时，系统都应加以专门的确认。

5．设定订单号码

通常，通过电子订货方式接受订单，信息系统会自动生成流水号订单号码。如果是传统人工订货方式，一定要做好订单号码的设定工作，以保证后续作业以及日后的统计查询工作的顺利完成。

6．建立客户档案

将客户的详细资料备案，不仅有益于此次交易的顺利进行，也为日后合作增加机会。档案内容一般包括：客户名称、代号、等级等；客户信用额度；客户销售付款及折扣率的条件；开发或负责此客户的业务员资料；客户配送区域；客户收账地址；客户配送点与配送路径；客户点适合的送货车辆形态、卸货特性；客户配送要求等。

7．存货查询和存货分配

（1）存货查询的主要目的是确认库存是否能满足客户的需求。存货资料包括货物的品项名称、货物编码、产品描述、库存量、已分配存货、有效存货和期望进货时间等。

（2）存货分配是在订单确认无误后，将大量的订货资料做最有效的分类和调拨。存货分配有两种模式：第一种是采用摘果法按单一订单分配存货；第二种是采用播种法按订单、按批次处理分配存货。在进行批次分配的时候，由于订单数量多、客户等级多，所以在优先权问题上，应按客户等级取舍，对重要性程度高的客户做优先分配；或者按订单交易量或交易金额来取舍，将对公司贡献大的订单优先处理；或者依据客户信用状况，将信用较好的客户订单优先处理。

8．订单资料处理输出

订货信息经处理后即可输出或打印出货单据，以展开后续的物流作业。

1）拣货单

拣货单为商品储库提供指示资料，是拣货的依据。拣货单的输出应考虑商品的储存位置，依据储位前后相关顺序排列，以减少拣货人员重复往返取货，时间或数量、单位都需要详细准确地标明。

2）送货单

物品交货配送时，通常附上送货单据以供客户清点签收。由于送货单要给客户签收、确认出货资料，故应该准确、清晰。

3）缺货信息

配货完毕后，对于缺货的商品或缺货的订单资料，系统应提供查询界面或报表，以便采购人员紧急采购。

关于 EDI

EDI（Electronic Data Interchange），中文可译为"电子数据交换"，简单地说就是企业的内部应用系统之间，通过计算机和公共信息网络，以电子化的方式传递商业文件的过程。现实中，供应商、零售商、制造商和客户等在其各自的应用系统之间利用 EDI 技术,通过公共 EDI 网络,自动交换和处理商业单证。EDI 是按照国际统一的语法规则进行处理,使其符合国际标准格式,并通过通信网络来进行数据交换,是一种用计算机进行商务处理的新业务。

4.2.2 订单处理业务流程

订单处理主要包括三种作业,即客户询价报价、订单确认、生产物流协调。对客户的订单,在研究分析产销协调后,须妥善估价。订单报价处置不当,轻者引起客户抱怨,丧失销售机会,重者导致内部产销秩序混乱,甚至导致企业损失。

1. 业务需求

订单管理要求为企业提供一个展示服务项目的平台,以供客户浏览和选择。客户对感兴务项目进一步查看服务类别、价格等详细信息,确定委托后便向企业下订单。企业要求确定了的订单快速、准确地传输到销售部门,同时传输给存货部门、运输部门、流通加工部门、财务部门等;将订单的需求分解到具体物流服务活动,如存货核对、运输、流通加工等,同时需要生成相应的一系列物流服务单据,如拣货单、订车单、加工单等,供相关人员共享,以便进入相应的工作流程,及时提供物流服务。订单处理的业务流程如图 4-3 所示。

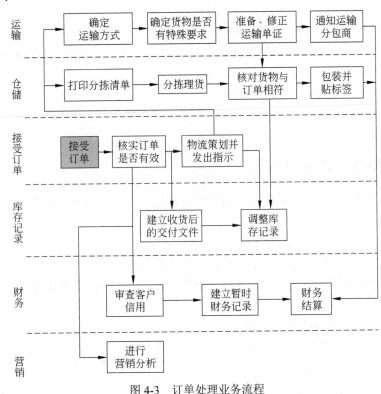

图 4-3 订单处理业务流程

2. 订单生产方式的订单处理流程

接受订单的处理模式,根据企业的营运方式可区分为两大类:"订单生产方式的订单"与"存货生产方式的订单"。所谓"订单生产方式的订单"是以客户的订单来组织生产,基本上库存为零,或者只能给客户提供参考样品。订单生产方式生产的一般为大型设备、设施等。存货生产方式的订单则是根据销售部门对市场的预测得出的结论来组织生产,销售人员销售的是已经生产出来的产品。

订单生产方式的处理流程如下:

(1) 销售部在同意客户订单之前,必须了解生产部门的生产设计能力,获得生产部门的确认。

(2) 销售部在接到客户的订单样品及询价后,将样品交由设计部门设计打样。

(3) 市场部根据制作完成的产品样品,与生产部门讨论制造流程及可能需要的生产日程后,拟定样品成本分析报告,呈报总经理核准。

(4) 销售部将制作完成的产品样品及设计图样交给客户,由其认可并商议交货期。

(5) 客户同意交货期,并同意接受所制成的样品后,则由销售部组织报价工作。

(6) 若客户对样品不满意,则由设计部门依据客户意见,再予修改。

(7) 若客户不同意交货期,则由销售部与生产部及实际生产作业部门研究后,再与客户洽商。交货期的确定,必须协调客户需求与企业的制造生产能力。

(8) 客户同意样品及交货期后,销售部根据样品成本分析报告,再加上运费、保险费等各项费用及预期利润,算出售价,并列表呈总经理核准。

(9) 总经理同意并签字后,由销售部负责承办人员向客户报价。

(10) 若客户接受报价,销售部接到客户正式订单后,首先检查订单各项条件齐全与否,订购内容是否清楚,若有涂改应盖章注记。

多数企业的产销形态,属于存货生产方式,其重点在于销售预测的能力与准确性,市场部门要通过销售预测,再给生产部门下发可能的销售量,生产部门根据市场部门的预测来安排采购与生产工作。

4.2.3 订单处理作业信息流

订单处理过程中,一方面产生一系列作业信息,另一方面也需要调用仓库中的相关信息。

1. 订单处理作业中需要的信息

(1) 客户信息。包括客户基本信息、客户信用信息。

(2) 货物储量信息。包括在库货物、进货在途货物、待出库货物等。

(3) 作业能力信息。包括分拣能力、运输能力。

2. 订单处理作业中产生的信息

(1) 客户及订货信息。

(2) 订单处理结果信息。

(3) 分拣作业计划信息。

(4) 送货作业计划信息。

在不同类型和不同规模的仓库,订单处理作业的工作人员往往有些差异。在较大规模的配送中心,一般有专门的计划调度员负责进行订单处理工作;而更多的小型仓库,是由客户服务部门，或者业务部门来完成订单的接收、审核以及订单的处理工作。但是，不论何种企业，订单处理过程中所需的信息以及所产生的信息流特征都是一样的。

当客户发出订单，配送中心在收到时，首先对订单进行审查。审查包括两方面：一是对客户的审查，对新客户，要进行客户资料的登记，对老客户，则对客户信用进行核查；二是对订单内容的审查，订货的种类、数量，要求交货期、交货地点，付款结算方式等，确保订单信息清晰准确。接着，订单接收人员要对配送中心的内部能力进行核查，也包括两方面：一是对客户所订货品的库存量进行核查，若库存不足，要与客户商议延期交货或者其他解决办法；二是对配送中心的作业能力进行核查，包括分拣能力、装卸搬运能力、所需的流通加工能力、送货能力等。在配送中心作业高峰期，生产能力不足的时候，也要与客户说明，协商交货时间。

当与客户协商确定交货种类、数量、时间等信息后，订单处理中心需要做的就是进行后续作业的初步规划，包括制订分拣作业计划、送货作业计划。这个环节需要应用优化技术方法，合理有效，低成本高服务水平地对后续作业进行一个合理的规划，这样就产生了分拣作业计划信息和送货作业计划信息。

分拣作业虽然在时间上先于送货作业，但是在制订计划的时候，要先根据订单要求制订送货计划，根据送货计划的时间节拍、送货量、送货路线返回来安排库内的分拣作业节拍。二者必须很好地协调，以保证后续作业的顺利流转。

3. 主要数据

订单作业过程涉及的主要数据见表4-1。

表4-1 订单信息系统主要数据

数据类	数据项
服务项目	服务名称，业务范围，从业资格，服务优势，服务价格……
服务记录	服务名称，浏览日期，是否下单，访问者IP，停留时间……
订单档案	订单编号，客户名称，下单时间，服务名称，金额，备注……
交易合同	合同编号，签约客户，签约日期，合同条款，合同状态……
子任务说明	任务编号，所属合同，所属类别，任务要求，完成时间……
流程实例	流程编号，流程路径，流程状态……

4. 主要的控制点

订单业务流程主要控制点，如图4-4所示。

5. 协同数据

在业务管理子系统中，订单管理的主要协同数据见表4-2。

表4-2 订单管理的主要协同数据

数据类	所属功能	协同说明
订单档案	订单管理	提供给其他功能共享
客户档案	客户管理	共享客户信息
货物档案	存货管理	共享存货信息
拣货单	存货管理	共享订单中的存货要求，触发货物核对服务同步进行

续表

数据类	所属功能	协同说明
订车单	运输管理	共享订单中的运输要求,触发运输服务同步进行
加工单	流通加工管理	共享订单中的流通加工要求,触发流通加工服务同步进行

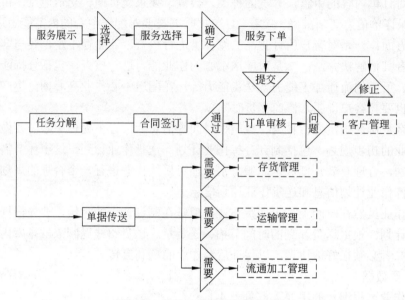

图 4-4 订单业务流程主要控制点

萨姆森-帕卡德公司的订单处理

萨姆森-帕卡德公司（Samson-Packard Company）生产各种规格的工业用软管接头、阀门及高强度软管。公司每天平均要处理 50 份订单,订单总周期为 15～25 天,而订单处理时间占其中的 4～8 天。因为要根据客户的特定要求来安排生产,所以总的订单周转时间较长。除订单履行活动外,订单处理周期的主要活动有:

（1）以两种方式将客户要求输入订单处理系统。第一种方式,销售人员从现场收集订单,然后通过邮寄或电话告知公司总部;第二种方式,客户主动邮寄订单,或者打电话把订货要求直接告知公司总部。

（2）接到电话订单后,客户服务部的接待人员将订单转录成另一份缩略格式的订单,这些简式订单连同那些邮寄到的订单一道累计一定天数后,被传至高级客户服务代表那里,由他来汇总信息,呈报给销售经理。

（3）销售经理批阅这些订货信息以便了解销售活动的情况,偶尔也在某份订单上作出特别批示,说明某位客户的特别要求。

（4）订单被送至订单准备人员手中,他们负责把订货信息连同特别批示一同转录在萨姆森-帕卡德公司的标准订单上。

（5）这阶段订单被送至财务部门以便对客户进行信用核查,然后交销售部门核实价格。

（6）数据处理部门将订单信息键入计算机，随后可以传到工厂，一旦进入该程序信息处理会更为便捷，订单跟踪也更加简单。

（7）高级客户服务代表对最终形式的订单进行全面审核，并通过电子传输方式将订单信息传至适当的工厂。同时，准备向客户发出接受订货的通知。

4.3 订单信息系统功能

4.3.1 订单管理系统功能

订单管理系统的功能如图4-5所示。

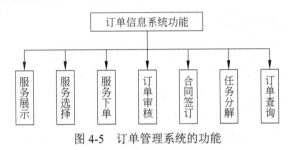

图4-5 订单管理系统的功能

1. 服务展示

企业将可提供的服务项目、服务内容发布到网络平台供客户浏览和选择已发布的项目和内容进行后期的修改和维护。

2. 服务选择

客户可以浏览企业的一种或几种服务。系统描述相应的服务的资格、资源、人才、监管等优势，详细说明业务范围，客户如果满意服务则选择下单。系统还能对各个服务项目被浏览和被下单情况进行统计，供企业决策参考。

3. 服务下单

系统根据客户所选择的服务种类提供相应的电子表格，其中必要信息包括客户资料、货物信息，还有所选服务的相关信息、支付信息等。客户填完后提交订单，等待企业确认和签订正式合同。

4. 订单审核

客户填写的订单由销售部门接收，建立客户档案和订单档案；同时，客户服务部门、配货部门、运输部门、流通加工部门、财务部门也接收到订单，分别对资料的真实性、技术可行性与财务信用度等方面给出审核意见，如客户身份的合法性和特殊性、客户资信情况、特殊的委托要求等。遇到信息不完全、情况不明或委托难以完成的情况，将把疑问转到客户管理由客服部门与客户进行协商，协商结果由客户进入该功能修正订单，继续接受审核。

5. 合同签订

审核通过以后，销售部门代表企业以电子数据的方式与客户签订合同。得到客户认可的合同通过网络传送回来，即时开始为客户提供物流服务。对需要的预收费用，生成报账单传送到结算管理功能模块。此后关于合同的变更、中止、完结等问题，则由企业管理子系统的交易合同特定功能模块负责。

6. 任务分解

系统获取正式合同后，对其中的服务条款进行识别和面向具体作业环节的任务分解，如分解为配货子任务、运输子任务、流通加工子任务等。然后为其选配相应的工作流程，生产一系列的服务起始单据。

7. 订单查询

企业和客户可以按订单编号、下单日期、服务项目、订单状态、货物名称、交易金额等方式查询已签订单，浏览订单的各项细目和相关单据，得到多种汇总信息。

4.3.2 订单管理系统应用案例

某大型零售企业的 EOS

某家经营百货的大型商品零售企业拥有近 1 000 家分店，仅物流系统就涉及来自两万多个供应商的 20 万种商品。企业的战略是要使每家分店都成为利润中心。这就意味着要以各分店为基础在 4 万多个商品部门进行库存决策，与此同时，进行集中采购。

为了建立支持这种分散化管理的信息系统，企业在各分店安装了具有光学扫描能力的记录器来读入商品标签上的条形码。企业利用商店里小型计算机和中心的主机可以立即获取各家分店的销售信息。该系统为企业带来了很多好处，包括结账更快速，库存控制更优，信用审核更快捷，能及时得到存货状况报告，对采购数量与采购时间的计划安排更妥当等。

第一步是接收来自仓库或供应商的产品。以咖啡壶为例，该系统的运行机制如图 4-6 所示。自动标签打印机打印出一张标签，注明咖啡壶的颜色、价格、库存编号以及工作人员的部门编号。顾客拿着咖啡壶去收银台结账时，工作人员会用读取棒扫描标签，或者将商品信息输入记录器。

如果顾客想用信用卡付款，工作人员就会用读取棒读取一个磁性编码，在不到 1 s 的时间里就能通过商店的小型计算机刷卡。咖啡壶的数据在小型计算机里一直存到当天晚上，然后自动传输到企业 22 个地区性数据中心之一（区域性中心主机），在那里由更大型的主机来处理这些信息，从顾客的信用卡账户中划款，将销售额和税收额数据输入财务部门的记录，将销售人员的佣金记录送到薪金部。

销售数据也进入咖啡壶部门的库存管理系统。如果当天咖啡壶的销售使该部门的商品库存量低于预先设定的临界点，计算机就会自动打印出采购订单，并在次日清晨由企业内部的信使交给部门经理。如果经理认为应该购买更多的咖啡壶，那么再订货的订单就会被送往履行订单的供应商处。

与此同时，销售数据通过地区数据中心传到企业总部的中央数据处理站，在那里汇编全国的单品销售信息。

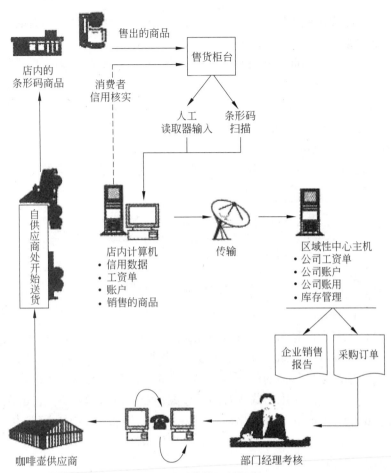

图 4-6 该系统的运行机制

4.4 自动订货系统

4.4.1 自动订货系统概述

1. 自动订货系统定义

电子自动订货系统（Electronic Ordering System，EOS）是指企业利用通信网络（VAN或互联网）和终端设备在线联机（Online）方式进行订货作业和订货信息交换的系统。EOS按应用范围可分各企业的 EOS（如连锁店经营中，各个连锁分店与总部之间建立的 EOS 系统），零售商与批发商之间的 EOS 系统以及零售商、批发商与生产商之间的 EOS 系统。

2. 自动订货系统设计目标

（1）相对于传统的订货方式，如上门订货、邮寄订货、电话订货、传真订货等，EOS能够缩短从接到订单到发出订货的时间，缩短订货商品的交货期，减少商品订单的出错率，节省人工费用。

（2）有利于减少企业的库存水平，提高企业的库存管理效率，同时防止商品特别是畅销商品缺货现象的出现。

（3）对于生产厂家和批发商来说，通过分析零售商的商品订货信息，能准确判断畅销商品和滞销商品，有利于企业调整商品生产和销售计划。

（4）有利于提高企业物流信息系统的效率，使各个业务信息子系统之间的数据交换更加便利和迅速，丰富企业的经营信息。

3. 自动订货系统结构

EOS 系统是许多零售店和许多批发商共同组成的大系统，结构如图 4-7 所示。

图 4-7　EOS 的系统结构图

1）批发、零售商场

采购人员根据管理信息系统（Management Information System，MIS）提供的功能，收集并汇总各机构要货的商品名称、要货数量，根据供货商的可供商品货源、供货价格、交货价格、交货期限、供货商的信誉等资料，向指定的供货商下达采购指令。采购指令按照商业增值网络中心的标准格式进行填写，经商业增值网络中心提供的电子数据交换（Electronic Data Interchange，EDI）格式转换系统而成为标准的 EDI 单证，经由通信界面将订货资料发送至商业增值网络中心，然后等待供货商发回信息。

2）商业增值网络

不参与交易双方的交易活动，只提供用户连接界面，每当接收到用户发来的 EDI 单证时，自动进行 EOS 交易伙伴关系的核查，只有具有伙伴关系的双方才能进行交易，否则视为无效交易。确定有交易关系后还必须检查 EDI 单证格式，只有交易双方都认可的单证格式，才能进行单证传递，并对每笔交易进行长期保存，供用户今后查询或在交易双方发生交易纠纷时，可以根据商业增值网络中心所储存的单证内容作为司法证据。

3）供货商

根据商业增值网络中心转来 EDI 单证，经商业增值网络中心提供的通信界面和 EDI 格式转换系统而成为一张标准的商业订单，根据订单内容和供货商的 MIS 系统提供的相关信息，供货商可及时安排出货，并将出货信息通过 EDI 传递给相应的批发、零售商场，从而完成一次基本的订货作业。

当然，交易双方交换的信息不仅仅是订单和交货通知，还包括订单更改、订单回复、变价通知、提单、对账通知、发票、退换货等许多信息。

VAN（Value-Added Networks，商业增值网络中心）是公共的情报中心，它是通过通信网络让不同机构的计算机或各种连线终端相通，是一种更加便利的共同的情报中心。实际上，在这个流通网络中，VAN 也发挥了很大的功能。VAN 不单单负责资料或情报的转换工作，也能够与国内外其他地域 VAN 相连并交换情报，从而扩大了客户资料交换的范围。

4. 自动订货系统流程

EOS 系统的流程如图 4-8 所示。

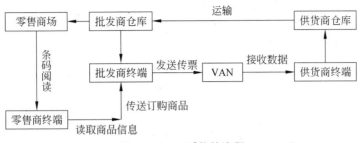

图 4-8　EOS 系统的流程

（1）根据库存及销售情况，零售商利用条码阅读器获取准备采购的商品条码，并在终端机上输入订货材料。

（2）将订货材料通过网络传给批发商。

（3）批发商根据各零售商的订货信息及库存信息，形成订货信息，并传给供货商。

（4）供货商开出提货传票，并根据传票，同时开出提货单，实施提货，然后根据送货传票进行商品发货。

（5）批发商接收货物，并开出传票，拣货，送货。

（6）零售商收货，陈列，销售。

4.4.2　自动订货系统发展趋势

1. 自动订货系统实现基础

随着商业化的迅速发展，电子订货系统因其方便高效的特点越来越受到人们的重视。而电子订货系统的标准化和网络化已经成了其发展的趋势。

（1）要实施 EOS 系统，必须做一系列的标准化工作。如商品的统一代码、企业的统一代码、传票的标准格式、通信程序的标准格式以及网络资料的标准格式等。

（2）要实施 EOS 系统，必须有稳定安全的专业网络。在贸易流通中，常常是按商品的性质划分专业的，如食品、医药、玩具、衣料等。因此形成了各个不同的专业，例如日本各行业为了实现流通现代化的目标，分别制定了自己的标准，形成了 VAN。目前已提供服务的有食品、日用杂品、医药品等专业。EOS 系统工作方式如图 4-9 所示。

EOS 系统已给贸易伙伴带来了巨大的经济效益和社会效益，专业化的网络和地区网络在逐步扩大和完善，交换的信息内容和服务项目都在不断增加，EOS 系统正趋于系统化，标准化和国际化。

2. 自动订货系统的实施

1）全面考虑影响 EOS 系统实施的因素

（1）系统的现状。供应商、批发商和零售商信息化程度参差不齐，所以对新的 EOS 系统的适应能力也各不相同。通常信息化程度较高的企业，其内部的作业流程也比较合理，对新的作业方式有较强的适应能力。

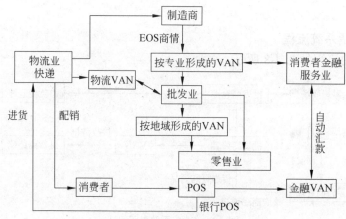

图 4-9　EOS 系统工作方式

（2）零售商的专业属性。零售商的专业属性是指零售商场所售商品信息的品类特征，专业属性将直接影响 EOS 的实施。

（3）系统的发展前景。实施单位是否有 EOS 系统化的体制或能力也是 EOS 系统运行维护的一个重要的因素，EOS 系统在运行时需要多方面的沟通、协调，基本商品资料会经常更新，来自各供货商的报文非常频繁，需要随时更新商品数据库，因此维护商品数据库的正确性就非常重要了。在考虑了上述因素后，实施 EOS 系统还应该考虑自动化发展方向，与供应商协调合作问题之后，作出整体规划。

2）实施 EOS 系统的前提条件如图 4-10 所示

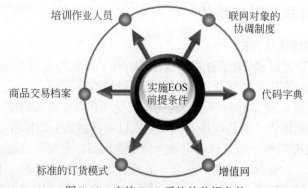

图 4-10　实施 EOS 系统的前提条件

（1）联网对象的协调制度。所有的交易各方应该就新商品信息的导入、促销处理、意外状况处理、登录维护等诸多方面建立统一规范，做到 EOS 业务处理一致性。

（2）代码字典。建立商品代码（自用、通用）、条形码、企业代码的管理体制，建立代码字典。

（3）增值网。根据企业信息化的性质、性能价格比以及交易伙伴参加情况来选择最合适的交易网。

（4）标准的订货模式。包括订货方式、订货时间、订货周期、订货人、EOS 终端、多店订货及设备操作程序。标准的订货模式是 EOS 实现网络信息交换的必要条件。

（5）商品交易档案。为了进行分单处理和绩效分析，应建立交易对象信息表。

（6）培训作业人员。实施 EOS 系统之前要对作业人员进行培训，包括维护、操作及意外处理等内容。

4.4.3　订单处理系统应用分析

1. 系统构成

订单处理系统根据功能分为自动报价系统和订单传送系统。自动报价系统根据用户询价输入实现报价的自动化；订单传送系统实现订单接收、确认及输入。

（1）自动报价系统。客户首先向系统输入客户名称、口令，登录报价系统，然后再输入询问的商品名称（或代码）、详细规格等。系统根据客户交易数据库，对该客户报价的历史资料库以及供应商的报价库，取得对客户此种商品的报价历史资料、折扣率、商品供应等信息，形成报价单并打印，如图 4-11 所示。销售主管核准后送客户或直接从网上传递报价单。

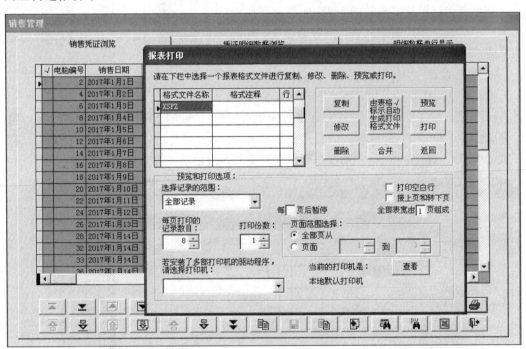

图 4-11　自动形成报价单并打印

（2）订单传送系统。客户根据报价系统传给的报价信息，决定订货的数量、规格，形成正式的订单数据，然后转换成订购数据并进一步转换成为内部订单格式，通过网络传给供货商。其中订单的发送和接收需要考虑订购数据的识别和法律效力问题。可采用数字签名的方式确认。

供货商接收订单后，由销售人员核查在客户指定的出货日期是否能够如期出货，此核查可以通过查询库存数据库等进行确认。数据确认即可转入待出货订单数据库中，并相应地修改库存信息。若销售人员经核查无法满足订单需求，可由其余客户进行协调，可选择分批交货或延迟交货，然后根据协调结果修改订单数据文件。

销售人员核查客户的订单应付账是否超过公司对客户所规定的信用额度，超出额度应由销售主管核准后再输入订单数据或退订。

2．数据结构

系统主要表和数据字典的数据结构如下所述。

（1）订单表数据结构：订单编号、商品编号、商品订单表名称、商品单价、商品数量、合计价格、特殊要求、订货日期、出货日期、出货期限、客户编号、备注等。

（2）用户字典表数据结构：客户编号、客户名称、信用级别、客户地址、公司名称、联系电话、手机号码、电子邮箱、赊贷金额、备注等。

（3）商品字典表数据结构：商品编号、商品名称、商品分类、商品单价、备注等。

订单表为订单处理系统的主表，而商品字典表和客户字典表是系统的辅助表，三者通过主、外键关系连接。如图4-12所示。

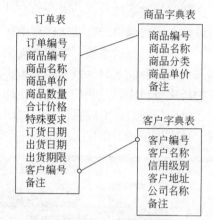

图 4-12　表间关系示意图

3．功能设计

（1）订单的接收和分析。客户的办事人员通过网络向系统输入订单计划，系统对订单首先进行检验（商品数量、期限）后，对每一项计划赋予统一的编号，生成相应的合同订货记录。若客户名称可以在数据库中找到，只将订货记录输入数据库即可。否则，系统将建立新的客户记录、订货记录。如图4-13所示。

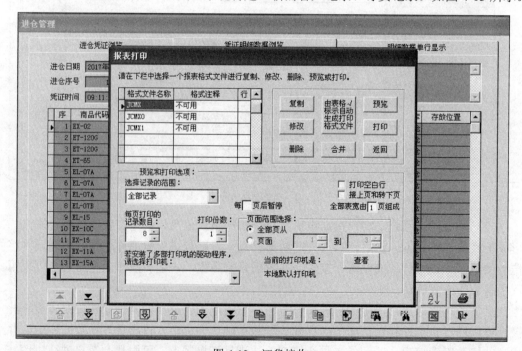

图 4-13　订货接收

（2）市场订货。系统允许市场调节的订货形式进入系统，从计算机处理来说只是在合同订货记录中标上非计划合同，一般来说，它的优先级大大低于计划合同。从具体处理上对这些订货有以下两方面的要求。

① 赊贷控制。系统接到订货后立即检查客户的赊账是否已超过规定限额。如已超出限额，系统通过行动文件向赊贷管理员提供决策信息，而不是简单代替管理人员做任何决定。

② 订货项的识别。为保证订货项不出错，系统可按项号去查找该项的一些摘要，加以核实。有时用户不一定知道它要的产品编号，只能给出一些属性，系统将从数据库中找出有关项供核实。在用户要备品备件等情况下，系统可根据客户订货历史资料和产品历史资料找到客户需要的项。如图 4-14 所示。

图 4-14 订单的查询界面

（3）订货的控制。订货的控制作用在于保证整个订货兑付过程中的计划性，使订货如期交付，保证产品符合订货要求，保证订货优先级的合理处理，包括以下内容。

① 跟踪订货状态。接到一个有关订货询问以后，系统就对订货的每一状态进行监视，一旦不正常，立即发出警告。比如：客户询问某产品报价后迟迟不作正式订货；订货接纳以后正等待生产计划系统安排；由于某些原因订货要延期交付或者货物已准备发运，但运输问题未落实，等等，系统都会向管理人员提供信息。货物一旦发出，控制转向财务会计系统。

② 产品结构控制。系统保证产品提出的要求相一致，订货服务系统发出控制信息后由工程技术和生产数据控制系统完成。

③ 订货优先级确定。系统对每一项订货要求提供优先级别。

④ 确定订货交付日期。订货可从现库中发放，也可以根据生产计划生产出来之后支付。订货服务系统提供判别功能，由库存系统和制造活动计划系统提供必要的信息，最后确定交货日期。需要指出的是，开始约定的日期不一定符合实际生产情况，一旦出现延误的情况，系统将反馈给管理人员。

（4）查询。订货服务系统提供全面的查询功能，以便管理人员和客户及时了解他们所关心的订货执行状态。系统中提供组合查询和模糊查询等，使查询更加灵活、方便。订单的查询界面如图 4-15 所示。

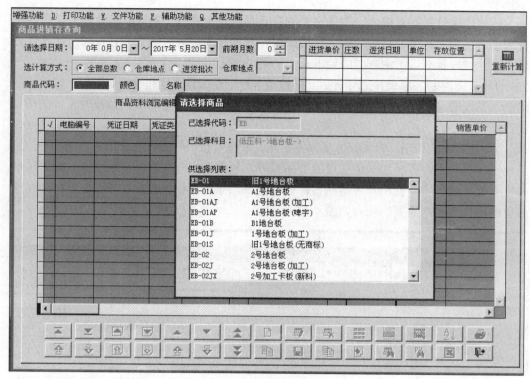

图 4-15 订单的查询界面

本章小结

  订单处理的效率,直接影响着客户服务水平,同时,牵动着物流作业的合理性与有效性。完善的订货系统可以降低成本、提高客户满意度。因此,了解订货信息系统需要掌握哪些信息对系统的实施很重要。本章列出了订单作业引发的主要数据和协同数据,以便对订货信息系统功能原理进一步了解。

  订单处理系统(OPS)和电子订货系统是"前后道工序"的关系。一旦收到订单,就启动订单处理系统,从录入订单到跟踪订单处理过程,最后产生订单处理报告,全部在计算机上实现。

  本章通过 EOS 的应用范例,说明了 EOS 的数据、功能效用、实现条件和实施管理。使用 EOS 系统,管理人员和客户及时了解他们所关心的订货执行状态。

思考与练习

一、填空题

  1. 所谓订单处理是指从接到客户订单开始一直到着手准备拣选货品之间的工作,通常包括有关(　　　)等内容。

  2. 仓管员在接受客户订单时,需要在短时间内处理大量的信息,主要包括两方面：（　　）。

3. 是否接受该客户的订单，首要应检查该客户的（　　），以及其（　　）和信用额度，以确定该客户是否有能力支付此订单的账款。

4. 存货查询的主要目的是（　　）是否能满足客户的需求。

5. 配货完毕后，对于（　　），系统应提供查询界面或报表，以便采购人员紧急采购。

二、判断题

1. 接受订货的方式，由传统的人工下单、接单，已经演变为计算机直接或间接接送订货资料的电子订货方式。（　　）

2. 传真订货是订货人员确定好商品名称和数量，以电话方式向厂商订货。（　　）

3. 客户自行取货就是客户自行到供应商处看货、补货，此种方式多为传统杂货店所采用。（　　）

4. 配货完毕后，对于缺货的商品或缺货的订单资料，系统应提供查询界面或报表，以便采购人员紧急采购。（　　）

5. 在不同类型和不同规模的仓库，订单处理作业的工作没什么差异。（　　）

6. 当与客户协商确定交货种类、数量、时间等信息后，订单处理中心需要做的就是进行后续作业的初步规划，包括制订分拣作业计划、送货作业计划。（　　）

7. EOS 是指企业利用通信网络（VAN 或互联网）和终端设备在线联机（Online）方式进行订货作业和订货信息交换的系统。（　　）

8. VMI 称为商业增值网络。（　　）

9. 要实施 EOS 系统，必须做一系列的标准化工作。（　　）

10. 要实施 EOS 系统，不需要有稳定安全的专业网络。（　　）

三、单项选择题

1. 存货资料包括货物的品项名称、货物编码、产品描述、（　　）、已分配存货、有效存货和期望进货时间等。

　　A. 库存量　　　　B. 采购量　　　　C. 配送量　　　　D. 运输

2. 订单处理主要包括三种作业，即客户（　　）、订单确认、生产物流协调。

　　A. 询价报价　　　B. 信息录入　　　C. 忠诚度　　　　D. 客户跟踪

3. 接受订单的处理模式，根据企业的营运方式可区分为两大类："订单生产方式的订单"与"（　　）"。

　　A. 运输方式订单　　　　　　　　　B. 存货生产方式的订单
　　C. 采购订单　　　　　　　　　　　D. 配送订单

4. 订单处理过程中，一方面产生一系列作业信息，另一方面也需要调用（　　）中的相关信息。

　　A. 运输　　　　　B. 配送　　　　　C. 仓库　　　　　D. 采购

5. 审核通过以后，销售部门代表企业以（　　）的方式与客户签订合同。

　　A. 文件　　　　　B. 书面　　　　　C. 口头　　　　　D. 电子数据

6. 企业和客户可以按订单编号、下单日期、服务项目、订单状态、货物名称、交易金额等方式查询已签订单，浏览订单的各项细目和相关单据，得到（　　）信息。

  A. 多种汇总 B. 相关 C. 订单 D. 客户

7. （　　）是指企业利用通信网络（VAN 或互联网）和终端设备在线联机（Online）方式进行订货作业和订货信息交换的系统。

  A. EOS B. EDI C. POS D. GPS

8. （　　）是公共的情报中心，它是通过通信网络让不同机构的计算机或各种连线终端相通，是一种更加便利的共同的情报中心。

  A. 局域网 B. 互联网 C. VAN D. 企业内部网

9. 随着商业化的迅速发展，电子订货系统因其方便高效的特点越来越受到人们的重视。而电子订货系统的（　　）和网络化已经成了其发展的趋势。

  A. 大型化 B. 规模化 C. 标准化 D. 系列化

10. 要实施 EOS 系统，必须有稳定安全的（　　）。

  A. 互联网 B. EDI C. 企业网 D. 专业网络

四、简答题

1. 订单处理作业中需要的信息有哪些？
2. 订单作业过程涉及的主要数据有哪些？
3. 订单处理作业中产生的信息有哪些？
4. 订单管理系统的功能有哪些？
5. 自动订货系统设计目标是什么？

五、论述题

1. 简述订单处理的步骤。
2. 简述订货信息系统的功能作用。
3. 简述实施 EOS 所带来的主要优势有哪些？

六、案例分析

清华同方股份有限公司物流管理系统的实施

清华同方股份有限公司应用系统本部实施的是金蝶 K/3 物流管理系统。

1. "e 战略"催生现代物流

清华同方公司面临的最大问题是如何在科技孵化创新的基础上，把自主技术优势在产品的规模化生产和行业应用的市场占有率中充分体现出来，创造新的市场价值，实现相当的规模从而实现清华同方公司的理想——打造一个世界一流的企业，一个百年延续的世界品牌。

为了这一目标，从 2001 年中期开始，清华同方股份有限公司正式启动"加大自主技术开发，加大产品产业化"的"双加工程"，突出强调信息产业领域关键核心技术的突破与攻关，突出强调在行业的市场占用率和自主品牌的高科技产品，从而全面推进"e 战略"。

清华同方公司应用系统本部作为同方公司"双加工程"第一个大型组织，整合了原同方公司十多个业务单位，着力解决过去小而全模式导致的资源重复建设、难以综合利用的问题。通过整合使企业的生产和管理成本降低，将同方公司自身业务做精做细。因此，应用系统本部在成立之初，首先就开始进行物流统一。但是，这种"统一"也对其物流管理提出了重大的挑战！

首先，原同方公司十多个业务单位都有着自己独立的库房和配送体系，这种小而全体系结构的存在根本上就难以做到对系统本部整个业务单位库存和发货情况的统一管理。

其次，整合资源在给予系统本部物流中心更大职权的同时，也赋予了更为繁重的责任。经过整合，系统本部形成了以路由器和有线/无线接入设备为核心的网络产品，光/磁存储器为核心的终端设备产品，数字图书馆、校园管理软件及语音复读机为核心的教育电子产品（ELP），集中控制品、智能安防、IC卡产品及智能测具为核心的数字家园产品等多达数万种的软硬件信息产品。系统本部物流中心的物流管理工作呈现出处理内容急剧增加、数据量急剧增大的特点。

而系统本部物流中心原有的物流管理平台，由于原来合作的软件公司缺乏项目管理和实施经验，导致该开发项目中途流产，由此形成的物流管理信息平台在诞生之初就存在着先天的缺陷。因此，物流中心作为同方公司经营信息化的重量级单位，首当其冲。新组建的物流中心将成为同方公司系统应用本部下属十几个业务单位的公用物流管理平台，成为一个集商务、仓储、配送及财务于一体的重要部门。

由于有了首次开发的失败经历，同方公司应用系统本部物流中心在选择合作伙伴的问题上慎之又慎，同时也对自己的信息化需求有了较为明确的认识。同方公司系统本部物流中心物流系统信息化建设有着非常明确的目标，那就是通过应用现代物流管理信息系统，确实提高企业的物流管理效率，并在此基础上逐步发展成面向社会的第三方专业物流服务企业。

2. 顺利成功背后的三步

经过与多家软件企业的洽谈，反复衡量实力，比较成功案例，同方公司最后决定签约北京金蝶公司，采用其K/3物流管理系统为主体，做二次开发，使采、销、存、运输、网络、条形码集成一体，使之成为完整的物流管理系统。

根据合同约定，清华同方公司应用信息系统本部物流中心物流管理系统项目从2011年10月开始启动；2012年1月1日切换系统，全面实施K/3新系统；2012年3月31日，完成K/3物流管理系统后台所有模块的应用。其间需要完成原有业务系统数据的转换、K/3系统物流部分的实施、与财务部分的接口预留以及第一阶段二次开发内容的完成等诸多任务。

那么，这样一个颇具难度的项目是如何在短时间内顺利实现成功实施？这其中，同方公司与金蝶公司又是如何分工协作？

3. 团队组织保证

首先，系统本部领导对项目实施予以了高度的重视和强有力的支持，为同方公司物流系统的顺利实施奠定了坚实的基础。在实施团队的组织上，清华同方公司应用信息系统事业本部领导将软件开发的所有管理决策权授予了物流中心，成立了以物流中心副总经理为组长、各部门经理为成员的系统开发实施小组；金蝶公司也派出了两名资深工程师加入实施小组，到同方公司系统本部上班。

同时，为避免物流中心实施小组过于专注于物流管理方面，而忽视了软件与其他部门的接口，使软件的拓展性受到影响，不利于应用系统本部贯彻"e 战略"的完整性，同方公司应用系统本部还组建了由财务部、经营管理部及信息化小组主管组成的指导委员会。物流中心实施小组定期向指导委员会汇报系统实施情况，指导委员会则从全局出发给予指导。使 K/3 系统不仅仅是一个物流系统，更成为整个系统本部信息化系统实施的一个有机组成部分。

4. 用"六步法"明确需求

该项目的实施过程，实质上就是一个软件开发的过程，因此，也就是一个软件开发的需求分析过程。在整个流程的设置中，首先由清华同方公司提出需求，金蝶公司再进行修改并提出建议，如此反复。由于在团队组织上保证了项目实施的方向性和推进力度，因此清华同方公司能够提出需求，并且能够明确实际需求，不致造成需求不明的情况。

针对同方公司提出的这些需求，金蝶公司方面按照"六步实施法"的精神，项目实施经历了项目启动、系统培训、业务流程分析、二次开发需求分析、二次开发需求确认、业务流程确定、业务流程测试、需求反馈、需求变更、业务流程反馈和变更、初始数据准备以及数据导入和录入等一系列工作。其中，需求和业务流程的确认要经过测试、反馈、确认、再测试、再反馈、再确定等反复过程，经过物流中心项目实施小组成员不厌其烦地测试、反馈，从而得到了一个最符合同方公司物流中心需求的业务流程。

5. 复杂的数据转换

按照计划，2012 年 1 月 1 日，原物流中心的旧系统停止使用，K/3 新系统正式启用。K/3 新系统投入运行前的最后一步是要将旧系统的数据传输到新系统中，这也就是所谓的数据转换过程。

在这一过程中，除可能涉及的技术复杂性外，最复杂的问题就是旧系统业务流程与新系统有较大差异，而且缺乏文档资料。因此，金蝶公司的工程师必须对旧系统进行解剖。

首先，数据转换不仅意味着数据从一个文件移动到另一个文件，还必须保证数据结构的不变，确保数据的内容与运行新系统所需的标准相符。其次，由于任何交易系统中都存在着大量的数据，同方公司物流项目也不例外，因此数据转换的任务相当繁重。

金蝶公司在投入大量精力逐一检查数据的每一事项的同时，对数据转换进行全面测试，以保证能在新系统中成功运行。经过努力，最后金蝶公司完成了自己的承诺，在 2012 年 1 月 1 日成功地启用了 K/3 新系统，并使系统本部物流中心的工作效率得到了根本性提高。

6. 实施效果评估

2012 年 3 月 31 日，实施小组成功地完成了 K/3 物流管理系统后台所有模块的应用，使物资的进、存、出、运，一直到客户验收，形成了完整的物流链。同方公司系统本部物流中心系统采用了应收款管理、应付款管理、采购管理（工业）、销售管理（工业）、仓存管理（工业）、存货核算（工业）及成本管理（工业）七个子系统，用户数达 100 多个。

资料来源：刘键. 物流管理信息系统. 北京：清华大学出版社，2012.

讨论
1. 分析清华同方公司实施物流管理信息系统的背景及主要过程。
2. 讨论该系统在实施过程中有哪些特点？哪些地方值得其他企业借鉴？
3. 你认为该系统在实施过程中还存在哪些问题？请结合所学知识提出相应的建议或改进措施。

第 5 章

库存信息系统

学习目标

通过本章的学习，要求掌握库存信息系统的有关概念、特征，了解库存信息系统业务流程、了解库存业务相关信息，懂得如何将物流库存信息进行整合，掌握库存信息系统的功能。

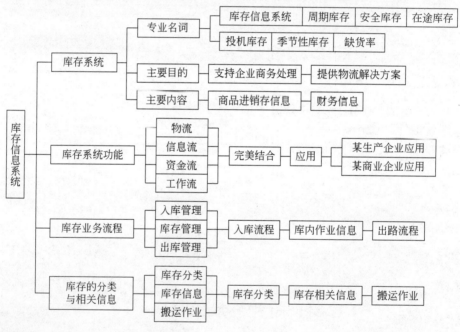

库存管理系统带给高科技企业收益[①]

惠普在华盛顿州卡玛斯（Camas）的工厂中生产喷墨打印机。零部件存放在一现场的仓库和一个12英里之外的仓库中。为了管理生产车间中零部件的流转，惠普公司使用

---

① 资料来源于NOS供应链实训软件素材库，作者进行整理。

了一套库存管理系统（WMS）。这套库存管理系统记录下从库存转入生产车间的物料的搬运过程。除了能记录这些物料外，这套 WMS 还能根据工厂的订单判断要把哪些物料发到车间里去。

惠普的两个库存管理系统独立运行，但又可以互相传递信息。一套系统运行生产现场的库存，另一套系统负责检查生产车间之外的那个工厂。系统能提供准确、新的库存信息和所有部件的存储位置。结果，现在 90%以上的订单在被确认后的几分钟内就能上生产线准备生产了。

再如，得州仪器（TI）在办公用品的订单下达管理中已经将电子数据交换（EDI）和条形码连接起来，效果很好。公司的库存占用资金减少了 200 万美元，所用的库存面积也减少了 40 000 平方英尺，重新安置了 11 名办公用品管理人员，并且整个周期时间减少了 1/3。

思考

分析 WMS 给惠普公司带来的效益。

提示

库存占用资金减少了 200 万美元，所用的库存面积也减少了 40 000 平方英尺，重新安置了 11 名办公用品管理人员，并且整个周期时间减少了 1/3。

5.1 库存信息系统概述

5.1.1 库存信息系统概念、特征

1. 库存信息系统

库存信息系统就是运用现代化物流管理思想和方法，采用电子计算机、软件及网络通信技术，对企业物流仓储管理决策过程中的信息进行收集、存储、加工、分析，以辅助库存业务处理直到决策方案的制订和优选等工作，以及跟踪、监督、控制、调节整个库存管理过程的人机系统。

2. 系统特征

仓储管理子系统，是根据企业实际量身定做，所以具有行业专家特性及实际应用特性。

（1）系统是从企业战略的角度出发，在全局和总体考虑的前提下设计库存信息系统，是从企业的产品管理、仓储管理、系统权限管理、销售管理、采购管理、配送管理等系统的角度，考虑战略的实现性和信息之间的关联性、制约性的，具有系统性和整体性。

（2）具有历史知识的积累性和共享性。库存信息系统能够将各部门和各员工的日常工作的关键数据，存储在数据库中，并能根据权限方便查阅和调用。

（3）具有决策的支持性。所有的各种数据都可以经过计算机的处理从不同的角度得到各种分析结果，并通过报警提醒的方式，使决策者在第一时间得到相关信息。

（4）动态特性。由于信息的时效性和关联性，当系统中某一信息要素发生变化时，与之相关联的其他信息均发生变化。同时，由于企业的外部环境和内部要素均在动态发

生变化,本系统保证企业无论从横向的规模扩充,还是从纵向的组织延伸都能够持续应用。

3. 基础设置

为使库存管理系统成功地运用于企业,正确配置是必不可少的。通过"基础设置"这一过程,系统管理员可定制仓储管理系统,以满足企业对跟踪客户、货位、产品及其他信息的需求。通过该设置过程,还可对所有的系统缺省值进行规定。通过该设置也可以大致了解其涉及的仓库、订单、客户等各个基本方面的信息。主要包括以下一些方面。

(1) 设置存货人(Storer)。
(2) 设置货物的信息(Commodity)。
(3) 货位设置(Location)。
(4) 存储区设置(Put away zone)。
(5) 包装代码设置(Pack code)。
(6) 循环级别设置(Cycle class)。
(7) 批量属性设置(Lottable)。
(8) 批属性显示/验证规则设置(Lottable validate)。
(9) 设置收货验证(Receipt validation)。
(10) 设置货品别称(Alternate commodity)。
(11) 设置替换货物(Substitute commodity)。
(12) 设置条件验证(Conditional validation)。
(13) 设置物料单(Bill of material)。
(14) 设置任务管理(Task management)。
(15) 设置订单状态(Order status)。

5.1.2 库存信息系统的作用

库存信息系统的主要作用在于,它可以为企业提供管理物流体系的整体解决方案并支持各类物流配送中心的商务处理,同时应提供实用的联机平台及应用软件集成方案。特别是可以实现与仓储管理、流动库存管理、运输规划协同、品类规划、供应商管理库存、跨区域多业态集中采购管理等的有机衔接。系统还应具备与各种现代化的物流技术设备及其他管理信息系统的接口能力,成为商业企业物流体系及物流配送中心应用的集成解决方案。系统作用归纳为以下几点:

1. 共享信息

确保组织内的每个成员都能共享。在没有计算机、软件和网络通信技术的前提下,企业发布信息的手段通常采用开会、发文件及书籍等手段,除了发布成本高而外,知识的传播速度、传播量、更新、查阅及查阅权限等都受到极大的制约。而本系统则有效地解决了这些问题,使知识信息交易成本大大降低,交易质量和效率大大提高,有力地发挥了知识在企业中的生产力作用。

2. 确保物流信息获得的及时性

库存信息系统解决了跨地区、跨时间、跨单位、跨部门、跨员工之间的查阅障碍,只要是在有权限的前提下,就可以迅速通过系统找到自己需要的各种物流信息。

3. 提升组织或个人的隐性知识为显性知识,并保证两者之间的有效转换

在企业没有物流信息系统之前,员工的知识和经验仅存在自己的脑子里,部门的知识也在这个部门里,物流信息呈现孤岛状态。遗忘、人员流失和成员之间交流不畅导致企业的知识大多是隐性知识,而不能转变为显性知识,组织的知识难以积累。组织随着人员的流动、时间的推移不断地交学费,企业不能形成经验曲线,生产效率和竞争力也就难以提高。使用本系统使个人知识得以沉淀,成员之间的知识得到共享和交融,企业对员工的过分依赖性降低,从而避免企业因某些关键岗位人员流失出现不可收拾的局面。

5.1.3 库存信息内容

库存信息的收集与管理工作是构建库存信息与系统的基础性环节,其成败直接影响库存信息系统建设的成败,所以必须重视库存信息的收集与管理。

1. 库存信息的内容

库存信息是伴随着库存管理活动而产生的信息。相对应于订购、预测、计划和执行等管理活动,库存信息有订货、订货商品的出库和商品采购反馈的信息。库存信息管理需要从这些信息中筛选出有效的信息并迅速加以处理。销售管理最重要的是严格地按照顾客要求的时间、地点和数量进行送货。库存管理则在服务水平和成本平衡的基础上确定如何订货、订货多少及何时订货。为此,就必须建立一个能迅速地处理大量信息的库存信息系统,以便能迅速地开展物流活动并有效地管理库存。

2. 库存信息的重要数据

有关库存信息的重要数据是衡量物流企业的服务水平、运营状况的重要参考信息,包括以下几个方面的数据。

(1)需求满足率。一般说来,一个物流企业的服务水平是用供应量占需求量的百分比来衡量的。供应量越大,服务水平越高。但这并不意味着为了提高服务水平而一味地增加供应量,因为盲目地增大库存量会增加库存管理成本。所以必须重点掌握动态的安全库存量(保险储备)的库存信息,以保证供应。对于某些季节性波动的生产和供应,则更应该确定合理的库存量,从而保证生产和供应的均衡性和连续性。所以服务水平是库存信息的一个重要数据。

(2)缺货率。缺货率是从另一个角度衡量服务水平高低的指标,它是用缺货量与需求量的比值来计算的。

(3)平均供应费用。平均供应费用是指为供应每单位库存物资所消耗的活劳动和物化劳动。

(4)库存资金周转率。库存资金周转率是指单位库存资金用于供应的效率。为了提高库存资金周转率,要正确地掌握其相关的、变动的信息数据,以便调整及确定合理的储存金额,处理积压和提高服务水平。

需求满足率、缺货率、平均供应费用和库存资金周转率四个指标是相互联系、相互制约的。库存信息的作用在于为库存管理提供服务,权衡轻重,分清主次,全面考虑,作出最佳的决策。

流通库存

库存不仅存在于厂家、流通业者的仓库中,也存在于配送途中的卡车、港口、机场等处。从离开生产线到进入店铺的货架上为止,在此过程中出现的所有库存,都称为"流通库存"。在进行库存管理时,不仅要减少生产库存,而且也要控制流通库存。但由于流通库存的情况比较复杂,因此流通库存的管理也比较困难。

3. 库存信息的作用

库存信息是物流计划、协调与作业之间最基本的界面,其作用是在从生产到顾客装运的期间为明确计划需求和管理制成品库存提供决策服务。库存信息的第一个作用是预测。预测内容是每一个配送中心的顾客对产品的需求,从而支持物流企业作出决策计划。

决策支持是库存信息管理的另一个功能。决策支持是指导库存计划人员在决定何时订货、订多少货时所必需的。决策支持的工具较多,范围覆盖了从简单的反应模型到复杂的计划工具等诸多内容。反应模型是根据再订货点和订货数量参数对当前的需求和存货环境作出反应。有效的库存管理可以大大地降低满足特定服务目标所需的存货资产水平。库存管理还包括监督库存水平、周转期和生产率等。

5.2 库存信息系统功能

5.2.1 库存信息系统基本功能

系统以物流为基础,实现物流、资金流、信息流和工作流的完美结合,将企业管理中的主要要素:人、财、物、信息形成有机的运作整体。库存信息系统功能结构如图 5-1 所示。

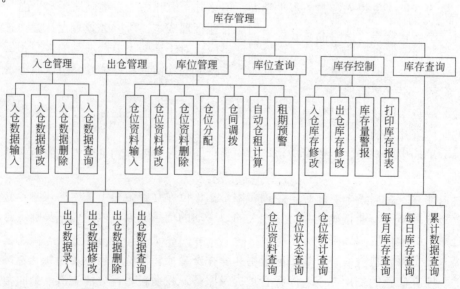

图 5-1 库存信息系统功能结构

5.2.2 应用案例

笔者为佛山市某生产塑胶企业开发的仓储管理系统，该系统是根据企业业务需求量身订做，开发出相关实用模块，系统具备以下功能，如图 5-2 所示。

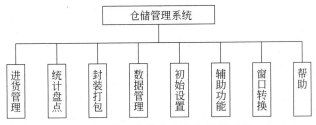

图 5-2 佛山市某企业仓储管理系统

1. 入仓管理功能

（1）进货管理。进货凭证、凭证明细数据、明细数据查询。
（2）销售管理。销售凭证、凭证明细数据、数据查询。
（3）综合管理。商品凭证、凭证明细数据、明细数据查询。
（4）商品进出。凭证、凭证明细数据查询。
（5）客户业务管理。
（6）综合数据查询。凭证浏览、凭证明细数据浏览。
（7）商品价格信息。明细数据查询。
（8）商品进销价格查询。明细数据查询。
（9）账表管理。明细数据查询。
（10）成本管理。各种费用计算明细。

进仓、销售管理操作界面如图 5-3 和图 5-4 所示。

图 5-3 进仓管理操作界面

图 5-4 销售管理操作界面

卖方主导型的库存管理

在 CRP 系统中，厂家和批发商编制产品的补充计划，对零售商的库存进行管理。像这样由卖方对顾客的库存进行管理的方法称为卖方主导型的库存管理。

与 CRP 系统相似的库存管理有 VMI（Vendor Managed Inventory，零售商的库存管理）。两者的区别：一般前者是指零售业物流中心的库存管理，后者是指零售企业的库存管理。

2. 统计盘点功能

统计盘点流程如图 5-5 所示。

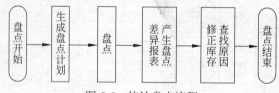

图 5-5 统计盘点流程

统计盘点功能有如下几点：

（1）每日统计报表。

（2）每月自动统计报表。

（3）盘点管理。

（4）盘点凭证生成。

（5）盘点明细数据查询。

（6）明细数据单行显示。

（7）盘点数据统计。

盘点统计操作界面如图 5-6 所示。

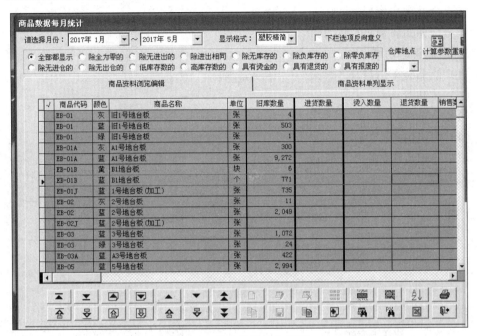

图 5-6　盘点统计操作界面

3．封装打包功能

（1）数据封装打包。

（2）打包进货查询。

（3）打包销售查询。

（4）打包综合查询。

（5）打包每日查询。

（6）合并商务数据。

数字化配货（DPS）

　　数字化配货是指配货清单并不是书写在纸上而是由计算机来操作的。数字化配货时，配货信息数据由终端输入并传送，在货架显示器上显示，作业者按照显示的信息进行配货。

　　数字化配货由于不要持着商品清单，所以能防止商品名和商品号的读错。另外，由于搬运人员两手能自由使用，加快了作业的速度。

4．数据管理功能

（1）数据备份。

（2）数据修复。

（3）数据库管理。
（4）进销存数据初始化。
（5）合并商品资料。
（6）合并客户资料。
（7）合并商务数据。

5. 运输管理功能

（1）商品装车信息。
（2）装卸费。
（3）装车单。
（4）司机信息。

派车管理流程如图5-7所示。

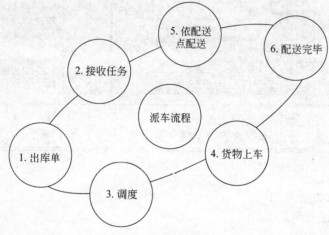

图5-7 派车管理流程

运输管理操作界面如图5-8所示。

6. 应用系统维护数据

（1）商品科目参数设置。
（2）科目代码设置。
（3）商品资料设置。
（4）检查商品资料。
（5）客户科目参数设置。
（6）科目代码设置。
（7）客户资料设置。
（8）出纳收支科目设置；

7. 辅助功能模块及数据

（1）词汇编辑。
（2）密码修改。
（3）设置软件背景图片。

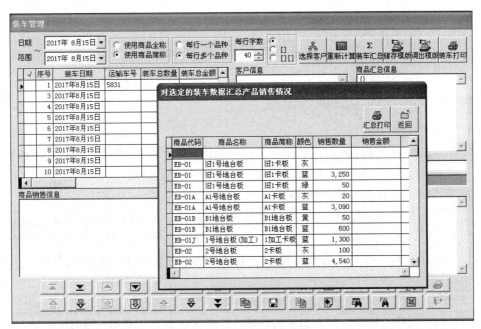

图 5-8 装车管理操作界面

（4）软件参数设置。

（5）权限设置。

（6）结算管理、报表打印。

（7）计算器。

（8）日历。

（9）关于版本信息。

5.2.3 库存信息系统原型

库存信息系统原型如图 5-9 所示。

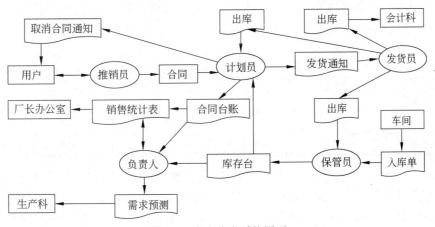

图 5-9 库存信息系统原型

5.3 库存信息系统业务流程

5.3.1 库存业务种类与相关信息

1. 相关概念

库存信息是指仓储过程中商品流动引发的数据。库存信息管理就是对库存活动过程的相关信息进行收集、整理、传输、存储、集成和利用的过程。

2. 库存的业务种类与相关信息

库存作业主要包括入库管理、库内管理和出库管理。库存的相关信息有：

（1）入库、出库商品信息。商品种类、编号、颜色、尺寸、规格、单价、数量。

（2）仓库资料。编号、名称、地址、电话号码、传真、负责人、是否计算库存、备注。

（3）客户资料。编号、名称、联系人、电话、传真、地址、备注。

（4）供方资料。编号、供方名称、联系人、电话、传真、地址、备注。

（5）收款收据。客户名称、编号、日期、货号、品名及规格、单位、数量、金额、交款人、收款人、收款单位。

（6）采购单。供方名称、采购单号、采购日期、编号、品牌、类别、颜色、单价、金额、备注、已执行、制单人、财务审核、仓管员。

（7）采购退货单。退货单号、退货日期、供方名称、编号、类别、颜色、数量、单价。

5.3.2 库存业务流程

还是以上述企业为例，说明库存信息系统业务流程。

1. 入库业务流程

企业生产的成品，首先由申请人填写入库申请单，入库申请单主要包括以下几项：入库申请单编号、申请日期、产品品种、货位号、件数、重量、金额、备注、检验员签字、库房主管签字、申请人签字等，见表 5-1。

表 5-1 入库申请单

入库申请单编号		申请日期			
产品品种	货位号	件数	重量	金额	备注
检验员签字		库房主管签字		申请人签字	

申请人持填写好的入库申请单，由检验员检验后签字，并由库房人员核实入库数量登记，库房主管签字。入库申请单一式四份，第一联：存根；第二联：成品库留存；第三联：财务核算；第四联：申请人留存。入库时做好各项记录，包括系统分配、打印单据、资源匹配、储位确认、装卸货品到库房、信息反馈等环节，以备查用。

（1）入库业务流程。在正式入库作业之前，仓储物流企业需要按与客户签订的合同要求，包括验证、合同确认、系统分配、打印单据、资源匹配、储位确认、装卸货品到库房、信息反馈等环节。流程如图 5-10 所示。

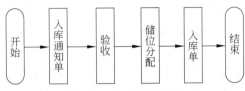

图 5-10 入库业务流程

库存处理的新方法

在 BtoB 交易的电子市场上，也有为处理库存而进行的交易。在一般情况下，卖剩的库存商品很难处理，但企业可以通过网络在对方不知情的情况下，对这些商品进行推销。企业可以利用因特网的匿名性开展各种销售活动，从而有效地减少仓库中各类商品的积压。总之，网络也将成为企业处理库存物品的有效方式之一。

（2）入库业务数据。入库管理由多个其他业务活动引发，例如将生产成品入库或采购入库、调拨入库、销售退货入库、烫金入库（顾客预订产品后，打上烫金标记再入库）等，不论以哪种形式入库，都需要先生成入库单，然后系统将生成应付款信息，转入相应的财务流程进行处理（如图 5-3 所示）。这一过程的数据有：进仓日期、凭证类别、进仓时间、进仓序号、仓库地点、分录数、总进仓数量、制单日期、制单人等信息。

（3）入库主要内容与作业相关信息如表 5-2 所示。

表 5-2 入库主要内容与作业相关信息

内　　容	功　　能	作业说明与相关信息
入库规划	货位分配	根据到达物资的品种、数量、规格、包装、运输方式、运抵时间等信息，查询库场平面布置图，预先规定物资的存储位置以及停车位，初步建立库场运输的动态信息库
	入库作业计划	根据机械设备使用动态信息库，为仓库人员制订每日工作计划和机械设备使用计划，并根据库场运输动态信息库，制订库场运输计划，完成入库单据
入库验收	接收货物	在指定的时间和地点，按入库单和运单的要求接收货物
	审验货物	现场审验货物的铅封是否与运单副本号一致，审验外包装的完好性
	登记入库	将实际卸车并入账的货物规格、数量和质量作为已接收的货物登记在入库单上
	事故确认	若审验时发现差错，应现场要求承运者查看，按责任范围在入库单上填写普通记录或商务记录。双方无异议，办理交接手续
	事故处理	根据认定事故的性质，提出拒付、部分拒付、承付、索赔等意见，供财务部门和有关管理部门参考
入库执行	逐一入库	对自动仓库而言，首先在入库平台处让货物经过条码扫描，并将扫描信息传送给计算机数据库，库内搬运设备将货物运送至存货区，由堆垛机将货物存放至指定货位

在上述入库管理实施的过程中涉及的主要信息,一是"入库规划"中的入库单信息、库场运输动态信息库的信息和机械设备使用动态信息库的信息,这些信息分别在所接收货物的"货位分配"和"入库作业计划"中要用到。二是在最后的"入库执行"时用条码记录下货物的信息,并通过库场平面布置信息将货物放置在指定的位置。

2. 库内作业流程

入库作业完成后,将进入库内管理阶段,库内管理的主要作业活动包括储位分配、移库、补货、盘点等。其中,储位分配是库内作业及仓储管理的必要环节。如图 5-11 所示。

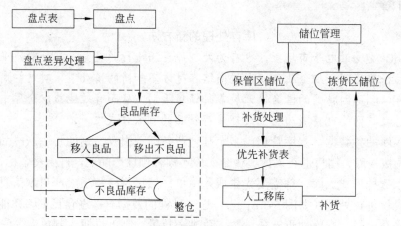

图 5-11 库内管理

(1) 储位分配、移库。入库作业完成后,将进入库内管理阶段,库内管理的主要作业活动包括储位分配、移库、盘点等。其中,储位分配是库内作业及仓储管理的必要环节。见表 5-3。

表 5-3 库内保管的主要内容

内 容	作业说明与相关信息
商品查询	商品代码、商品名称、库存数量、仓库地点、商品价格
储存保养	采用商品储存保养的策略和一般原则,将商品安排存放在适当的场所和位置,并为商品提供良好的保管条件和环境
补货	一是接收入库商品,二是在考虑库存量、保管空间、最低库存、最高库存、出库计划的基础上,计算补货量并进行补货作业管理
盘点	对库存货物进行清查、清点数量、检查质量,并在盘点表上进行登记

(2) 补货。补货可以分为定期补货和紧急补货。定期补货是根据安全库存量对库内储存的货物进行补充。紧急补货是以预订出库的数量为基准,当进行货物的分配时,拣货区出现不足,由存储库区给予紧急补充。补货信息管理界面如图 5-12 所示。

补货管理涉及的较为详细的信息见表 5-4。

(3) 盘点。盘点的目的是正确地掌握库存货物。盘点的方法有多种,从财务上看,期末和期初为了确定资产,要进行库存盘点。从管理上看,盘点的做法也有多种选择,

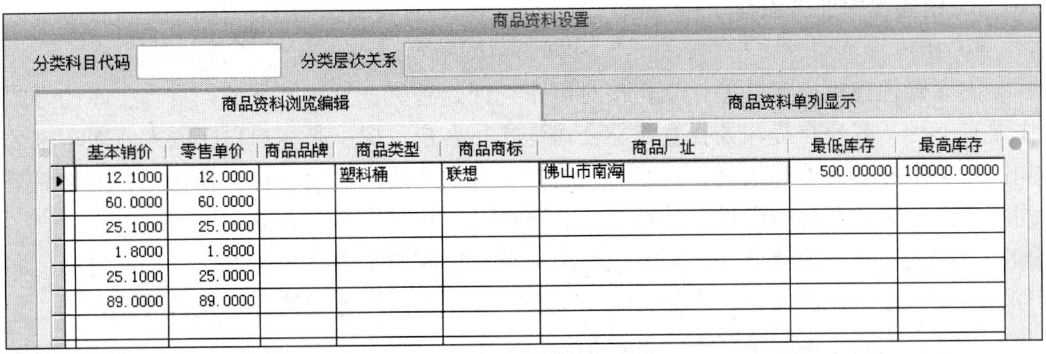

		商品资料设置					
分类科目代码		分类层次关系					
商品资料浏览编辑				商品资料单列显示			
基本销价	零售单价	商品品牌	商品类型	商品商标	商品厂址	最低库存	最高库存
12.1000	12.0000	塑料桶	联想		佛山市南海	500.00000	100000.00000
60.0000	60.0000						
25.1000	25.0000						
1.8000	1.8000						
25.1000	25.0000						
89.0000	89.0000						

图 5-12 补货信息管理界面

表 5-4 补货管理详细信息

补 货 方 案								
补货方案代码	订货期	货物名称	采购数量	采购价格	供货商代码	决策依据	备注	
库 存 状 况								
货物储存号	仓库号	货区号	货位号	入库单号	入库日期	合同号	货位空间利用率	备注
货物号	货物数量	货物体积	货物重量	货物安全等级	供应商代码	储存有效期		
供 货 商 信 息								
供货商代码	供货商名	地址	邮编	电话	传真	E-mail	开户行	账号	备注
货 物 信 息								
货物代码	货物名称	规格	型号	计量单位	质量技术标准		备注	

例如，进行商品销售的 ABC 分析，对 A 商品正确地掌握计算机系统的库存，为了减少库存错误，盘点的周期应该较短；C 商品库存变动趋于稳定，则盘点的周期应该较长，以减少额外作业负担；考虑到盘点作业的效率，可以对每一个货区在一定时间间隔进行盘点，称为循环盘点法。

为了减轻盘点负担，应灵活借助于库存数据库的信息进行盘点。在计算机系统中，如果用库存数据库对仓库和不同货架存储的货物进行盘点，需要事先输出盘点清单，并交给作业人员。作业人员根据盘点清单登记库存数量，以减少盘点时间。此外，还可采用手持式条码数据终端来提高盘点的效率和准确性，即通过条码表示各个货架的编号，将计算机系统中掌握的每个货架上的货物事先下载到该条码数据终端中，盘点时用该条码数据终端扫描货架的编号，再输入表示该货物的盘点数。

3. 销售出库业务流程

1）出库管理

出库管理包括申报仓储计划、核对出库凭证、备货、复核等环节。货物出库的方式主要有三种：客户自提、委托发货、公司送货。客户自提，是客户自己派人或派车来公司的库房来提货。委托发货，是对自己去提货有困难的客户而言，会委托第三方物流公司提供送货服务。公司送货，是仓储企业派自己的货车给客户送货。

无论采用哪种出货方式，都要填写出库单，出库单主要包含以下项目：发货部门名称、出库日期、产品品种、产品数量、金额、备注、出库方式选择、运算结算方式、提货人签字、成品库主管签字等，见表5-5。

表5-5 出 库 单

发货部门名称		出库日期	
产品品种	产品数量	金额	备注
出库方式选择	1．客户自提	2．委托发货	3．公司送货
运费结算方式	1．公司代垫运费	2．货到付款	
提货人签字		成品库主管签字：	

出库单也是一式四份，第一联：存根；第二联：成品库留存；第三联：财务核算；第四联：提单，提货人留存。提货的车到达仓库后，出示出库单据，在库房人员协调下，按指定的货位、品种、数量搬运货物装到车上。保管人员做好出库质量管理，严防撒漏、破损，做好数量记录，检斤人员做好数量、重量记录，制作出库检斤表，由复核人员核实品种、数量和提单，制作出仓库出门条。出库时交出库门卫，核实后放行。

2）出库业务流程

出库作业包括凭证录入、资源匹配、打印单据、拣货、装车、攒货、配货、运输等业务环节。销售出库流程如图5-13所示。出库管理的主要内容见表5-4。

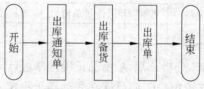

图5-13 销售出库流程

3）引发出库因素

引发出库因素主要有销售发货、报损出库、生产发料、调拨出库、采购退货等（图5-14）。出库业务发生时，首先需要制订并录入出库单，同时对于调拨出库，还会产生在途信息，例如，从一个库房调拨到另一个库房。出库单最后要转入相应财务流程进行收款处理。出库涉及的更为详细的信息见表5-6。

4）出库业务内容

出库业务内容，见表5-7。

商 品 销 售 凭 证 列 表

打印日期：2017年6月2日

电脑编号	销售日期	销售单号	客户代码	客户名称	分录数	总销售数量	总销售金额
1	2017年1月1日	3			110	28115.00	
2	2017年1月2日	4			141	21119.00	
3	2017年1月3日	5			150	25621.00	
4	2017年1月4日	6			138	36225.00	
5	2017年1月5日	7			151	23296.00	
6	2017年1月6日	8			175	33405.00	
7	2017年1月7日	9			156	29871.00	
8	2017年1月8日	0			93	22851.00	

第 1 页 共 4 页 本页合计： 1114 220503.00

图 5-14 出库原因

表 5-6 出库管理详细信息

出库单号	物资存储号	客户代码	运单号	停车位号	仓库号	货区号	货位号
发票号	送货单位名	车辆类型	车辆数量	配载方案	制单日期	品名	规格
设备信息号	质量技术标准	加工计划	计量单位	包装形式	用户规格	型号	数量
库场运输号	出库加工日期	加工入库日期	出库验收日期	装货时间	交货日期	物资码	

表 5-7 出库业务的主要内容

内容	功能	作业说明与相关信息
出库审核	按出库单审核	按照出库单，逐一核对货物，并由库内搬运设备将货物运送至出库台，通过出库台的条码扫描仪扫描出库货物，将条码信息发送给出库管理计算机系统
	出库单与运输任务单核对	按计划要求，在指定的时间和停车位，将出库单货物信息与运输部门持有的运输任务单信息进行核对
货物准备	分拣	根据出库计划和分拣单信息，逐一拣选货物，并存放在配货区分区。一种是播种式拣货，即将一定时期的出库量汇总后，按照不同的商品进行拣货；还有一种是摘取式拣货，即按照订单进行拣货
	配货	按照出库单信息和装车单信息进行出库货物的配货
	包装	根据实际情况，一是以到货地点为单位集中订单，将这些不同商品进行包装；二是以一个商品为单位进行包装

在上述出库管理实施的过程中涉及的主要信息，一是要在"出库审核"和"货物准备"中对分拣单、出库单和运输任务单信息进行审核检验。二是在分拣中要用到设备

使用动态信息,并利用库场平面布置信息将货物放置在指定的位置。三是在出库时用条码扫描仪记录下货物信息。最后要将出库货物装车。出库需要车辆资源信息如图 5-15 所示。

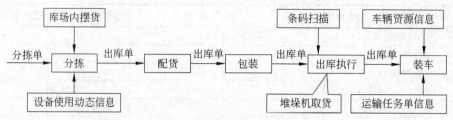

图 5-15　出库需要车辆资源信息

5)出库装车

出库货物装车信息管理界面如图 5-16 所示。

图 5-16　出库货物装车信息管理界面

5.4　库存的分类与相关信息

5.4.1　库存的分类

库存可以依据其积聚的原因分为周期库存、安全库存、在途库存、投机库存、季节性库存、闲置库存;依据物料形态可分为原材料库存、零部件库存、制成品库存、包装材料和在制品库存。

库存信息反映了企业目前库存持有的状态。例如,库存的总需求量、现有库存量、预计入库量、已分配量、净需求量、计划订货量、计划下达量等。

1. 按积聚的原因分类

1）周期库存

周期库存是指由补货过程导致的库存，周期库存用来满足确定条件下的需求，也就是说，企业能够正确预测需求和补货时间（提前期）。例如，如果某种产品的销售进度是不变的，每天 30 单位，而且提前期总是 15 天，那么，除了周期库存外，就不需要其他库存了。

提前期（Lead Time）

提前期是指某一工作的工作时间周期，即从工作开始到工作结束的时间。提前期的概念主要是针对"需求"而提出的。例如，要采购部门在某日向生产部门提供某种物料，则采购部门应该在需要的日期之前就下达采购订单，否则，不可能即时提供给生产部门，这个提前的时间段就是提前期。

2）安全库存

安全库存是为了应付需求、制造与供应的意外情况而设立的一种库存。例如，原材料供应的意外，有时会因为供应商可能发生的生产事故、原材料采购意外等造成原材料供应短缺，因而要对一些原材料设立安全库存；产品销售的不可预测性，也要存储一定量的成品库存；预防本企业生产发生的意外情况，需要设立半成品的安全存储量；等等。

3）在途库存

在途库存是指处于运输线路中的物品产生的库存量。通常，可将在途库存看作是周期库存的一部分，因为在到达目的地之前，还不能用于销售和发货。

而在途库存的持有成本可看作是运输出发地的库存，因为在途的物品还不能用于销售、使用、发货。

4）投机库存

公司持有投机库存的目的不是满足目前的需求，而是因为其他一些原因。常见的有以下几点：

（1）因为预测到价格的上涨或物料的短缺。

（2）在物料采购时，企业为了获得数量折扣会购买大于需求数量的物料。

（3）生产的经济性也会引起在不需要的时候进行产品制造。

（4）商品可能在一年中根据消费情况进行季节性生产，也可能为了维持稳定的工作量和劳动力，在预测季节性需求的条件下，以不变的水平进行生产。

5）季节性库存

季节性库存是投机库存的一种形式，是为了满足特定季节中出现的特定需要而持有的库存，目的在于维持稳定的劳动力和稳定的生产运转。对农副产品而言，是由于农副产品存在生长季节，从而限制了在整年中获取产品，所以，必须在产品的出产季节大量收购，从而持有库存。

6）闲置库存

闲置库存是指在某些具体的时期内不存在需求的这样一组物品。这种库存有可能在库存储存的地方已不再使用了,在这种情况下,可将这些物品转运到另外一处,以避免因废弃这些物品所造成的损失。也可采用降低价格的办法,在所在地进行销售。

2. 按物料的形态分类

这种分类方法与物料管理相关,物料管理完整的组成部分就包括对原材料、零部件、制成品、包装材料和在制品库存的管理。其中,原材料库存、零部件库存和包装材料库存通常是企业为了生产产品和销售产品而购进的持有库存。制成品库存和在制品库存是企业生产运作而产生的持有库存。

5.4.2 库存相关信息

从上述库存的分类中可以看出,库存信息反映了企业有什么,是对企业持有的原材料、零部件、在制品、制成品等状态的反映。主要信息包括:

(1) 总需求量。总需求量是指原材料或零部件在要求时间内的需求量,总需求量不考虑当前库存持有量。

(2) 现有库存量。现有库存量是指企业库存中对可用物料的持有库存量。

(3) 预计入库量。预计入库量是指根据采购进货计划,在规定时间内到达的物料数量。

(4) 已分配量。已分配量是指目前企业的持有库存中已按计划分配了的物料数量。

(5) 净需求量。净需求量是指在各具体时间对各类物料的实际需求数量。

(6) 计划订货量。计划订货量是指根据需求时间计算出的物料采购数量。

(7) 计划下达量。计划下达量是指企业根据订货提前期所发出订单的物料数量。

库存是资本的一个主要占用因素,为此,库存管理的目标在于增加公司的盈利能力,预测公司政策对库存水平的影响,以及使物流活动总成本实现最小化。

公司盈利能力的提高可以通过增加销售量或者削减库存成本来实现。如果高库存水平可以带来在库库存可供量的改善,以及更加稳定的服务水平,那么增加销售量通常可以实现。较低的库存水平会降低客户订单的满足率,导致失去销售机会。然而,较高的库存水平花费的成本往往超过了所能获得的收益。降低与库存有关的成本的方法包括:减少延期交货的数量或者加快运输,从系统中将闲置库存消除,或者提高预测数据的准确度,这需要库存管理信息系统提供准确的信息。

综合考虑总成本是库存计划的目标。也就是说,在给定公司所要求的客户服务目标的条件下,管理者必须确定需要多少库存,来实现最低的物流总成本。库存信息为目标的实现提供了决策和管理的依据。

5.4.3 搬运作业

1. 接货

库存管理中的搬运作业已成为关注的焦点,因为企业致力于提高存货的流动性以及从生产制造地到最终客户订单处理的速度。搬运作业包括接收、转移及存放、按客户订单进行分拣、接驳式转运。

1）接收

接收活动包括运输承运商的卸货、更新仓库中的存货记录信息、检查是否存在货物的破损，以及根据订单和运输任务单进行货物数量的确认。

2）转移及存放

将货物移动到仓库进行存储的物理移动，将货物搬运到进行特殊服务（例如合并）的地方的移动，以及出厂运输的搬运。

3）按客户订单进行分拣

按客户订单进行分拣是搬运的主要活动之一，这要涉及按照客户的不同需要对货物进行重新分类，并进行包装。

4）接驳式转运

接驳式转运直接从货物进货站台将货物转移至出货站台。因而，完全的接驳式转运运作避免了存放、存储和订单分拣。由于与要求的运输息息相关，信息的传递在接驳式转运中显得尤为重要。

接驳式转运

接驳式转运指产品大量运入，并马上进行分解，以无误的种类和数量进行混合后再运输给客户。因而，从理论角度来看，产品从未进入过仓库。例如，一家负责处理汉斯牌（Hanes）产品的库存公司，将商品贴上标签，放置在吊架上，并装入箱中运往沃尔玛的各个分店，来补充那些已经卖出去的商品。拖车到达沃尔玛的配送中心后，产品从接驳式站台上用卡车运往各个分店，到了商店打开箱子，再将这些商品摆放在陈列支架上。可以看出，接驳式转运力图缩短产品的存储时间，在这里，库存实际上是一个配送混合中心。

2. 存储管理作业

存储管理的货物要依据提前期和产品需求方面所面临的变动性而进行储存，例如，周期库存、安全库存。也有超过正常补货所需数量的存货，例如，由于季节性需求、不稳定需求、产品条件（水果、肉类等）、投机或提前购买、特殊交易（数量折扣等），存储管理作业包括货物的保养、补货的确认、盘点货物等。在前述"库内业务流程"中对这些业务的流程和"正向"信息流进行了介绍，这里重点讲述存储管理作业产生"逆向"信息流时的情况和对相应作业的岗位处理办法。

在存储管理作业中会碰到退货处理、货物报废处理和破损处理的情况，这时需要在退货单、货物报废单和破损报告单上分别记录下来相关信息，必要时，要说明原因和处置方式，并在计算机库存管理系统中进行货物数量的变更修改。表5-8～表5-10是相应的岗位操作流程模板。

表5-8　相应的岗位操作流程模板

货物编号	货物名称	数　　量	退货原因	签　　章

表 5-9　货物报废单

□原材料类　□设备工具类　□产品类　　日期：

报废货物编号：	报废货物名称：		报废数量：		原用途或制造号码：	
报废原因及状况：			处置方式：		备注：	
成本计算（限产品类货物报废时填）：					评定价值：	
材料：	人工：	分摊费用：	合计：		单位成本：	合计：
经理：	入账：	价值评定：	审核：		填表：	备注：

表 5-10　破 损 报 告

收料日期

	报废原因：				原领用途：			
材料类别	货物名称	规格	色纹材质	单位	退回	实收	估计价值	备注

会计：　　　收料：　　　主管：　　　填表：

3. 信息传递

信息在库存管理中是非常重要的。准确和及时的信息能使一个企业实现库存的最小化，改善运输工具、路线和计划，通常还能提高客户服务水平。物流企业为了更好地控制信息流，实现库存设备效率和效益的最大化，已采用了各类自动机械、传送装置、计算机技术、条形码扫描仪、EDI 和互联网、作业成本管理软件、生产率跟踪软件等自动化设备和信息技术。

从订单数据统计、打印报表、出/入库货物各类信息的管理、补货的确认、账面盘点、条形码标签打印、采购订单对账，到报废品的确认、退货的处理、库存更新等，整个库存业务诸环节运作都是通过信息的传递来完成的。库存的管理在不断地实现计算机化，使用计算机系统进行信息的管理。同时，库存管理业务依据的信息和库存管理业务运作产生的信息又与物流供应链中的其他业务环节密切相关，形成了密集的信息流，如图 5-17 所示反映了库存业务及其信息流在一个典型的物流供应链中所处的重要地位。

ABC 管理

以一个小例子来说明 ABC 管理。根据产品进行的销售数量分析显示：A 类物品占物品种类数的 5%和销售额的 70%，B 类物品占物品种类数的 10%和销售额的 20%，而 C 类物品占剩余的 65%的物品种类和只有 10%的销售额。

那么，对于 A 类物品进行每天检查或连续检查库存状况是比较合适的。B 类物品可以每周进行库存检查，而 C 类物品则应减少关注。

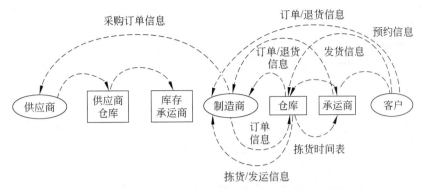

图 5-17 库存业务及其信息流在供应链中的重要地位

本 章 小 结

本章从库存的分类和相关信息分析着手,介绍了几种常见的库存、库存的业务种类与相关信息,包括入库管理、库内保管、出库管理作业和伴随这些作业产生的信息,以及这些库存产生的原因和对企业的重要作用。例如入库和出库作业中有关库场运输动态信息、装车信息、商品的出入库相关信息等,这些信息是现代库存管理的基础,是通过计算机、网络、自动化机械设备的协同运作实现的。在现实中,无论是制造业企业,还是批发商和零售商,库存投资一般都占总资产的 10%～20%,甚至更多,以满足客户不断提高的对产品可供性的需求。因此,库存管理是一项重要任务。而能够有效实施库存管理的现代管理手段之一,就是运用库存管理信息系统对库存信息进行实时监控以实现库存的最小化,利用计算机对库存信息进行及时处理,以提高出入库作业的效率和与出入库相关的配送及订货作业的效率,准确掌握库内货物状态,同时又能满足客户的需求。通过对库存管理信息系统功能的详细介绍,说明在现实库存管理中库存管理信息系统是如何通过对各个环节作业产生的信息进行记录、汇总、传递、控制,从而实现高效、准确库存管理的。

思 考 与 练 习

一、填空题

1.（　　）的主要作用在于,它可以为企业提供管理物流体系的整体解决方案并（　　),同时应提供实用的联机平台及应用软件集成方案。

2.（　　）解决了（　　）、（　　）、（　　）、跨部门、跨员工之间的查阅障碍,只要是在有权限的前提下,可以迅速通过系统找到自己需要的各种物流信息。

3.（　　）、（　　）、（　　）和库存资金周转率四个指标是相互联系、相互制约的。

4.（　　）是指配货清单并不是书写在纸上而是由计算机来操作的。

5.（　　）是指仓储过程中商品流动引发的数据。

二、判断题

1. 库存信息是伴随着库存管理活动而产生的信息。（   ）
2. 库存信息的第一个作用是预测。（   ）
3. 决策支持不是库存信息管理的功能。（   ）
4. 库存作业主要包括入库管理、库内管理和出库管理。（   ）
5. 入库申请单一式三份，第一联：存根；第二联：成品库留存；第三联：财务核算。（   ）
6. 入库流程包括申报仓储计划、核对出库凭证、备货、复核等环节。（   ）
7. 出库单主要包含以下项目：发货部门名称、发货时间、出库品种、出库数量、金额。（   ）
8. 出库作业包括凭证录入、资源匹配、打印单据、拣货、装车、攒货、配货、运输等业务环节信息。（   ）
9. 周期库存是为了应付需求、制造与供应的意外情况而设立的一种库存。（   ）
10. 安全库存是指处于运输线路中的物品产生的库存量。（   ）

三、单项选择题

1. （   ）是指由于信息的时效性和关联性，当系统中某一信息要素发生变化时，与之相关联的其他信息均发生变化。
   A．动态特性   B．静态特性   C．相对性   D．绝对性
2. 通过"（   ）"这一过程，系统管理员可定制仓储管理系统，以满足企业对跟踪客户、货位、产品及其他信息的需求。通过该设置过程，还可对所有的系统缺省值进行规定。
   A．功能设置   B．基础设置   C．流程设置   D．分类设置
3. （   ）是从另一个角度衡量服务水平高低的指标。它是用缺货量与需求量的比值来计算的。
   A．缺货率   B．需求率   C．配货率   D．出库率
4. （   ）是指为供应每单位库存物资所消耗的活劳动和物化劳动。
   A．平均供应费用   B．库存资金周转率
   C．配货率   D．出库率
5. （   ）是指单位库存资金用于供应的效率。
   A．缺货率   B．库存资金周转率
   C．配货率   D．出库率

四、简答题

1. 什么是库存信息系统？有何特征？
2. 库存管理信息系统的作用有哪些？
3. 什么是周期库存、安全库存和在途库存？
4. 什么是投机库存和季节性库存？
5. 什么是闲置库存？

五、论述题
1. 简述库存信息及其作用
2. 简述入库作业、出库作业引发的信息有哪些。
3. 简述库存管理信息系统的功能。

六、案例分析

保时捷公司采用 WMS 获得准时信息[①]

保时捷在北美市场中内华达州的利诺有一个部件仓库。这个仓库设施存储价值共计1 800 万美元的部件存货,大约是 35 000 个存储单元,每天大约平均需要履行 500 个订单。除了标准的维修物品如过滤器和垫圈之外,仓库中还存有发动部件、电器系统、传输器和离合器。

大部分的部件直接从德国通过海运运到西海岸,接着用卡车运输至内华达州的分拣中心。作为一项规则,部件分别在德国包装,再集中装到更大运输集装箱中以便于海洋运输。当保时捷的管理人员开始寻找可以提高零售商部件服务水平的方法时,他们便快速得出这样的结论:仓库管理系统(WMS)软件不仅可以提供关于分销中心中存储部件的更加精确的信息,而且避免了对书面记录的需求。除了软件之外,公司还安装了射频数据收集(RFDC)系统,可以实时处理存货控制。当工人在接收地区检验条形码时,信息已经通过电波传给了仓库中负责部件记录的计算机。

WMS 和 RFDC 系统一起加速了部件接收的流程。过去,保时捷运一批货需要 10 天,现在仅需要 3 天,几乎可以同步获取零件来满足订单。软件的应用不仅是提供存货状态的可视性,它还在部件接收和运输中提高了汽车制造商的准确性。这意味着保时捷可以给销售商提供部件的实时可得性信息。结果,它减少了运输差错率,减少了销售损失。仓库吞吐量也提高了 17%。

讨论
1. WMS 功能有哪些?
2. 开发 WMS 有什么好处?

[①] 田宇. 物流管理. 广州:中山大学出版社,2013.

第 6 章

运输信息系统

学习目标

通过本章的学习，要求掌握公路运输信息系统的有关概念、特征，了解公路运输信息系统业务流程及相关信息，了解货代业务和系统功能，了解船运业务相关流程和相关信息。懂得如何将物流运输信息进行整合，掌握运输信息系统的功能。

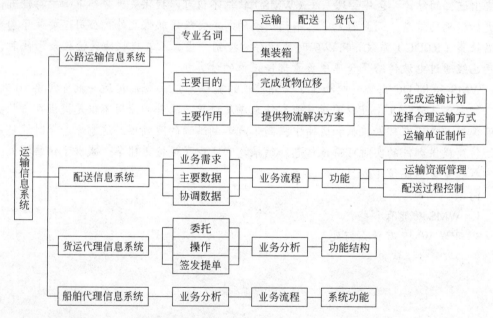

南航研发成功国内最先进货运信息系统[①]

南航自主研发的唐翼系统在全球正式投产运行。该系统是目前国内最先进，也是国内首个完全由航空公司自主设计开发、拥有完全知识产权的计算机系统。它的研发成功，标志着南航在航空公司营运中最重要的两大生产系统（旅客订座系统和货运计算机系统）

---

① 李於洪. 物流信息管理. 北京：人民交通出版社，2014.

之一的货运计算机系统研发与应用中已处于国内领先地位。系统正式投产后，将会为南航货运开展网络运输、物流配送和承诺服务提供强大的信息技术支持，促进南航货运实现发展战略，实现客货两翼齐飞的战略目标。

在技术应用方面，唐翼系统使用微软公司的 SQL Server 2000 数据库开发平台进行设计和开发，设计数据量大，速度快，效率高，拥有订舱、收运、仓库管理、出港、进港、集装设备管理、统计分析、动态航班数据模块、静态数据模块、语音查询、电子数据交换、公告栏管理和网上货运 13 个功能模块。与国内其他同类产品相比较，唐翼具有全天候网上货运、全球化网络覆盖、可视化货运监控、便捷性操作界面、多端口信息传递五大突出特点。其中，唐翼系统的网上货运功能，为国内首创。唐翼采用 Internet 技术将系统与南航各分支机构、代理、客户连接，系统终端可直达用户 PC 机。用户通过国际互联网可 24 小时访问唐翼系统，随时随地在网上进行网上制单、网上订舱、网上查询等业务处理。同时，唐翼系统通过技术手段将南航货运的两大品牌——货运 5 000、货运中转资源充分整合，可以为货主提供从上门收货、联程中转、送货上门等一条龙服务。货主安坐家中，轻击鼠标，货物就可通过南航发达的空中、地面运输网络发往全球各地。

南航在全球正式启动唐翼系统后，将会利用其全球通行的网络技术优势，以网络信息技术为纽带，进一步整合南航集团在世界各地的货运资源，实现新的货运市场定位——"网络运输、物流配送和承诺服务"，并最终实现"以货机航班为龙头，客机腹舱为支持，建设覆盖国内、辐射全世界的国内最大的货运网络"的南航货运战略目标。

据业内专家分析，此次南航在国内航空公司中率先推出有"网上货运"功能的货运计算机系统，将会使南航货运在竞争日益激烈的航空货运业务发展中"e"路领跑，抢得先机。据悉，三大航空集团重组后，都不约而同地加大了货运业务的投入，将航空货运作为一个新的经济增长点。南航近年的营销思路也在悄悄地发生转变——从"以客为主，兼顾货运"转为"客货齐飞"。战略调整后，近年来南航货运猛然发力：整合营销机构、确立发展战略、引进超大货机、建立大型航空货站、构建货运中枢，一系列"大手笔"使南航货运的发展大大提速。如今，唐翼系统的研发成功，更是为南航货运的腾飞安装了一个马力强大的"助推器"。

思考

1. 请分析南航货运信息系统特点。
2. 南航的经验给了我们什么样的启示。

提示

南航货运信息系统数据量大，速度快，效率高，拥有订舱、收运、仓库管理、出港、进港、集装设备管理、统计分析、动态航班数据模块、静态数据模块、语音查询、电子数据交换、公告栏管理和网上货运 13 个功能模块。

6.1 公路运输信息系统

6.1.1 公路运输信息系统概述

1．概述

运输信息管理系统是指为提高运输企业的运输能力、降低物流成本、提高服务质量而采取现代信息技术手段建立的管理信息系统,是多个专门信息系统的集合,从而实现运输方式(或承运人)的选择、路径的设计、货物的整合与优化以及运输车辆线路与时间的选择。运输信息管理系统主要是货物的追踪管理和车辆的运行管理。

2. 运输信息

运输有水路、公路、铁路、航空、管道运输五种方式,每种运输方式的作业流程和信息系统有较大的差别。但是,总体来看,对于水路、公路、铁路、航空四种运输方式,运输作业可分为集货承运、运送、送达交付三个环节,运输信息是指在运输业务三个环节所发生的信息,主要的基础信息是产生并证明运输活动发生、完成的各种单据。公路运输信息见表 6-1。

表 6-1 公路运输信息

装车单	要求到达时间	停车位置	收货地点	货物名称	件数	重量	路线要求
发票号	送货单位名称	车辆类型	车辆数量	配载方案	制单日期	品名	规格
车辆信息	车牌	执行订车单	停车地点	总载重	数量	型号	
库场运输号	出库加工日期	加工入库日期	出库验收日期	装货时间	交货日期	物资码	
运输单	运输日期	司机信息	客户明细	费用信息	联系人电话	送货方式	
运输结算	运输费用	回单	发票	客户明细	运输价格查询		

3. 公路运输信息流

所谓公路运输信息流,是指运输信息从信源(托运人)经过信道(承运人)到达信宿(收货人)的传递过程。简言之,公路运输信息流便是公路运输信息的传递过程。信息流的主体为信息,而信源、信道、信宿则是决定运输信息流畅通与否的三大要素。

公路运输过程中,信息流伴随着运输业务而产生,在运输业务的各个环节之间传递各种管理和控制信息。公路运输业务中的信息流如图 6-1 所示。

4. 公路运输信息管理的内容

(1)接单。公司主管从客户处当面接收(或传真接收)运输发送计划;公路运输调度部门从客户处接出库提货单证;核对单证。

(2)登记。运输调度部门在登记表上分配送货目的地,分配收货客户标定提货号码;驾驶员(指定人员及车辆)到运输调度中心拿提货单,并在运输登记本上确认签收。

(3)调用安排。填写运输计划;填写运输在途、送到情况、追踪反馈表;计算机输单。

(4)车队交接。根据送货方向、重量、体积,统筹安排车辆;报运输计划给客户处,并确认到厂提货时间。

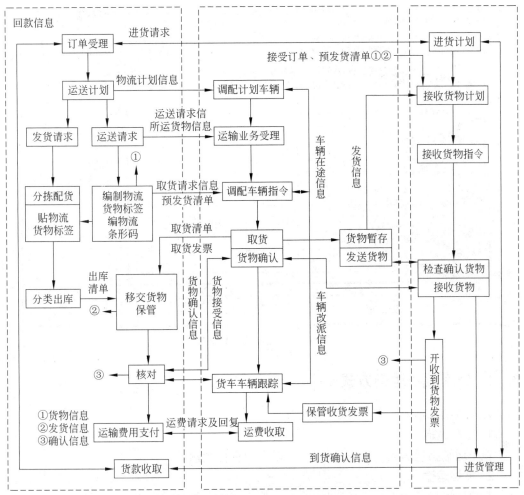

图 6-1 公路运输业务中的信息流

（5）提货发运。按时到达客户提货仓库；检查车辆情况；办理提货手续；提货，盖好车棚，锁好箱门；办好出厂手续；电话通知收货客户预达时间。

（6）在途追踪。建立收货客户档案；驾驶员及时反馈途中信息；与收货客户电话联系送货情况；填写跟踪记录；有异常情况及时与客户联系。

（7）到达签收。电话或传真确认到达时间；驾驶员将回单用 EMS 或 FAX 传回公司；签收运输单；定期将回单送至客户处；将当地市场的情况及时反馈给客户。

（8）回单。按时准确到达指定卸货地点进行货物交接；百分之百签收，保证运输产品的数量和质量与客户出库单一致，了解送货人对客户产品在当地市场的销售情况。

（9）运输结算。整理好收费票据，做好收费汇总表交至客户，确认后交回结算中心，结算中心开具发票，向客户收取运费。

公路运输信息管理的内容涉及运输工具、运送人员、货物装车以及运输过程各业务环节的信息集成管理。如图 6-2 所示。

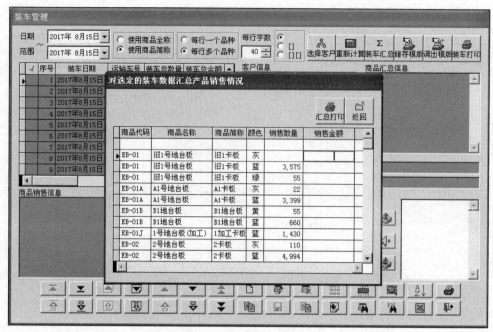

图 6-2　公路运输信息管理

6.1.2　公路货物运输方式

公路货物运输方式主要有以下几种：

1. 整车运输

整车运输指托运人一次托运量在 3 t 以上的货物运输。

2. 零担运输

零担运输指托运人一次托运量在 3 t 以下或不满一整车的少量货物的运输。

世界各地的主要运输方式

从江户时代开始，东京就是紧靠运河的城镇。后来，由于建设高速公路的缘故，运河被中断了。从前，东京的运输手段是以河运为主的；现在，由于日本有了像毛细血管一样发达的公路网络，因而卡车运输就成了主要的运输方式。

而在美国，由于国土辽阔，航空费也比较便宜，空运就比较发达；在欧洲，从很久以前开始，河流就成为影响城市发展的主要因素，因而船运就很活跃。

核心的运输方式，主要是根据各地特点、交通基础设施条件等决定的。

3. 集装箱运输

集装箱运输是指将货物集中装入规格化、标准化的集装箱内进行运输的一种形式。

集装箱货运专列

所谓集装箱货运专列，是指采用集装箱运输的专用列车。把铁路集装箱装载在货车上，在网点间进行直通运行。两端由卡车进行运输，在铁路站点之间进行中转，这是以前英国国有铁路开发的运输方式。1969年，日本第一次把它引进到东京、大阪之间。在两地间催生了大量运输、高速运输。集装箱货运专列与背负式装运方式（把堆放货物的卡车装在货车上进行运输的系统）并列成为铁路货运的主力。

4. 联合运输

联合运输是指货物通过两种或两种以上的运输方式，或同时需要运输两次以上的运输。联合运输实行一次托运、一次收费、一票到底、全程负责。

联　　运

将两种以上的运输工具组合起来进行的运输，就叫"联运"。在铁路运输、内航海运、空中运输时，常常由卡车担当着从港口到目的地或出发地到港口的两端运输。因此，我们将从出发地到最终目的地的以单一的承担者使用两种或两种以上运输工具进行的运输称为"联运"，由与货主订立合同的运输业者担负整个区间的运输责任。而在进出口业务中所进行的联运，称为"国际联运"。

6.1.3　公路运输信息系统的业务流程分析

物流公司接到订单后，进行以下工作：检查订单是否全部有效、确认订单是否完全、收货受理、车辆调度、运输管理、入库管理、仓储管理及配送、财务结算。物流运输作业的全过程，一般分为三个阶段，即业务受理、调度、过程管理/查询。这三个阶段又分为七个环节：业务受理、车辆调度、资源管理、运输过程管理、客户管理、财务结算及决策支持。图6-3所示为运输作业流程。

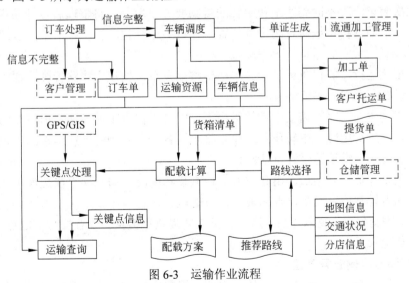

图6-3　运输作业流程

1. 零担运输业务流程

公路运输中，最常见的是汽车零担运输。零担运输一般为定线路发运，零担运输相关业务流程如图 6-4 所示。

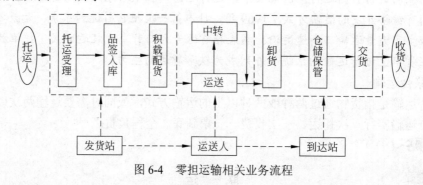

图 6-4 零担运输相关业务流程

（1）受理托运。零担货物承运人根据营运范围内的线路、站点、运距、中转车站的装卸能力、货物的性质及受运限制等业务规则和有关规定接受托运零担货物，办理托运手续。受理托运时，必须由托运人认真填写托运单，承运人审核无误后方可承运。

（2）过磅起票。零担货物受理人员在收到托运单后，应及时验货过磅，认真点件交接，做好记录，按托运单编号填写标签及有关标志，填写零担运输货票并收取运杂费。

（3）仓库保管。零担货物在仓库的存放时间较短，维护保养工作较少，主要应控制货物的出入库效率和库内存放货位的管理。仓库的货位一般可划分为待运货位、急运货位、到达待交货位。货物进出仓库要严格执行照单入库或出货，做到以票对货、票票不漏、货票相符。

（4）配载装车。按车辆容载量和货物的形状、性质进行合理配载，填制配装单和货物交接单。填单时应按货物先远后近、先重后轻、先大后小、先方后圆的顺序填写，以便按单顺次装车，对不同到达站和中转的货物要分单填制。将整理后各种随货单证分附于交接清单后面。按单核对货物堆放位置，作好装车标记，按交接清单的顺序和要求点件装车。

（5）车辆运行。零担货运班车必须严格按期发车，按规定线路行驶，在中转站要由值班人员在行车路单上签证。

（6）货物中转。对于需要中转的货物需以中转零担班车或沿途零担班车的形式运到规定的中转站进行中转。中转作业主要是将来自各个方向仍需继续运输的零担货物卸车后重新集结待运，继续运至终点站。

（7）到站卸货。到站后，由仓库人员检查货物情况，如无异常在交换单上签字加盖业务章。如有异常情况发生，则应采取相应处理。

（8）货物交付。货物入库后，通知收货人凭提货单提货，或者按指定地点送货上门，并作好交货记录。

2．集装箱运输业务流程

集装箱运输业务主要包括接受托运申请、提取空箱、装箱、箱货交接、办理交接手续等，其基本的运输业务流程如图 6-5 所示。

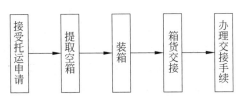

图 6-5　集装箱基本的运输业务流程

6.1.4　公路运输信息系统总体功能模块

公路运输信息系统总体功能模块如图 6-6 所示。

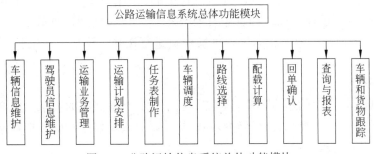

图 6-6　公路运输信息系统总体功能模块

1. 车辆信息维护

对运输车辆的信息，主要包括车辆的一些基本属性，如载重大小、运行年限、随车人员的要求以及是否监管车辆等。进行日常的管理维护，随时了解车辆的运行状况，以确保在运输任务下达时，有车辆可供调配。

2. 驾驶员信息维护

对驾驶员的基本信息进行管理，以随时跟踪驾驶员的情况，并对驾驶员的学习情况、违章记录、事故情况、准驾证件以及其他证件进行管理。同时可以考核驾驶员的业务素质，以保证驾驶员队伍的稳定和发展。在驾驶员的管理中，还需要对驾驶员的出勤情况进行管理，以便在任务安排时可以自动判断其在任务当日是否能够正常地出勤，还是有其他情况不能担当此任务。

3. 运输业务管理

登记客户需要进行运输的货物信息，以便合理地安排运输计划。客户的一个委托为一笔业务，这里有三种情况，一是这笔业务是由其他操作流程转过来的，比如说可能是客户在报关、国际货运代理时就同时需要提供运输服务的；二是由物流公司自行承接的业务，即由销售人员直接与客户交流的结果；三是由合作伙伴提供的货源信息，如当货物运抵目的地后，正好合作伙伴需要将某些货物带回。由于信息沟通顺畅，可以减少车辆的空载率，进一步降低物流成本，可以更好地吸引客户。

4. 运输计划安排

根据客户的要求安排运输计划，客户的一笔业务可以安排一次运输计划，也可以安排几次运输计划，这就需要根据实际情况作出合理的安排。运输任务的大小、客户时间要求的限制等，都是安排运输计划所要考虑的因素。

5. 任务表制作

根据运输计划，将其分解成一笔一笔的任务，如将计划分解成一个一个的子任务，这样在安排车辆时就可以根据地点、时间、车班情况进行优化与组合，同时还将选择最优的运行线路，达到较高的车辆利用率和效益。对已经由计算机自动制作出来的任务表，还可以对一些不合常理的地方进行修改。

根据已经生成的任务表制作派车单，并及时地将派车单交给当班的驾驶员，实施运输计划。

6. 车辆调度

对于可调度的所有运输工具，包括自有车辆、协作车辆以及临时车辆，先由系统根据订车单的要求进行筛选。筛选条件有订车类型（大陆牌、港牌等）、货物重量和体积、车辆当前地点、闲忙状态等，供操作员进行选择。该功能还维护所有运输工具的信息。

7. 路线选择

系统根据车辆当前的地点、装货地点、目的地、运输线路的要求，结合地图信息和当前交通状况，智能选择和优化运输线路。操作员查询、修正和确认推荐路径后，将其打印出来交给驾驶员。

8. 配载计算

系统根据货物情况、货箱情况和车辆情况，自动计算生成配载方案。操作员确认后，将其打印出来一并交给驾驶员带往装货地点供操作员参考。

9. 回单确认

驾驶员把货物送至目的地并驾车回场后，将客户收货单带回，输入本次执行任务后的一些信息，如行程、油耗、台班数、货物有无损坏和遗失以及是否准点到达等。这些数据将作为数据统计分析的基础。

绿色价目表

自用卡车的牌照是白色的，而营业用卡车的牌照是绿色的。绿色价目表是指营业用卡车上张贴的运价表，上面分别标明了路运局规定的按距离计算、按时间计算、按重量计算的运费标准。但实际上，运费的多少，一般都是按与货主协商的结果来定的，很少按标准价格收取。

10. 查询与报表

各种车辆运营情况、派车情况、任务完成情况以及月度统计报表的处理，这是企业营运分析所必需的功能。

11. 车辆和货物跟踪

智能化调度信息网是为了适应将来大容量、大范围、数字化、网络化的交通车辆调度和综合信息服务而开发的平台系统，它以 GPS 全球卫星定位网、GSM 全球个人通信和 SMS 短消息网、FLEX 高速寻呼网、Internet 互联网为基础，采用数据分析和智能化决策支持、GIS 地理信息系统等技术，具有车辆调度、监控、反劫防盗、报警、移动综合信息服务等功能。

智能化交通车辆调度和综合信息服务的基本原理是：利用 GSM 的短消息功能和数传功能将目标的位置和其他信息传送至主控中心，在主控中心进行地图匹配后显示在 GIS 监视器上。主控中心能够对移动车辆的准确位置、速度和状态等必要的参数进行监控和查询，从而科学地进行车辆调度和管理，实现对车辆的实时动态跟踪，提高交通效率。当移动车辆在紧急情况或其安全受到威胁的情况下，它可以向主控中心发送报警信息，从而及时地得到附近交通管理或相关部门的支援。

ASN

ASN（Advanced Shipping Notice），译为"递送事先发货明细单"。即供货者在向物流中心提供商品时，事先通过计算机向对方传送"什么商品、提供多少"的信息。由此，收货方就能正确地知道将收到什么商品，以提高验收作业、收据制成等工作的效率。

6.2　配送信息系统

6.2.1　配送作业数据

配送是指将被订购的货物使用汽车或其他快捷的运输工具从供应点送达客户手中的活动。配送信息如图 6-7 所示。

```
                      配送信息
   ┌────────────────────────────────────────────┐
   ↓                                            ↓
进货 → 储存 → 分拣、理货 → 配货 → 配装 → 送货 → 交货(客户)
```

图 6-7　配送信息

配送是整个物流业务的核心活动，企业 90%以上的客户业务单据由配送部门接收、处理，并将信息通过网络传输到相关的业务部门，如运输部门、流通加工部门等。一般而言，配货活动是配送业务的起点，此后继续进行运输、流通加工等活动。现代配货管理大量使用条形码技术，依靠信息流来控制物流，真正实现精确、快捷、高效、灵活的配货管理，从而提高配送管理的水平。

配货作业的准确率、效率与商品的保管方式、区域设置、作业指示方法、作业通道设计、配货数量等要素密切相关。

配送、发送

"运输"是指物品在物流渠道中，在各网点之间移动的活动。其中，一般把向客户交货时的近距离、少量的运输，叫作"配送、发送"。用于配送的运输工具，几乎都是卡车。但是，在仓库、物流中心等网点内物品的移动，称为"搬运"，以示与运输相区别。

1. 业务需求

配送物流活动要求在接到系统的选货后，分批发出印有条形码的拣货标签；分拣人员根据计算机打印出的选货单，在仓库中进行拣选，并在商品贴上拣货标签；将拣出的货物运到自动分类机，检验拣货有无差错，货物即分岔流向按分店分类的滑槽中；然后将不同分店的货物装入不同的货箱中，并在货箱上贴上印有条形码的送货地址卡，输送到不同的发货区。当发现拣货有错时，商品流入特定的滑槽内。条形码配合计算机应用于作业过程的管理，使系统即时获得各个操作的信息。配送作业流程如图 6-8 所示。

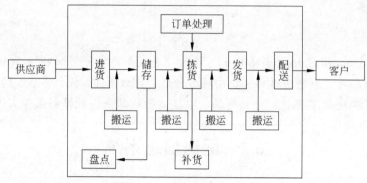

图 6-8　配送作业流程

2. 主要数据

配送管理涉及的主要数据见表 6-2。

表 6-2　配货管理的主要数据

数据类	数据项
选货单	选货单号，所属订单，货物名称，数量，存入货址，送达目的地，货箱编号
分店信息	分店名称，分店地址……
货箱清单	货箱编号，所属分店，分店地址，货物数量
拣货标签	所属拣货单号，送达目的地，所属分店……
货箱标签	货箱编号，所属分店，分店地址，货物数量……

3. 协同数据

配货管理子系统中，主要协同数据见表 6-3。

表 6-3　配货管理的主要协同数据

数据类	所属功能	协同说明
货箱清单	配货管理	提供给其他功能共享
进货单	配货管理	提供给其他功能触发本功能服务同步进行
货物档案	存货管理	共享存货信息
仓库档案	存货管理	共享仓库信息
分店信息	分店管理	共享分店信息

6.2.2 配货子系统的功能

配货子系统具有如下功能:

1. 拣货预处理

操作员对照选货单，操作系统生成包含货址、发送地等条形码信息的拣货标签，打印出来供操作员进行作业。同时，选货单流转到仓储管理，形成出仓请求。

2. 拣货核对

拣货出仓结束后，系统首先根据拣货条形码查询出相应的需求货物，再与自动分类机扫描获得的货物信息进行核对，检查货物拣货是否正确，并将核对结果传输到自动分类机进行相应的操作。拣选正确的货物，直接进入分店装箱；拣货错误的货物，形成拣货错误通知单，流转到拣货差错处理模块。

3. 拣货差错处理

系统查询错误货物的货址和所需货物的货址，重新生成拣货标签并打印出来，流转到仓储管理功能模块，形成出仓请求和选错货物重新入仓要求。

4. 分店装箱跟踪

系统为货物对应的选货单记录货箱编号，为装好的货箱生成包含分店地址、货物件数等条码信息的货箱标签，打印出来供操作员进行作业。同时生成货箱清单和订车单传送到运输管理功能模块，形成运输请求。

5. 送发货区跟踪

系统扫描进入相应发货区的货箱标签，关联出相关的选货单记录并进行核对。对配货各环节发生的费用，分摊到各客户，并形成报账单传送到结算管理功能模块。

6. 配货查询

对配货查询，客户和企业可根据合同→子任务→工作流程的层次关系定位到需要查看的配货流程，也可以选择按执行时间、货物名称、流程状态、交易金额、分店查询配货流程。所得的查询结果是关于工作流程的进展报告，包括工作流程的路径全貌，各环节的名称、状态、操作时间和关键结论。

广角镜

"明日会来"公司的数字化配货系统

从事文具邮购的"明日会来"公司，接受订单后，最快当天就会将货送达。该公司为提高物流现场配货的速度，广泛采用 DPS 系统。另外，为防止出货数量的差错，用计算机记录了每种商品的重量，使配货后商品的数量可以用重量来进行检查。"明日会来"公司是配货高速化和精确化的成功典型。

6.2.3 配送运输的业务流程

配送运输是指将被订购的货物使用汽车或其他快捷的运输工具从供应点送达客户手中的活动。配送运输的经济里程半径一般在 30 km 以内。配送运输具有时效性、安全性、沟通性、方便性、经济性等特点。配送运输基本作业流程如图 6-9 所示。

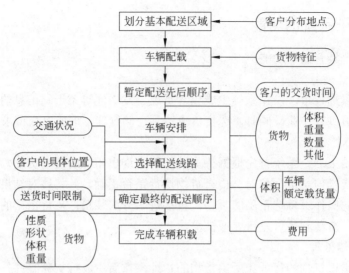

图 6-9 配送运输基本作业流程

1. 划分基本配送区域

根据客户所在地的具体位置或交通条件等,将所有的客户划分为几个配送区域,将每一客户囊括在不同的基本配送区域之中,为下一步决策提供依据。

2. 车辆配载

在接到订单后,首先,将货物按特性进行分类,以分别采取不同的配送方式和运输工具。如按冷冻食品、速冻食品、散装货物、箱装货物等分类配载。其次,配送货物也有轻重缓急之分,必须初步确定哪些货物可配于同一辆车,哪些货物不能配于同一辆车,以做好车辆的初步配装工作。

3. 暂定配送先后顺序

先按客户订单要求的送货时间,将配送的先后作业次序作一概括的预计,为后面车辆积载做好准备工作,以便有效地保证送货时间,尽可能提高运作效率。

4. 车辆安排

车辆安排要解决的问题是安排什么类型、吨位的配送车辆进行最后的送货。一般企业拥有的车型有限,车辆数量也有限,当本公司车辆无法满足要求时,可使用外雇车辆。其次,安排车辆之前,还必须分析订单上货物的信息,如体积、质量、数量以及对于装卸的特别要求等,综合考虑各方面因素的影响,作出最合适的车辆安排。

5. 选择配送线路

知道了每辆车负责配送的具体客户后,根据客户的具体位置、沿途的交通情况、客户要求的送货时间等来选择配送距离短、配送时间短、配送成本低的线路。

6. 确定最终的配送顺序

做好车辆安排及选择好最佳的配送线路后,依据各车负责配送的具体客户的先后,即可将客户的最终配送顺序加以最终的确定。

7. 完成车辆积载

根据客户的配送顺序先后,将货物依"后送先装"的顺序进行货物的装车作业。装车时，还要考虑货物的性质（怕震、怕压、怕撞、怕湿）、形状、体积及质量等，将货物装车的位置进行弹性调整，并同时兼顾货物的装卸方法。

6.2.4 配送运输管理子系统功能

1. 运输资源管理

运输资源管理主要是对配送中心的所有运输资源进行管理，应具备对包括中心自有运输车辆及业务外包运输车辆的管理、作业责任人及组的管理等功能。

（1）人员管理。可以统一对运输中心的人员进行管理，包括基本信息的记录权限的设置、员工考勤等。主要包括以下内容。

① 人员基本信息的维护。

② 人员权限的设置（用户管理）。用户管理主要是对系统用户进行新增、修改及删除处理。按用户级别来分，可分为超级用户和普通用户两种。超级用户对系统负责全面管理，其权限不受限制。普通用户对系统负责部分管理，所以可分为各种不同的类别。其权限受超级用户的控制。

③ 员工的考勤。对驾驶员的出勤情况进行登记，以便进行车辆安排及驾驶员的考勤考核。

（2）车辆管理。根据车辆所在的部门及车辆，对部门或车辆进行查询及统计分析。

① 生产量查询。生产量查询主要有生产汇总表、运费明细表、燃料消耗明细表、轮胎消耗明细表、材料及配件消耗明细表及行车杂费明细表等。如生产汇总表有车辆、营运车日、完好车日、工作车日、车班、车次、货运量、周转量、全行程、重车行程、运费、燃料消耗（升）、燃料消耗（元）、轮胎消耗、材料消耗、行车杂费、完好率、出车率、百吨千米油耗、里程利用率、吨位利用率等。

② 车辆业绩统计。车辆业绩统计主要有车辆台账、车辆月度统计、车辆生产年度表、车辆收支平衡表、车辆经费汇总表、车辆经费明细表等。

③ 车辆档案管理。对车辆的技术档案进行维护。

④ 车辆保养。根据车辆的里程表数及时间对车辆进行大修，对保养过的车辆进行保养登记及相关数据处理。头保、二保等预警提示。

⑤ 车辆消耗。对在保养作业中的消耗费用（按大类分）、材料费用与人工费用进行核算。

⑥ 路线管理。根据固定路线，设定路桥费的限额。

⑦ 车辆修理。该功能是记录车辆大修、保养或事故处理等情况的票据，输入车辆的修理材料、修理费用及人工费等信息。

企业还可以进一步检索和查看订车单、货箱清单等内部信息，对其进行跟踪、监督、管理和控制。同时，也可以帮助企业了解配货业务的频度、自有资源的使用率和效率，便于进行资源管理和调配，以及为运营决策提供辅助信息。

2. 配送过程控制管理

该功能是记录车辆的载货情况、行车情况及考核车辆等，主要包括以下几方面的工作。

（1）行车单打印。可以单辆或成批地打印出车辆的行车单。

(2) 在途标志。行车单打印后，该辆车就表示已经出车了，系统作出正在途中的标志。

(3) 行车单撤销。行车单打印后，由于某种原因，该辆车当天不能出车，则要做行车单撤销处理。

(4) 出车情况分析表。显示出当天已预订车辆的出车情况。

6.2.5　配送信息系统数据分析

配送业务流程分析虽然反映了配送运输业务环节之间的信息流，但是不能反映出配送信息系统数据加工处理的细节，因此，有必要对系统调查中收集的数据以及统计和处理数据的过程进行分析和整理。其目的主要是发现和解决数据流通中的问题。下面对配送信息系统的主要数据流程进行分析，见表6-4。

表 6-4　配送业务数据

数据类	数据项
合同管理	检查合同，登记新单位信息，登记业务信息，检查发票，登记发票，更新信息，编制分析表……
集货管理	货物号，货物数量，包装形式，运输方式，交货期，入库单据，入库验收，组织接运，现场审验，登记入库单……
配载管理	货物调度，建立附属文件，配送加工，出库，分拣，货物包装，配送装车
运输调度	运输调度，路线方案选择，路线优化，统计运输费用，运输单证……

6.3　货运代理信息系统

货运代理管理信息系统（Forwarder Management Information System），是对托运单、操作（订舱、派车、报关）、提单、财务结算、EDI的信息数据进行分析和处理的管理信息系统。

货运代理是物流业的雏形，也是现代物流的重要组成部分，工作效率及服务水平取决于其信息化的程度。

6.3.1　货运代理管理信息系统业务介绍

1. 出口货运代理业务流程。

出口货运代理业务流程如图6-10所示。

1）接受客户委托

(1) 揽货人员在对客户报价时，必须核实相关运价、运输条款、船期，在确定有能力接受委托的情况下，如实告知客户完成此次委托所需时间和船期，并按公司对外报价表向客户报价，如所报价格低于本公司公布运价，则按公司《运价管理规定》执行。

(2) 当客户接受报价并同意委托时，揽货人员或客户服务人员有责任向客户提供该公司的空白集装箱货物托运单，也可接收客户自己的托运单，但此类托运单应包括该公司托运单的主要条款，如托运单上无运价，则需将有关书面报价附于其后（对合约客户、

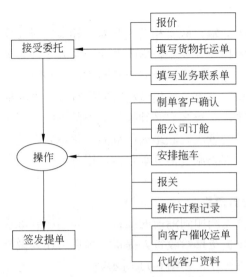

图 6-10 出口货运代理业务流程

公司的老客户,已在电话中确认的运价可不在托运单上显示)。

同时要求客户在托运单上签字、盖章(境外客户、托运私人物品的非贸易订舱者签字即可),如客户不能及时提供内容详细的托运单,则必须在装船前补齐,否则由此产生的费用由客户负责。

(3)接受客户的委托后,揽货人员应详细填写业务联系单的有关内容(直接向市场部客户服务人员订舱的委托不用填写)。揽货人员在通知客户服务人员订舱的同时,把业务联系单和上述客户订舱资料交给客户服务人员。

(4)对不符合本控制程序的订舱委托,客户服务人员可以拒绝接受订舱,并有义务向部门经理汇报。

2)操作过程

(1)一旦接受客户订舱,应尽快安排向船运公司订舱及安排拖车、报关事宜(客户自拖、自报除外),并从拖车公司那里获取箱号、封条号。

(2)尽快按委托书要求制单,并传真给客户确认。如有需要,还应将目的港代理打印在提单上,并在货物装船前完成单证校对工作。

(3)认真填写操作过程记录,对需换单转船、电放的委托应有记录,并提供给相关部门。

(4)客户服务人员将计费人员已经签字盖章的收费单交给客户,揽货人员有责任及时向客户催收运费或按照合同规定,定期向客户催收运费。

(5)客户服务人员应及时通知报关行等分承包方,退回有关资料,如出口退税核销单、报关手册等,这些资料需退还给客户,揽货人员有责任对客户服务人员给予提醒。

(6)当客户或揽货人员询问二程船信息时,客户服务人员应给予提供。

3)提单签发

提单签发人员必须核实货物已装船离港,验证运费收取满足合同(协议)中运费支付条款后,才能签发此次委托所对应的提单。

4) 特殊货物

（1）承接大型物资的运输，应有相关人员对运输线路进行实地考察，确保有能力承接的情况下，才可接受委托，并委派合格的专业承包方实施服务。

（2）对冷藏货物的运输，应委派合格分承包方检验冷藏集装箱温度是否符合顾客要求，船上有无可供电源和插座等，拖集装箱时安排符合要求的拖车实施服务。

（3）对危险品的运输，要求客户必须提供完整的危险品适运资料。包括：发货人详细名称、地址、电话；目的港应急联络人；危险品货物安全适运申报单、适运证及装箱证明书；简明应急措施。应委派合格分承包方，用危险品专用拖车作陆路运输，在货物上贴危险品标志。

2. 进口货运代理业务流程

进口货运代理业务分为船舶到港前的准备工作和船舶到港后的准备工作，然后是审查提单等有关单证，签发提货单给收货人提货。最后，还要做好每一航次船的文件归档工作。进口货运代理业务程序，如图 6-11 所示。

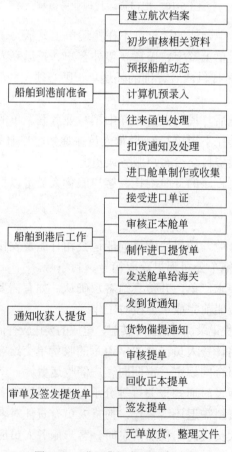

图 6-11 进口货运代理业务流程

（1）船舶到港前的资料准备及计算机初步录入工作。主要包括：建立航次档案、初步审核相关资料、预报船舶动态、计算机预录入、往来函电处理、扣货通知及处理、进口舱单制作或收集。

（2）船舶到港后的资料核对及提货单准备工作。主要包括：进口舱单、提单等资料的接收，正本舱单的审核，制作进口提货单，进口电子舱单发送海关，分船名、航次打印进口登记台账，并按船公司分类归档，以方便客户办理进口提货手续。

（3）通知收货人办理提货手续。主要包括：发到货通知、货物催提通知。

（4）审单及签发提货单。主要包括：提单审核、正本提单的回收、签发提货单、无单放货、归档与船公司（或客户）沟通。

6.3.2 货运代理业务分析

国际货运代理（简称货代）业是指接受进出口货物收货人、发货人的委托，以委托人的名义或以自己的名义，为委托人办理国际货物运输及相关业务并收取服务报酬的行业。货代企业可以作为代理人从事货运代理业务，接受进出口货物收货人、发货人或其代理人的委托，以委托人名义或以自己的名义办理有关业务，收取代理费或佣金；也可以作为独立经营人从事国际货运代理业务，接受进出口货物收货人、发货人或其代理人的委托，签发运输单证、履行运输合同并收取运费及服务费。货代企业在合法的授权范围内接受货主的委托并代表货主办理订舱、仓储、报关、报检、报验、保险、转运以及货物的交接、调拨、货物的监装、监卸，集装箱拼装拆箱，国际多式联运，除私人信函外的国际快递、缮制有关单证，交付运费，结算、交付杂费等业务。

货代企业遵循安全、迅速、准确、节省、方便的经营方针，为进出口货物的收货人、发货人或其代理人服务，其业务范围广泛，主要有以下几种表现形式。

1. 代表发货人（出口商）并为其提供服务

货代企业可代表发货人（出口商）并为其提供服务，主要内容包括以下方面。

（1）选择运输线路、运输方式和适当的承运人。

（2）向选定的承运人提供揽活、订舱。

（3）提供货物并签发有关单证。

（4）研究信用证条款和相关的政策规定。

（5）包装。

（6）储存。

（7）称重和量尺码。

（8）安排保险。

（9）办理报关及单证手续。

（10）外汇交易。

（11）支付运费及其他费用，并将货物交给承运人。

（12）抽取已签发的正本提单，并付发货人。

（13）安排货物转运。

（14）通知收货人货物动态。

（15）记录货物灭失、短少、损毁等情况。

（16）协助收货人向有关责任方进行索赔。

货运企业和货代企业

实际上,人们把航空公司、船运公司等从事货运业务的企业,称为运输业者,或叫作货运企业,将居于运输业者和货主之间,从事货运代理业务的企业,称为货代企业,也称作中介企业。特别是在航空运输中,货运代理企业十分活跃,航空公司和货主基本不直接签订合同,由货代企业把多个货主的货物集中起来,汇总处理。

2. 代表收货人(进口商)并为其提供服务

货代企业还可以代表收货人(进口商)并为其提供服务,主要内容包括以下方面。

(1) 报告货物动态。
(2) 接受审核所有与运输有关的单据。
(3) 提货和交付运费。
(4) 安排报关和支付税费及其他费用。
(5) 安排运输过程中的仓储。
(6) 向收货人交付已结关的货物。
(7) 协助收货人储存或分拨货物。

3. 作为多式联运经营人

货代企业还可以作为多式联运经营人,收取货物并签发多式联运提单,承担承运人的风险责任,对货主提供一揽子的服务。在发达国家,货代企业常常扮演运输组织者的角色,作用巨大,因此有不少货代企业主要从事国际多式联运业务。在多数发展中国家,由于交通基础设施较差,有关法律法规不健全以及货代企业的素质普遍不高等原因,国际货代在作为多式联运的经营人方面发挥的作用有限。

4. 提供其他服务

货代企业还可以提供除以上服务形式之外的其他服务,如根据客户的特殊需要进行监装、监卸、货物混装和集装箱拼装拆箱、运输咨询服务等。

5. 提供特种服务

货代企业可以提供特种货物装卸、挂运输服务及海外有关运输服务。大多数货代公司都会向大客户提供集陆路运输、仓储、海运、空运、报关等一体化的服务。为了满足航空、铁路、公路、海运等全方位的代理货物托运、接取、送达、订舱、配载、联运服务等多项业务需求,向客户提供"门到门""一票到底"的服务。

一套优秀的货代管理系统不但可以出色地完成货代业务所有信息的管理和维护,提供对运输工具的调度管理,对货物进行实时跟踪,而且能够实现数据的一致性,使各子系统高效共享数据,提高工作效率,从而提高货代企业的经济效益。

6.3.3 货运代理业务信息系统的功能结构

下面首先介绍完整的货代管理系统所具备的各个模块及其功能,然后根据业务划分管理系统的功能结构,并对其组成进行详细说明。

货运代理业务管理系统的结构如图 6-12 所示。

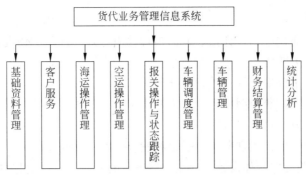

图 6-12 货运代理业务管理系统的结构

1. 基础资料管理

此模块为确保系统运行提供最基本的资料管理和维护功能,此部分资料不允许用户频繁改动。该模块主要包括以下一些功能。

(1) 客户及合作企业(分承包方)资料的维护。

(2) 客户付款信用期和信用额度的定义。

(3) 港口、国家、区域、航线地维护(系统提供预设)。

(4) 成本运价率及销售价的维护。

(5) 应收应付费用的定义。

(6) 业务编号、操作单证自动编码以及编码规则的自定义。

(7) 系统代码自定义。

(8) 提供 EDI 数据接口。

2. 客户服务

此模块主要包括以下一些功能。

(1) 客户资料和服务记录查询。

(2) 客户正发生业务的动态跟踪。

(3) 公司运价底价、销售价及客户历史报价查询。

(4) 客户分类条件(新客户、老客户、争取发展客户、潜在客户、已丢失客户)自定义,以及客户分类的动态重整。

(5) 业务员访客记录及成功率分析。

(6) 报价制作平台及报价单及时发送。

(7) 客户投诉及处理反馈。

(8) 市场计划及实施情况跟踪。

3. 海运操作管理

海运操作管理是货运代理的主要业务之一,此模块应具备如下功能。

(1) 支持海运出口(整柜、拼箱)、海运进口(整柜、分拨)。

(2) 支持订舱、二程(这里指由中转港到目的港。从起运港到中转港叫一程)、装箱、提单制作、陆运委托、出入舱通知、报关(委托、预录入报关单)、三检等。

(3) 支持操作流程的自定义、状态自定以及跟踪提示。

（4）支持多种单证（托单、HB/L、MB/L 报关单、装箱单、舱单等、出入境检验检疫单、账单、各种通知单、统计报表）的多种输出方式（打印、传真、电子邮件等）。
（5）提供"所见即所得"单证制作平台，直接在屏幕上对单证进行编辑。
（6）单证制作平台中，继承处理特殊码头和超常码头品名。
（7）操作过程中，费用明细自动生成及维护。
（8）可制作我方、对方多种账单。
（9）支持普通账单、代理账单、拼柜利润分配的灵活处理。
（10）提供相关文件，如发票、核销单等的状态跟踪，支持对原件的即时扫描。
（11）支持操作界面自定义，可进行批量化的业务处理。
（12）即时显示工作号操作日志。

4. 空运操作管理

空运操作管理子模块的功能如下：
（1）支持空运出口、空运进口操作。
（2）支持订舱、总分运单制作、接货运货委托、出入舱通知、报关（委托、预录入报关单）等功能。
（3）支持操作流程的自定义、状态自定以及跟踪提示。
（4）支持多种单证（托单、航空运单、报关单、装箱单、舱单、各种通知单、统计报表）的多种输出方式（打印、传真、电子邮件等）。
（5）提供"所见即所得"单证制作平台，直接在屏幕上对单证进行编辑。
（6）费用明细自动生成及维护。
（7）可制作我方、对方多种账单。
（8）支持操作界面自定义，可进行批量化的业务处理。

5. 报关操作与状态跟踪

进出口报关是货运代理的主要业务，报关操作及状态跟踪的业务需求如下：
（1）支持海运进口、海运出口、空运进口、空运出口，适用于本口岸、外口岸、清关等各种报关业务。
（2）可自定义业务流程，支持相应工作状态的自定义跟踪及预警。
（3）自动提取客户手册（加工贸易手册）与免表（进出口货物免征税证明）的申报商品及数量，自动对手册、免表申请数量扣除，申报数量不足时及时提醒，提供保函的自动预警。
（4）报关单输入时自动提取海关代码。
（5）提供内陆运输、货物出入仓库的一体化管理。
（6）对公司外部及内部流转的各种报关文件进行自动跟踪。
（7）对各种单证（报关单证、每日通关信息查表、查验信息表等）提供多种输出方式（打印、传真、电子邮件等）。
（8）提供"所见即所得"单证制作平台，直接在屏幕上对单证进行编辑。
（9）操作过程中，费用明细自动生成及维护。
（10）可实现"一票到底"及分岗位的流水化操作。

6. 车辆调度管理

受理客户委托，辅助完成全过程的业务操作，即时查询各个车辆的运行情况，为调度提供依据，实现车辆的日常调度和车辆运行情况跟踪。此模块主要包括如下的功能。

（1）运价（公司底价和销售底价）查询。

（2）询价管理，包括客户基本资料新增、本次询价、询价历史、价格查询选择及询问价格输出。

（3）由询价直接委托操作。

（4）集装箱运输委托。

（5）派车单制作。

（6）车辆调度操作。

（7）车辆动态查询。

（8）国际货物基本信息与车辆管理委托信息以 XML 形式导入、导出。

4PL（第四方物流）

不拥有运输工具、物流网点等资产，以协调其他公司的设备、技术为主体的无资产型物流业者，他们重视信息系统的功能，接受综合性的物流业务委托。有时将这种情况特称为 4PL。

7. 车辆管理

此模块主要包括如下功能。

（1）车队、车辆、驾驶员基本资料管理与维护。

（2）车辆配件更换登记及历史分析。

（3）车辆维修登记及历史分析。

（4）车辆违章事故登记及历史分析。

（5）车辆相关费用登记及历史分析。

（6）提供自定义汇总报表。

8. 财务结算管理

财务结算子模块功能说明如下。

（1）提供单票审核、单账管理、发票管理、费用核销、实际收付查询、文件跟踪等。

（2）实现客户（结算对象）应收应付账的统计与管理，费用更改及历史查询。

（3）自动提醒客户的结算信用期以及超期客户和相应费用。

（4）自动生成发票，并对发票的领用进行管理和统计。

（5）支持相同结算对象不同账单抬头的对账单生成及措施。

（6）支持账单的销账，自动记录销账明细。

（7）汇差损益、汇兑损益、银行费用的自动计算。

（8）自由定义界面显示的内容与格式，自定义报表输出的内容与格式。

（9）拼箱、拼板成本分担及利润的自动计算。

（10）支持多币种账单及多次、多币种核销。

9. 统计分析

（1）灵活的统计方案设计工具，可设计各种业务及财务统计报表。
（2）提供动态的统计项目选项及平台化的企业管理工具。
（3）支持表格形式和图形方式的统计结果显示。
（4）与 MS Office 之间实现数据交换，制作专业报表。
（5）自由定义报表显示和输出格式。

6.4 船舶代理信息系统

6.4.1 船舶代理业务流程

1. 概述

船舶代理是指船舶代理机构或代理人接受船舶所有人（船公司）、船舶经营人、承租人或货主的委托，在授权范围内代表委托人（被代理人）办理与在港船舶有关的业务、提供有关的服务或完成与在港船舶有关的其他经济法律行为的代理行为。而接受委托人的授权，代表委托人办理在港船舶有关业务和服务，并进行与在港船舶有关的其他经济法律行为的法人和公民，则是船舶代理人。

2. 船舶代理类型

船舶代理企业可以接受与船舶营运有关的任何人的委托，业务范围非常广泛，既可以接受船舶公司的委托，代办班轮船舶的营运业务和不定期船舶的营运业务，也可以接受租船人的委托，代办其所委托的有关业务。由于船舶的营运方式不同，而且在不同营运方式下的营运业务中所涉及的当事人又各不相同，各个当事人所委托代办的业务也有所不同，因此，根据委托人和代理业务的不同，船舶代理可分为班轮代理和不定期船代理两大类。

运输船的种类

在承担内航海运的运输船中，主要有以下几种。
（1）集装箱船——专门运输集装箱的船，进行远距离的定期航运。
（2）汽车轮渡——运送堆放货物的卡车。开发了卡车的驾驶员不上轮渡的方法，对节省人工费和解决驾驶员不足起到一定的作用。
（3）RORO 船：RORO 是 Roll-on、Roll-off 的略称。将铲车等搬运设备直接装在船上，能够进行货物的装卸。船的结构基本上和渡船相同。

在班轮代理的实务中，代理人办理订舱、收取运费工作，为班轮船舶制作运输单据，代签提单，管理船务和集装箱工作，代理班轮公司就有关费率及班轮公司营运的事宜与政府主管部门和班轮公司进行合作。总之，凡班轮公司自行办理的业务都可通过授权，由船舶代理人代办。班轮公司为使自己所经营的班轮运输船舶能在载重和舱容上得到充分利用，力争做到满舱满载，除了在班轮船舶挂靠的港口设立分支机构或委托代理人外，还会有委托订舱代理人，以便广泛地争取货源。订舱代理人通常与货主和货运代理人有着广泛和良好的业务联系，因而能为班轮公司创造良好的经营效益，同时能为班轮公司建立起一套有效的货运程序。相对于班轮代理商而言，另一种代理方式称为不定期船代理，其业务也很广泛，例如，代表不定期船东来安排货源、支付费用、进行船务管理，选择、指派再代理人并向再代理人发出有关指示等。

无论是班轮代理还是不定期船代理，其代理业务都是一项范围相当广泛的综合性业务。一般可归纳为以下几个方面。

1) 船舶进出港口服务

主要工作包括：船舶进出港口和水域的申报手续；安排引水、泊位；办理有关海关、港监、边检对进出港船舶要求的手续；办理有关检疫的手续，主要包括卫生检疫、灭鼠消毒、预防接种、进出口动植物和商检检疫等手续；船舶动态跟踪；等等。

2) 组织货运、客运及相关服务

主要工作包括：代签提单、运输合同、代办接受订舱业务；办理货物的报关手续，承揽货物、组织货载，办理货物、集装箱的托运和中转；联系安排装卸货物；装卸情况跟踪；办理申请理货及货物监装、监卸、衡量、检验；办理申请验舱、熏舱、洗舱、扫舱洽谈；办理货物理赔代收运费，代收代付款项，办理船舶速遣费与滞期费的计算与结算；代售客票、办理乘客上下船舶的手续等。

速遣费、滞期费

如果按约定的装卸时间和装卸率，提前完成装卸任务，使船方节省了船舶在港的费用开支，船方将其获取的利益的一部分给租船人作为奖励，叫速遣费。

如果在约定的允许装卸时间内未能将货物装卸完，致使船舶在港内停泊时间延长，给船方造成经济损失，则延迟期间的损失，应按约定每天若干金额补偿给船方，这项补偿金叫滞期费。按惯例，速遣费一般为滞期费的一半。速遣费和滞期费通常约定为每天若干金额，不足一天，按比例计算。

3) 集装箱管理服务

主要工作包括：集装箱的进出口申报手续；联系安排装卸、堆存、运输、拆箱、装箱、清洗、熏蒸、检疫；集装箱的建造、修理和检验；集装箱的租赁、买卖、交接、转运、收箱、发箱、盘存、签发集装箱交接单证等。

集　装　箱

集装箱是用于运输的标准化容器的总称。它能使货物运输单元化。除一般的集装箱外，还有冷冻集装箱、敞顶集装箱、敞开式集装箱等。

1966年，美国的海运公司在大西洋航线开始进行集装箱运输。此后，集装箱运输开始逐渐普及。

4) 船舶及船员综合服务

主要工作包括：船舶检验、修理、烤铲、油漆、熏蒸、洗舱、扫舱以及淡水、饮食、物料等供应船舶备件的转递；办理船员登岸及遣返手续等；洽购船用物资；代办船员护照、领事签证；联系申请海员证书，安排船员就医、调换、遣返、参观旅游、交通车、船接送；申请银行服务；港口运作情况、政府政策规定及当地市场信息等的咨询服务等。

6.4.2 船舶代理信息系统业务流程分析

船代公司在整个船代业务进行的过程中基本上是与托运人、船东、收货人三种当事人往来，围绕各个不同的当事人，船代公司主要处理进出口代理以及与进出口代理相关发生的各种业务。船舶代理的业务主要包括：船代进出口单证，箱量管理，船舶配载；管理船代理发生的各项业务费用，提供审核、结算、核销、制作凭证等功能，代理委托方到港船舶各项业务，办理单证；代理委托方到港船舶港使费结算统计，生成各相关的报表和资料；为集装箱主管理各港口、码头、堆场的在场资料及其动态，为集装箱经营人提供准确的资料，支持集装箱调度和配箱。

船舶代理业务流程如图 6-13 所示。其中每个具体的业务都以船期为主线，共用基础数据，业务之间其他的方面联系较弱。因此，船舶代理管理信息系统可以根据其业务的不同，相应设计出不同业务的各个子系统。各子系统都有自己所要求的输入单据，然后生成自己需要输出的报表，从而完成整个船舶代理。

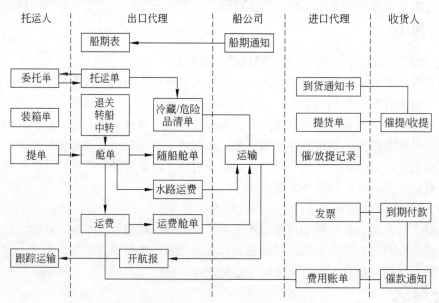

图 6-13 船舶代理业务流程

（1）委托单。在该系统中是货主（代）委托船代运输货物的书面单据。

（2）装箱单。装箱单是货物的装箱明细表。在该系统中是描述提单、集装箱，货物对应关系的单据。

（3）退关。已申报出口的货物经海关验查后，因故未能装入出境运输工具而出的单据。

（4）转船。由于某种原因，在装运港到卸货港的海运过程中，将货物从一船卸下并再装上另一船的运输方式。

（5）中转。货物当前所在的船不能把货物运到目的地，在中间某一港口转到另一条船上运到目的地。

（6）提单。用以证明海上货物运输合同和货物已经由承运人接收或已装船，以及承运人保证据以交付货物的单证。提单中载明的向记名人交付货物，或者按照指示交付货物，或者向提单持有人交付货物的条款，构成承运人据以交付货物的保证，提单在业务联系、费用结算、对外索赔等方面都有重要的作用。

（7）承运人。接受委托，从事货运运输或者部分运输的人或是组织，在本系统中指船公司。

（8）收货人。货物的接收者，有权提取货物的人。

（9）托运人。将货物交给与海上货物运输有关的承运人。

（10）到货通知书。通知收货人或被通知人货物已到达的书面单据。

（11）申报单。船舶要停靠某一港口时，向港口所在的管理机关提出的书面申请材料，有进出口申请书、货物申报单、船用物品申报单、船只申报单、船舶检疫申报单、危险品申报单等。

（12）催/放提。催提单和放提单。

（13）电放行为。船东在得到托运人指示后，在收回其已签发的提单情况下，用电话或传真形式指令其在目的港代理人将货物放给提单中所标的收货人的行为。

班 轮 运 价

班轮运价是按照班轮运价表的规定计算，为垄断性价格。不同的班轮公司或不同的轮船公司有不同的运价表，但它都是按照各种商品的不同积载系数、不同的性质和不同的价值结合不同的航线加以确定的。班轮运费是由基本费率和附加费（如果有规定）两个部分构成的。所以，一些港口如果只查到基本费率，不一定是实际计算运费的完整单价。

基本费率（Basic Rate）是指每一计费单位（如1运费吨）货物收取的基本运费，即航线内基本港之间对每种货物规定的必须收取的费率，也是其他一些按百分比收取附加费的计算基础。基本费率有等级费率、货种费率、从价费率、特殊费率和均一费率之分。

附加费（Surcharges）是指为了保持在一定时期内基本费率的稳定，又能正确反映出各港的各种货物的航运成本，班轮公司在基本费率之外，为了弥补损失又规定的各种额外加收的费用。主要有：①燃油附加费（B.A.F.）。在燃油价格突然上涨时加收。②货币贬值附加费（C.A.F.）。在货币贬值时，船方为使实际收入不致减少，按基本运价的一定百分比加收的附加费。③港口拥挤附加费（THC）。有些港口由于拥挤，船舶停泊时间增加而加收的附加费。④直航附加费（Direct Additional）。当运往非基本港的货物达到一定的货量时，船公司可安排直航该港而不转船时所加收的附加费。⑤超重附加费（Heavy Lift Additional）、超长附加费（Long Length Additional）和超大附加费（Surcharge of Bulky Cargo）。当一件货物的毛重或长度或体积超过或达到运价本规定的数值时加收的附加费。

⑥港口附加费（Port Additional or Port Suecharge）。有些港口由于设备条件差或装卸效率低或其他原因，船公司加收的附加费。⑦转船附加费（Transhipment Surcharge）。凡运往非基本港的货物，需转船运往目的港时，船方收取的附加费，其中包括转船费和二程运费。⑧选港附加费（Optional Surcharge）。货方托运时尚不能确定具体卸港地，要求在预先提出的两个或两个以上港口中选择一港卸货，船方加收的附加费。⑨变更卸货港附加费（Alternational of Destination Charge）。货主要求改变货物原来规定的港，在有关当局（如海关）准许，船方又同意的情况下所加收的附加费。⑩绕航附加费（Deviation Surcharge）。由于正常航道受阻不能通行，船舶必须绕道才能将货物运至目的港时，船方所加收的附加费。

6.4.3 船舶代理信息系统功能

船舶代理管理信息系统主要包括六个业务子系统以及必不可少的财务系统接口。其中六个业务子系统分别为船务信息管理系统、航次结算系统、出口单证系统、出口运费系统、进口单证系统、集装箱管理系统。功能结构与组成如图 6-14 所示。

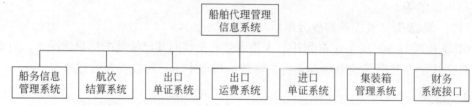

图 6-14　船舶代理管理信息系统的功能结构与组成

1. 船务信息管理系统

通常船务信息管理系统是对船舶的进出口申报、船舶委托方、船舶装卸货、船舶的各种动态、船舶基础资料及有关船舶的各种数据进行管理的综合信息管理系统，其主要功能模块见表 6-5。根据不同的用户级别，可以访问不同层次的菜单项。用户可以查看、删除、修改或添加新记录；对各种不同的数据进行查询、统计；在菜单可打印各种需要的报表；管理菜单为管理信息系统提供了快捷明了的方式。如果在使用过程中遇到问题，

表 6-5　船舶代理管理信息系统的功能

功能模块	功能特点
文件模块	登录系统后，在文件菜单中通过鼠标进行选取、确认，即可进行关闭窗口、打印设置、重新登录、退出等操作
业务处理模块	围绕船务信息管理的各项业务，实现制作委托确认单，委托方管理，登记船舶规范，登记航次/委托方/货物，制作抵港单，制作申报单，制作船舶通知单，制作进口计划报表，制作靠泊单，制作动态单，船舶计划调度，制作离港单等操作
报表模块	针对业务流程，生成各种报表，并进行操作管理，包括船舶动态表、装卸事实记录、装货准备就绪通知单、卸货准备就绪通知单等
查询统计模块	提供各种查询统计的方法，包括船舶基础台账、按委托方查询代理船舶、按时间查询代理船舶、按时间/货类统计代理货量及组合查询等
管理模块	提供用户管理、应用管理机组应用管理、权限管理及基础代码管理等

可以通过系统的"帮助"功能得到恰当的帮助或提示。

2. 航次结算系统

航次结算系统是船舶代理企业进行船舶往来费用分配、船舶费用输入、船舶代理费和杂费制作、船舶使用费结账及账单打印和相关查询的管理信息子系统，它主要完成航次结算的全部业务流程，主要模块功能见表 6-6。

表 6-6　航次结算系统的主要模块功能

功能模块	功能特点
文件模块	登录系统后，在文件菜单中通过鼠标进行选取、确认，即可进行关闭窗口、打印设置、重新登录、退出等操作
船期模块	将船务系统的有关船名、航次数据引入本系统，并可以修改相关数据，这些数据是制作各种账单的主要依据
结算模块	针对航次结算的业务，进行各种录入费用、制作账单等操作，包括按船名、航次录入费用，按收费方录入费用，批费用汇总打印，制作凭证，制作代理账单，制作杂费账单，制作航次账单，航次账单管理，预售船舶备用金录入，港口使用费估算，等等
查询模块	提供各种查询统计操作，进行往来对账单查询，航次账单查询，代理费账单，港口使用费查询，杂费账单查询，委托方欠费查询；代理费统计；制作船舶使费汇总表，费用支付统计表，航次结船准期率，催款通知单，结船未结船清单等操作
管理模块	提供用户管理、组管理、应用管理及组应用管理、权限管理并对基于代码、港口使用费项目代码进行管理等，还可以进行财务接口方案定义及格式定义

3. 出口单证系统

出口单证系统是用于处理海运代理出口单证的软件系统，对海运代理业务中可能发生的各种出口单证业务情况进行处理。主要模块功能见表 6-7。

表 6-7　出口单证系统的主要模块功能

功能模块	功能特点
文件模块	登录系统后，在文件菜单中通过鼠标进行选取、确认，即可进行关闭窗口、打印设置、重新登录、退出等操作
船期模块	用户可以对船期表各项内容进行数据录入、修改、删除、查询和打印等操作。该模块对船代码、离港时间等数据项进行校验，并支持多承运人的海运操作模式
单证模块	用户可以针对业务进行各种单证操作，包括对委托单的操作，浏览订舱数据，进行整箱或拼箱操作，按提单号录入海运费用，按船名、航次将某票提单退关或转储，将两个船名、航次间的提单互转重新配载，录入某船名、航次的中转信息，编辑、打印和管理电放提单信息，导入 EDI 报文，导入订舱报文，导入装箱报文，处理船图报文，等等
报表模块	对各种报表单据进行处理、打印等操作，包括打印场站数据，对某一航次的预配集装箱信息进行统计，制作开航报表，制作并打印各种单据，包括提单、托运单、水路运单、装箱单、集装箱清单、随船舱单、冷藏品清单、危险品清单、货代委托数据清单、转集装箱清单、通用报表等
查询模块	提供各种查询统计操作，进行组合条件查询，自定义查询。主要查询功能包括：单船箱号、箱量查询，单船分港箱量统计，单船货代、箱量统计，按航线、箱主、航次统计箱量，单船挂靠港查询，按提单号查询，按箱号查询，按时间段查询箱量，按港口查询，按货代查询，特价号执行情况

续表

功能模块	功能特点
EDI 导入/输出	为减少录入工作量、避免录入错误、方便各分散系统间交换数据，系统可以采用 EDI 实现数据交换。涉及的格式有：COSCOED13.1 报文、交通部报文、OOCI 报文、海关 EDI 报文，涉及的单证有：定舱数据、装箱数据、船图数据、报关数据、COSCO 约定报文、OOCI 约定报文
管理模块	提供用户管理、组管理、应用管理及组应用管理、权限管理及基础代码管理，还可以进行场站收据格式维护、提单格式维护、通用格式维护

另外，该系统提供了"无限制"提单格式报表，即用户可定义、修改、删除和维护提单格式；该系统还提供了强大的查询和统计报表功能，用户可按各种组合条件对所需数据进行处理。

4. 出口运费系统

出口运费系统是针对出口货物运费结算业务而编制的。系统可以实现与账务处理系统平滑接口，同时提供了多种操作方法，如菜单命令、导航工具条、快捷键等。

该系统包括输入船名航次、输入船舶费用、费用审核、发票制作、费用核收、应收账龄分析、生成财务接口数据、信息查询、发票打印等功能，见表 6-8。

表 6-8 出口运费系统的主要模块功能

功能模块	功能特点
文件模块	登录系统后，在文件菜单中通过鼠标进行选取、确认，即可进行关闭窗口、打印设置、重新登录、退出等操作
船期模块	用户可以对船期表各项内容进行数据录入、修改、删除、查询和打印等操作。在船期表中可输入船期的基本信息，包括船名、航次、航线、预抵时间、抵港时间、离港时间等，在此可以输入此航次下的多委托方信息
费用模块	用户针对业务可以进行各种费用的录入、审核，并生成发票及进行发票管理和控制，还可进行发票费用核收、应收账龄分析，并根据发票信息生成财务接口数据，而且可以进行手工发票管理
报表模块	对各种报表单据进行处理、打印等操作，包括海运费结算表、应收费用明细表、应付费用明细表、费用分类统计表。箱量、货量及收入统计表、发票清单、应收账龄清单、手续费汇总表、月度揽货明细表、集装箱部运费明细表、国内代理出口运费结算清单、国内代理出口运费结算汇总清单
管理模块	包括权限管理、修改口令、应收账龄初始余额、财务接口方案定义、财务接口格式定义及基础代码管理等系统管理功能。基础代码管理包括货名代码、货类代码、承运人代码、客户代码、港口代码、运费代码、国家代码、船舶规范、装箱方式等

另外，该系统提供了"无限制"提单格式报表，即用户可定义、修改、删除和维护提单格式；该系统还提供了强大的查询和统计报表功能，用户可按各种组合条件对所需数据进行处理。

5. 进口单证系统

进口单证系统软件可完成提货单数据（包括托运信息、货物信息、装箱信息、运费信息等）的录入、修改，可记录催提、放提等情况，可打印到货通知书、提货单、提单、舱单等报表，并可按各种条件查询系统信息。该系统设有灵活的报表格式调整功能，无限级的权限设置。主要模块功能见表 6-9。

表 6-9 进口运费系统的主要模块功能

功能模块	功能特点
文件模块	登录系统后，在文件菜单中通过鼠标进行选取、确认，即可进行关闭窗口、打印设置、重新登录、退出等操作
船期模块	用户可以对船期表各项内容进行数据录入、修改、删除、查询和打印等操作。包括船名、航次、航线、预抵时间、抵港时间、离港时间、承运人等数据
单证模块	用户可以针对业务进行各种单证操作，包括对提货单的操作，对装箱情况、到付运费、催提情况、放提情况的操作，对进口电子船图管理，进行校验数据，生成理货船图等操作
报表模块	对各种发票、到货通知单、提单、舱单、进口货物清单、随船舱单、运费舱单、装箱清单，按提单号打印箱号，未放提清单，签单费发票，到付运费发票等各种报表单据进行处理、打印等操作
查询模块	提供各种查询统计的方法，进行按提单号查询，按箱号查询，按货名查询，按户头查询，签单费查询，到付运费查询，等等
管理模块	提供用户管理、组管理、应用管理及组应用管理、权限管理及基础代码管理，还可进行站场收据格式维护、提单格式维护、通用格式维护

6. 集装箱管理系统

集装箱管理系统是一个对不同船公司、不同集装箱公司箱体动态进行跟踪的管理系统。从卸船动态开始，对拆空、转移堆场、重新装箱、装船，最后又到卸船，形成一个循环往复的过程。该系统主要对本地的业务管理进行强化处理，提供方便快捷的查询和数据丰富的报表；直接制作和打印设备交接单和滞期费，从进出口单证和堆场报文中直接导入数据，极大地减少用户输入的数据量，同时提高数据准确性，对不同用户实现权限管理，利于多用户分工操作。主要模块功能见表 6-10。

表 6-10 集装箱管理系统的主要模块功能

功能模块	功能特点
文件模块	登录系统后，在文件菜单中通过鼠标进行选取、确认，即可进行关闭窗口、打印设置、重新登录、退出等操作
动态处理模块	在此菜单下，可进行船名航次登记，动态批量输入、动态单箱输入、多箱动态修改删除、当前历史动态转换等处理
EIR 管理模块	管理 EIR（Equvuiment Interchanse Receipt，设备交接单）。用户可对进口设备交接单、出口设备交接单进行修改、查询、打印等操作
费用模块	对滞期费计算以及对滞期费查询
查询报表模块	提供各种查询统计的方法，进行单箱动态查询，综合查询，动态逻辑校验，通用查询，月报，周报，盘存报，盘存校验，超期箱报
通信模块	进口单证数据转入，出口单证数据转入，堆场数据转入
管理模块	提供用户管理、组管理、应用管理及组应用管理、权限管理及基础代码管理，还可进行站场收据格式维护、提单格式维护、通用格式维护

7. 财务系统接口

财务系统接口是针对船舶代理业务系统与账务处理系统平滑接口而编制的。该接口包含在业务系统的出口运费系统和航次结算系统中，支持多种账务处理系统（例如用友、金蝶等）。财务系统接口包括接口方案定义、接口格式定义、制作凭证等功能。

1）财务接口方案定义

在接口方案定义中，可进行财务接口方案的增加、删除、修改等操作。

2）财务接口格式定义

在接口格式定义中，可选择各种输出文件类型和定义输出文件首行记录的具体内容、定义文件各字段的类型和长度。

3）制作凭证

在业务系统中，可依据业务数据生成接口凭证数据，并按要求保存在指定的目录下。接口文件可以是文本文件或数据库表格文件。

本 章 小 结

公路货运信息管理涉及货物跟踪管理、货运车辆运行管理和现代物流实时跟踪管理过程中要了解的货运信息，以及由于不同公路货运方式的业务流程有一定的差异，其货运信息的类别和量也有一定的差异。要根据企业业务需要开发适合企业运输的信息系统。

配送中心信息系统的应用与否，直接影响物流企业的竞争能力。通过案例使我们了解到配送中心信息系统的基本功能和作用，了解配送中心作业流程和信息处理要求。

船舶代理信息管理涉及船务信息、航次结算信息、出口单证信息、出口运费信息、进口单证信息、集装箱信息等方面，这部分内容以泛华讯船舶代理管理系统系列软件为例，详细介绍了此类软件的功能及其在实际业务中的应用状况，有助于对船舶代理运营中的信息管理有一个清晰的认识。

思考与练习

一、填空题

1. （   ）主要是货物的追踪管理和车辆的运行管理。
2. 运输有（   ）、（   ）、（   ）、（   ）、（   ）五种方式。
3. 公路货物运输方式主要有：（   ）、（   ）、（   ）、（   ）。
4. （   ）运输一般为定线路发运。
5. 根据已经生成的任务表制作（   ），并及时地将派车单交给当班的（   ），实施运输计划。

二、判断题

1. 智能化交通车辆调度和综合信息服务的基本原理是，利用 GSM 的短消息功能和数传功能将目标的位置和其他信息传送至主控中心，在主控中心进行地图匹配后显示在 GIS 监视器上。　　　　　　　　　　　　　　　　　　　　　　　　　　（　　）

2. 配货作业的准确率和效率与商品的保管方式、区域设置、作业指示方法、作业通道设计、配货数量等要素密切相关。（　　）

3. 拣货预处理是操作员对照选货单，操作系统，生成包含货址、发送地等条形码信息的拣货标签，打印出来供操作员进行作业。（　　）

4. 拣选正确的货物，直接进入分店装箱；拣货错误的货物，形成拣货错误通知单，流转到拣货差错处理模块。（　　）

5. 装车是在接到订单后，将货物按特性进行分类，以分别采取不同的配送方式和运输工具。（　　）

6. 车辆配载要解决的问题是安排什么类型、吨位的配送车辆进行最后的送货。（　　）

7. 通知收货人办理提货手续主要包括：发到货通知、货物催提通知。（　　）

8. 根据客户的配送顺序先后，将货物依"先送先装"的顺序进行货物的装车作业。（　　）

9. 接受客户的委托前，揽货人员应详细填写业务联系单的有关内容（直接向市场部客户服务人员订舱的委托不用填写）。（　　）

10. 审单及签发提货单主要包括：提单审核、正本提单的回收。（　　）

三、单项选择题

1.（　　）、公路、铁路、航空四种运输方式，运输作业可分为集货承运、运送、送达交付三个环节，运输信息是指在运输业务三个环节所发生的信息，主要的基础信息是产生并证明运输活动发生、完成的各种单据。

　　A. 水路　　　　　B. 管道　　　　　C. 太空　　　　　D. 汽车

2.（　　）运输业务主要包括接受托运申请、提取空箱、装箱、箱货交接、办理交接手续等。

　　A. 水路　　　　　B. 集装箱　　　　C. 零担运输　　　D. 整车运输

3. 对运输车辆的信息，主要包括车辆的一些基本属性，如载重大小、运行年限、随车人员的要求以及是否（　　）等。

　　A. 监押车辆　　　B. 监控车辆　　　C. 监督车辆　　　D. 监管车辆

4.（　　）系统根据货物情况、货箱情况和车辆情况，自动计算生成配载方案。

　　A. 数量计算　　　B. 重量计算　　　C. 车辆数量　　　D. 配载计算

5.（　　）是由基本费率和附加费（如果有规定）两个部分构成的。所以，一些港口如果只查到基本费率，不一定是实际计算运费的完整单价。

　　A. 数量计算　　　B. 重量计算　　　C. 班轮运费　　　D. 配载计算

四、简答题

1. 什么是运输管理信息系统？
2. 公路货物运输方式有哪些？
3. 公路运输管理信息系统的主要模块功能有哪些？
4. 什么是货运代理管理信息系统？
5. 货运信息主要包括哪些内容？

五、论述题

1. 简述货运代理业务管理系统有哪些功能。
2. 简述配货子系统有哪些功能。
3. 简述集装箱管理系统有哪些功能。

六、案例分析

联想物流：信息化带来高效益[①]

经过多年努力，联想企业信息化建设不断趋于完善，目前已用信息技术手段实现了全面企业管理。

1. 信息流带动下的物流系统

借助联想的 ERP 系统与高效率的供应链管理系统，利用自动化仓储设备、柔性自动化生产线等设施，联想在采购、生产、成品配送等环节实现了物流与信息流实时互动与无缝对接。

2. 快速反应与柔性生产

过去，企业先要做计划，再按计划生产，这是典型的推动型生产模式。现在，按订单生产的拉动型模式已为许多企业所采用。联想的所有代理商的订单都是通过网络传递到联想的。只有接到订单后，联想才会上线生产，在 2~3 天内生产出产品，交给代理商。与其他企业不同的是，联想在向拉动型模式转化的过程中，并没有 100%采用拉动型，而是对之加以改造，形成"快速反应库存模式"下的拉动型生产。

3. 协同工作，实现共赢

在供应链中，各个供应商就像安装在大链条上运作的每个小齿轮，只要其中一个齿轮脱节，就会影响整个供应链的工作效率。一条富于竞争力的供应链要求组成供应链的各个成员都具有较强的竞争力。基于此管理思想，联想致力于与供应商协同工作，达到双赢。

联想参照国际企业的做法对供应商提要求，并使之不断系统化、科学化。一般联想每周或每两周为供应商提供未来 12~16 周的滚动要货计划，协助供应商按此计划备货。

目前，联想采购物流主要有三种供货方式：

（1）JIT 方式：联想不设库存，要求供应商在联想生产厂附近（一般距离厂区 20 min 车程）设立备货仓库（国外叫 hub），联想发订单，供应商当天就能送货上门。

（2）联想自己负责进货：例如，原材料供货到联想设在香港的仓库，联想再负责报关、运送到生产厂，随着优惠政策的减少，这种方式所占比例越来越小。

（3）通过第三方物流：供应商委托专业物流公司运货到联想。

今后，第（1）、（3）两种方式会越来越常见，物流外包已是大势所趋。

4. 追求客户满意度

现代企业已从追求销量转为追求客户满意度。只有最大限度地满足客户需求，企业才会获得长足发展。联想计算机的销售系统正是在这一指导思想下运作的。

销售一直是联想的强项，这与联想渠道建设的成功密不可分。随着业务在全国范围

[①] 资料来源于 NOS 供应链实训软件的素材库，作者进行了整理。

不断扩展，联想的销售网也越"织"越密。目前，联想除北京总部外，在国内还设有深圳、上海、广东惠阳分部，在武汉、成都、西安、沈阳设有外埠平台，在国外设有欧洲、美洲、亚太等海外平台。分布在全国各地的 3 000 个销售点、500 多个维修站，是联想业务发展的基础。

5. 新世纪的新联想

目前，新联想最具优势和战斗力的就是拥有一个被其他企业羡慕不已的管理平台。以下一组数据有力地证明了乔松的感观：ERP 系统实施后，联想平均交货时间从 15 天降到 5.7 天，存货周转天数从 35 天降为 19.2 天，应收账从 23 天减为 15 天，订单人均处理量从 13 个增加到 314 个；此外，供货满意率、交货准确率等新的评价指标也得到优化。总之，联想的物流效率提高了，物流成本下降了，市场竞争力增强了，客户满意度有了明显提高。

2014 年联想的目标是，实现销售收入 260 亿元，计算机销量 400 万台，到 2015 年，整个集团营业额将达到 600 亿元。

新联想的未来是美好的。信息系统的实施，为联想的再次腾飞插上了翅膀。

讨论

1. 信息化技术给联想带来什么好处？
2. 分析联想应用信息技术的效益。

第 7 章

客户管理信息系统

学习目标

通过本章的学习,要求掌握客户管理信息系统的有关概念、特征,了解客户管理信息系统业务流程、了解客户管理业务相关信息,懂得如何进行客户管理,掌握客户管理信息系统的功能。

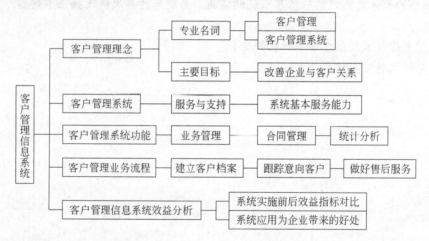

新加坡航空公司——保持优质的服务

新加坡航空公司(SIA)是一家获国际认可的,世界一流的航空公司。新加坡航空公司希望在任何时候、任何方面,公司都比竞争对手好一点点。

1. 提供优质的服务

新航女郎是公司的标志,公司为她们而感到骄傲,公司将一直在提高她们的技能。然而,公司不只是集中在新航女郎上。航班的服务可以分为很多不同的部分。公司必须使任何一个部分都达到优质的标准,公司不仅仅只是在商务舱提供最好的座椅给乘客使用。公司希望提供最好的客舱服务、最好的食物、最好的地面服务,这些就和提供最好的座椅一样,而且价格不能太高。

2. 培训是提供优质服务的保障

新加坡航空公司深知，只有对员工进行全方位的培训，才能增强员工的满意度，只有这样才能使员工提供真正优质的服务给顾客。培训是必须的，每个人都要接受培训。公司对员工发展的投资不会受经济波动的影响。

在新加坡航空公司，对待培训几乎到了虔诚的程度。公司相信，任何时候，不管你有多老，你都能学习。所以对于公司来说，包括高级副总裁，都要经常被送去培训。公司每个人都有一个培训计划。

在新加坡航空公司，人是一个很重要的因素，所以公司采用了全面的、整体的方法来发展它的人力资源。从本质上来讲，有两类培训：职能培训和一般管理培训。职能培训是训练员工具体工作的技能，让他们在技术方面有足够的能力和信心。新加坡航空公司有几个培训学校，专门提供几个核心的职能培训：机舱服务、飞行操作、商业培训、IT、安全、机场服务培训和工程。新加坡航空管理发展中心（MDC）负责提供一般管理培训。这种培训主要关注软技能，是集中进行的。这样，工程师、IT 专家和市场人员等都能聚在一起。他们一年能培训 9 000 个员工，而且以动态和专注于培训而闻名。

将近 70% 的培训课程是在内部完成的，比如机舱服务和商业培训。有时会邀请乘客来分享他们的经历，帮助员工学习。对于一些服务方面的培训，还请了一些"培训员"。他们亲自到一线去观察实际情况，然后回来为员工做培训。对于一些一般的管理培训，可以请一些咨询顾问、大学教授等这些"来访师资资源"。

新加坡航空公司最近一次优质服务创新叫作客户服务转型（TCS），涉及了五个核心职能部门的员工，其中有机舱服务、工程、地面服务、飞行操作和销售支持。为了确保客户服务转型文化在全公司内发扬，公司还加入了管理培训的内容。管理发展中心把员工召集起来，进行了一次为期两天，题为"TCS 职能部门的战略协同"的培训课程。这个课程是关于如何在关键职能部门的员工中建立一种团队的精神，这样可以让团队充分合作，使整个为乘客服务的过程令人愉快，而且尽量衔接紧密。

3. 帮助员工处理来自客户的压力

因为新加坡航空在优质服务方面享有盛誉，而且一直在努力不断地提高，其客户可能对公司有很高的期望而且要求很苛刻，这样就会给一线员工造成很大的压力。因此，公司要帮助他们处理因为给顾客提供其满意的服务而带来的情绪上的波动。同时，公司也要确保员工不会产生被人利用的感觉。新加坡航空公司的挑战是如何帮助员工处理一些艰难的情况和一些贬责的话，"这将是公司下一步培训的重点"。

4. 沟通和激励

新加坡航空公司认为，要鼓励员工为乘客提供好的服务，就必须和员工有良好的沟通。公司定期举行全公司的大会和简会，告诉员工公司最近的情况。公司内部的时事通信和公告也加强了信息的传递。在定期的员工会议上，鼓励经理和员工之间相互交流。假如公司在机场换票处新添了一项服务，公司会在事前、事中和事后都会告诉大家。公司还会和大家讨论这项新服务的重要性和它的价值，以确保每一个员工都知道公司在做什么，为什么这样做。这也使员工在做事的时候有自豪感。

公司还利用非物质奖励来鼓励优秀的服务人员。时事通信会和大家分享和表扬优秀的服务。公司设法去表扬那些做得很优秀的员工。每年，公司都会颁发"副主席奖"（Deputy Chairman's Award）。这也是高级管理层感谢那些优秀员工的一种方式。表扬是非常重要的。在背后轻轻地拍一下，在时事通信上一个好的庆祝、相片和捧场文章都可以表示公司的表扬。公司会为那些赢得了很多乘客称赞的员工颁发一个特别的奖章，会表扬那些优秀员工所作出的贡献。

分析
1. 新加坡航空公司是如何使优质服务有形化的？
2. 新加坡航空公司是如何实现内部员工满意度的？
3. 如果你是该公司的营销经理，该如何设计服务过程？
4. 客户关系管理有何意义？

7.1 客户管理信息系统概述

客户管理是一种旨在改善企业与客户之间关系的新型管理机制，它实施于企业的市场营销、销售、服务与技术支持等与客户有关的领域。

7.1.1 客户管理的产生与内容

1. 客户管理的产生

客户关系管理（Customer Relationship Management，CRM），简称客户管理，是一种管理理念，CRM 起源于西方的市场营销理论，产生和发展在美国。最早产生于 20 世纪 80 年代初，由于市场竞争的加剧和以开发新客户为主的销售成本的不断提高，企业开始注意到长期客户关系对于企业的重要性，企业销售人员从单纯追求销售额转向追求发展客户关系。在此阶段，服务营销、关系营销等成为营销理论和实践的发展重心，并得到企业的广泛重视和推广。

进入 20 世纪 90 年代，美国及欧洲市场竞争更使众多大企业认识到了营销战略制定者最关心的应该是长期客户关系的管理。企业战略优势的获得，源自于互动关系方法的采用，即对客户关系生命周期的管理，而不是对产品生命周期的管理。从此，对客户关系管理的技术研究迅速展开。

市场营销作为一门独立的管理学科，至今已有近百年的历史。近几十年来，市场营销的理论和方法极大地推动了西方国家工商业的发展，深刻地影响着企业的经营观念及人们的生活方式。尤其是信息技术的长足发展为市场营销管理理念的普及和应用开辟了广阔的空间。以客户为中心、视客户为资源，通过客户关怀实现客户满意度等是这些理念的核心所在。

2. 客户管理系统概念

客户管理（CRM）系统包括：Internet 和电子商务、多媒体技术、数据仓库和数据挖掘、专家系统和人工智能、呼叫中心以及相应的硬件环境，同时还包括与 CRM 相关的专业咨询等集成管理的系统。作为一个应用软件系统，CRM 凝聚了市场营销等管理科学的核心理念。市场营销、销售管理、客户关怀、服务和支持等构成了 CRM 系统模块的基石。

3. 客户关系管理的内容

目前客户关系管理的内容没有一个统一的范围，一般通过图 7-1 所示的客户关系管理来表示。

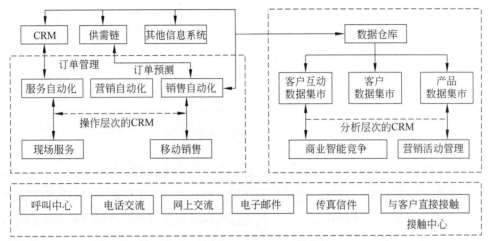

图 7-1　客户关系管理

由图 7-1 可以看到，客户关系管理的内容主要包括：

（1）以客户为中心，实现对与客户有关的销售、营销和客户服务三部分业务流程的信息化。

（2）与客户进行沟通所需要手段的集成和自动化处理。这些沟通手段包括网络、电话、传真、E-mail、直接接触等。

（3）对上面两部分功能所积累下来的信息进行加工、处理，产生客户智能，为企业战略决策提供支持。

当前物流领域中出现的 CRM 产品，均是图 7-1 所示客户关系管理内容的子集。

7.1.2　客户管理的目标和意义

1. 客户关系管理的目标

通过图 7-2 所示的客户关系管理目标示意图，可以将客户关系管理要解决的具体问题归纳如下：

（1）管理客户资料。将零散、不集成的客户资料集中管理，可以及时、准确地了解老客户和新客户的准确信息。

（2）提高销售额。利用 CRM 系统的跟踪、管理销售机会，确切了解客户的需求，增加销售的成功率，进而提高销售收入。同时，通过新的业务模式（电话网络）扩大企业经营活动范围，及时把握新的市场机会，占领更多的市场份额。

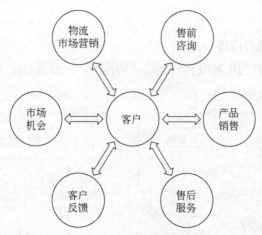

图 7-2　客户关系管理的目标

（3）提高客户满意程度。CRM 系统提供给客户多种形式的沟通渠道，同时又确保各类沟通方式中数据的一致性与连贯性，利用这些数据，销售部门可以对客户要求作出迅速而正确的反应，让用户在对购买产品满意的同时也认可并愿意保持与企业的有效沟通关系。客户可以自己选择喜欢的方式，同企业进行交流，方便地获取信息，以得到更好的服务。客户的满意度得到提高，可帮助企业保留更多的老客户，并更好地吸引新客户。

（4）降低市场销售成本。利用 CRM 的数据挖掘和分析功能可以分地区、分类别等进行分析，从而辅助企业进行决策，使企业进行市场推广和选择销售策略时，避免了盲目性，节省了时间和资金。

（5）提高工作效率。通过采用信息技术，可以提高业务处理流程的自动化程度，提高企业员工的工作能力和效率，并有效减少培训需求，使企业内部能够更高效地运转。同时，利用 CRM 系统，可以了解员工每天的工作情况，及时得到员工的合理建议，修改公司的销售策略，使公司获得更多的利润。

（6）资源共享。利用 CRM 系统可以实现资源共享，使企业能在涉及跨部门的业务时，协调好各部门的运作。

交 货 率

交货率是实际交货数占已订货数的比例。这一指标一般是作为评价采购管理或者供货厂商物流服务的精度和物流服务能力的指标而采用的。它是顾客衡量物流服务水准的指标之一。

交货率低的主要因素有：由缺货、工作失误而造成商品的种类、数量的差错；配送途中的商品破损；发票制作时的错误，等等。

2. 实施客户关系管理的意义

（1）物流服务不仅仅指物流实体作业活动本身，还包括怎样提高服务质量的管理活动。具体形式有：提供交易前作业流程介绍资料，提供电话或面对面的咨询等服务；提供交易中准确的库存信息、订货信息、交货日期等；交易后产品跟踪，客户的抱怨、投诉和退货等要素。这些服务处理正是通过客户关系管理中的销售管理、服务与技术支持管理、现场服务管理、市场营销、呼叫中心管理等子系统来完成的。

（2）通过客户管理系统对客户信息进行分析：通过与客户接触交流合作，建立客户资料，分析筛选包括客户的反馈焦点意见、产品特性和性能、销售渠道、需求变动等，并对客户的行为、客户的需求进行分析预测，从而能帮助企业管理者更全面地作出决策，改善和发展企业与客户的协同关系，发展与客户的长期战略关系，为客户提供个性化服务，提高客户服务水平。

（3）通过客户关系管理，向企业的生产、销售、市场和服务等部门和人员提供全面的个性化的信息，强化跟踪服务和信息分析能力，建立与客户的协同互动关系，为客户提供高质量及时的服务。

（4）通过客户关系管理，建立与客户共享的信息平台，为客户提供良好的交流工具。客户能够通过信息平台，获取足够的信息和服务，包括用户注册、填报运输计划、更改到站、完成运输合同、查询货物等。

（5）客户关系管理是电子商务成功的关键环节。现在的客户，包括个人和团体企业都要求企业更多地尊重他们，在服务的及时性、质量等方面都提出了更高要求。在电子商务环境下的竞争优势，很大程度上将取决于对其客户的了解程度以及对客户需求的反应能力，企业应通过管理客户间的互动，改变管理方式和业务流程，减少销售环节，降低销售成本，争取客户、提高客户价值，实现最终经济效益的提高。

（6）客户关系管理中，要充分发挥互联网的作用。企业有许多同客户沟通的方法，例如，面对面的接触、电话、普通邮件、Internet、通过合作伙伴进行的间接联系等。其中，发挥最重要作用的是现代互联网络。网络不仅改进了信息的提交方式、加快了信息的提交速度，而且还简化了企业客户服务过程，使企业向客户提交与处理客户服务的过程变得更加方便快捷。

（7）通过客户关系管理提供个性化服务尤其重要。个性化的客户关系管理不仅可以使企业更好地挽留现存的客户，而且还可以使企业找回失去的客户，凭借客户管理的智能客户管理，为客户提供想要的个性化服务，从而提高客户满意度和忠诚度，为企业带来忠实而稳定的客户群。

7.1.3 客户管理系统主要完成的工作

1. 数据收集

获取、整理和管理从内部与外部获得的客户数据，如姓名、个人资料、爱好、交易记录以及其他行为。

2. 数据分析

利用收集到的数据来探索客户的行为方式和预测客户交往可能产生的盈利。

3. 优化

面对大量的客户、产品和渠道的组合，帮助企业决定怎样以最佳的方式配置有限的用于客户活动的资源，以达到特定的预期目的（如实现更高的投资收益率）。优化的结果是提供一个强有力的工具，帮助市场营销人员确认哪些是目标客户、应该在他们身上投入多少资源、通过什么渠道跟他们建立联系、不同的客户活动应该提供什么样的产品，从而达到最佳的效果。

4. 个性化

通过内容的调整来产生客户化的、一对一的交流。个性化的内容包括：在与客户交往的时候掌握单个客户的信息和偏好，提供实时的产品和服务的组合，以及产生针对特定客户的对话内容来指导客户服务人员与客户的交流。非营销人员能够通过客户经理在 CRM 中记录的资料了解到老客户的一些情况、了解业务客户的特点，从而能够吸引新客户和留住老客户，做到对客户的全面关心和服务。这种立体式的服务一旦形成服务体系，就能使客户对这种服务产生认同。

7.1.4 物流客户信息收集与整理

物流客户信息的内容，是企业利用科学的统计方法收集的企业内部上流程和下流程、内部客户和外部客户，在企业现实环境下的合作程度、服务质量、适用客户层面、响应时间、场合、价格、方式、预计需求满足程度等信息。

1. 物流客户的基本信息

物流客户的基本信息包括客户访问信息、巡视员信息、客户档案信息、员工当日服务记录等。其中，客户基本信息收集包含的内容有：姓名、性别、年龄、职业、住址、电话、电子邮件等客户个人信息；企业经营战略、生产规模、产品品种、资信级别、经营状况、销售收入、发展瓶颈、物流费用、现有物流方式、竞争对手状况等企业基本信息；客户对产品在库管理、在途管理、运输要求、包装要求、信息反馈等方面的需求信息；客户对邮政物流服务不满的投诉信息。

2. 物流客户间的比较信息

市场占有率、市场覆盖率、投诉抱怨率、内部职能协调与响应流程及时间，企业对客户的响应时间、妥善处理各项问题所需时间、环境与产品、服务的协调性、价格适度性、员工服务态度和技能水平。

3. 物流客户信息分类整理

1）建立物流客户信息档案

客户信息档案包括客户基本信息、扩展信息、相关重要人士信息和竞争者信息四大类内容。客户基本信息包括客户名称、联系方式、所属区域、客户类型、客户来源、客户级别、信用等级、首次交易时间、最近交易时间、交易次数、累计交易金额、产品领域和客户关心的产品等信息。客户扩展信息包括注册资金、财务情况、经营计划、职工人数、发展潜力、优势劣势、资金及信用情况等。相关重要人士信息包括姓名、年龄、民族、婚姻、联系方式、家庭成员、教育背景、兴趣与忌讳、重要日子、与竞争对手的关系等。竞争者信息包括产品（服务）价格、大客户业务量、市场占有份额、营销手段、与大客户建立的个人联系等。

2）收集整理客户信息

各级物流部门应不断丰富客户信息，尽可能地为全部客户都建立客户档案，使之能够更好地为客户营销工作服务。加强对物流客户信息档案的管理，实时对信息内容进行分析、更新。物流客户信息收集不仅能改善物流运作，设计出新的物流方案，而且还能增加物流企业的盈利能力。要实现物流信息的使用价值，仅单纯地收集信息是不够的，还需要对收集到的信息进行整理，制成客户基本情况表，使物流客户信息系统化，并融入企业各类信息系统之中，真正发挥其作用。

3）整理产品或服务的信息

比如产品特点、是否现货、存在的问题、产品的升级、安装调试、保修和合同条款。这些信息具备转发和跟踪复杂查询的能力，使每位客户都得到正确的答复。收集和记录同客户使用经历有关的信息，这些信息可以帮助其他部门制定更好的决策。

客户对产品或服务的有关信息整理的内容包括客户投诉和投诉信息两种。客户投诉有的是针对服务质量，有的是针对产品质量，也有针对相关部门的。对于这些投诉，需要用表格来整理分类。有关负责部门要根据投诉分类整理表格，及时解决客户投诉的问题，以完善物流服务。客户投诉分类整理表格还可以作为企业物流客户服务质量的评价依据。客户投诉分类整理表格可采用"颜色管理"，在投诉点下配以相应的颜色和比例长度来给予提示，见表 7-1 和表 7-2。

表 7-1 投诉信息整理分类表

主要缺陷									
原因									
次数									

注 红色表示问题已很严重，黄色表示相当严重，蓝色表示问题一般。

4）整理记录客户反馈信息

物流客户服务部门与顾客接触的时间通常不长，所以认真提问非常关键。利用能提出适当的问题并能收集和处理客户反馈的信息，企业才能有效地建立和维护与客户的忠诚度，完善企业在客户心目中的形象。物流企业各部门对客户反馈信息的要求不同，为使客户反馈信息发挥到最大的作用，应按照客户的要求进行信息定制。

表 7-2　投诉信息整理分析表

本月投诉总量					
投诉分类	送货不及时	丢失货物	缺货	配送差错	投诉回复慢
件数					
比重					
环节责任					
警示	红色	黄色	蓝色		

调查、收集和整理客户信息是系统开发的前提条件，信息足够且准确无误是系统建设的保证。

顾 客 满 意

顾客满意（Customer Satisfaction，CS）是一个营销的概念，是指企业通过商品和服务，给顾客带来满足，以促进销售和提升企业的形象。这种观念产生在美国，但在日本也很受关注。

在物流中，顾客满意度表现为：及时交货、准时送货、库存配备完全、收费低廉。为此，降低物流成本，提供周到的服务信息等就是关键。

4. 内部客户的信息整理分类方法

内部客户管理实际上就是企业内部各部门的协调与沟通，即微观物流管理。内部客户的信息整理分类，实质上是物流系统信息管理。内部客户信息整理分类的要点有：

（1）运输方面。物品损坏率、正点运输率、时间利用率、运力利用率。

（2）仓储方面。物品完好率、物品盈亏率、物品错发率、设备和时间利用率、库面积利用率。

（3）供应物流。采购不良品率、仓储物品盈亏率、采购计划实现率、供应计划实现率。

（4）生产物流。生产计划完成率、生产均衡率、劳动生产率。

（5）销售物流。销售合同完成率、发货差错率。

（6）回收物流。废料回收利用率。

把握好以上要点，可以从总体上了解物流系统管理的现况，找出物流系统的薄弱环节，明确物流系统的改善方向，找出实际与计划的差距，提高物流系统的运作效率。

5. 外部客户的信息整理分类方法

（1）外部客户信息可以利用"外部客户服务信息反馈卡"来进行分类整理。每完成一项物流运转就进行一次信息反馈卡分类整理。分类整理要尽量细化，然后将细化资料归集到某一部门或某一服务项目上，明确各部门职责。外部客户服务信息反馈卡是联系物流企业与外部客户的纽带，是融洽客户公共关系的关键，同时也是改善物流工作管理和服务质量的举措。

（2）将上述收集到的客户信息分类整理好输入系统数据库存档，采用计算机的分类整理，实际上就是建立一个物流客户信息管理系统，即 CRM（Customer Relationship Management），是一种旨在改善企业与客户关系，提高客户忠诚度和满意度的新型管理机制。建立客户关系管理系统的目的就是通过先进的 IT 技术整合和发挥企业资源的优势，优化管理方法，客户进行系统化的研究。通过对有价值的客户进行识别、挖掘、研究和培育等，来提高对客户的服务水平，提高客户的满意度、盈利性和忠诚度，并缩减销售周期和销售成本，寻找扩展业务所需的新市场和渠道，为企业带来更多的利润。

谁是优良客户

注重"客户满意"，培养优良客户成为企业的重要任务。所谓优良客户，是按照其利益贡献度来决定的，哪个客户对本公司利益贡献大，哪个就是优良客户。但是，在原来的标准成本计算方式中，由于不能分别计算每个顾客的物流费用，因此就无法准确地判定顾客对本企业利益的贡献程度。例如采用"多频率小额配送"的客户和采用"定时定点大量配送"的客户的成本就大不相同。因此，使用物流 ABC 法对确定客户贡献度的大小非常有用，它可以有效地解决这个难题。

7.1.5 客户管理系统构成

客户关系管理软件可以通过网络、电话中心、移动设备等多种渠道跟踪和管理与客户交往的一切活动，它对电子商务的实现起到了促进作用。因此客户关系管理软件是一个融合多种功能、使用了多种渠道的组合软件。客户关系管理软件的功能包括销售、营销、客户服务与支持三个部分。

1. 销售

销售部分主要是实现销售自动化，通过向销售人员提供计算机网络及各种通信工具，使销售人员了解日程安排、账户管理、定价、商机、交易建议、费用、信息传送渠道、客户的关键信息，它是面向销售人员的。而客户则可以通过电子商务的网上交易来购买各种服务。

2. 营销

营销部分主要是实现营销自动化，它是销售自动化的补充。营销自动化是通过营销计划的编制、执行和结果分析，清单的产生和管理，预算和预测，资料管理，建立产品、定价和竞争等信息的知识库，提供营销的百科全书，进行客户跟踪、分销管理，以达到营销活动的设计目的。

3. 客户服务与支持

客户服务与支持是客户关系管理中的重要部分，它是通过呼叫中心互联网来实现的。这样也就便于产生客户的纵向及横向销售业务。客户服务与支持为客户提供产品质量、业务研讨、现场服务、订单跟踪、客户关心、服务请求、服务合同、纠纷解决等功能。

对于现场服务及售后服务部门来说，如何提高服务质量，加快服务速度，保证客户满意是很重要的。要达到以上目的，必须建立一套完整的服务/支持管理体系。这套管理体系能够进行货物的跟踪、服务合同报价、开出服务费及保险费用的价格单、求助电话的管理安排等。客户服务与支持的功能一般包括：

（1）货物的跟踪。以铁路为例，能够根据货运票据上的信息，自动列出货物从始发站到终点站的沿途经过的大型编组站及货运站，在货物到达需要进行解编作业的车站时，自动透过铁路内部网络到外部网络，进而向客户汇报货物的动态，更新有关的运输信息，以及对客户信息进行管理。

（2）服务合同管理。在客户服务与支持中，预设了各种服务合同的样本，规定了服务条件、服务方式（热线电话、门到门运输等）、服务人员、产品费用及有效范围等各项内容，协助缩短收账周期，并可以与销售管理的开发票作业相联系，开出发票。并将签订的物流服务合同信息保留在内部数据库中，进行综合的管理与传输。

（3）求助电话管理。求助电话是一种较为常见的服务方式。客户的求助电话，都应按照制定的优先权规则得到及时的处理，并且及时进行服务人员的分派，以确保客户能尽快地得到回音。

（4）理赔和投诉管理。如果发生货物损失问题需要理赔，或者因服务不周，令客户不满，一方面需要采取措施消除客户的不信任感和愤怒；另一方面需要从中分析原因，避免类似事件再次发生。

当以上三方面的功能实现之后，将会产生大量的客户和潜在客户在各方面的信息。这些信息是宝贵的资源，利用这些信息可以进行各种分析，以便产生设计客户关系方面的商务智能方案，供决策者及时作出正确的决策。

客户关系管理软件允许客户自由选择面谈、电话、电子邮件和 Web 的方式与企业建立关系，这种多渠道的方式，使企业与客户的交流提高了效率，也加速了交流信息的传递速度，使客户满意度提高。

7.2 客户管理业务流程

7.2.1 客户关系管理业务主要数据

本书系统客户关系管理业务主要数据，见表 7-3。

表 7-3 客户关系管理业务主要数据

数据分类	主要数据
基本信息	地址，电话，联系人，信用，行业，等等
交往信息	客户机会，分类，需求，交易信息
业务信息	联络历史数据，订单历史数据，报价历史数据，服务数据
价值信息	价值等级数据，潜在价值数据，客户满意度数据，价值变动数据

由于 CRM 系统是一个企业管理工程，企业需要与经验丰富的 CRM 咨询实施专家配合：首先是明确优化业务流程梳理的目标，其次是将优化后的业务流程纳入企业日常运营管理模式。由于优化后的流程必然会打破企业原有的业务模式，同时还牵涉使用人员旧有的工作行为习惯，因此把 CRM 系统作为优化后的业务模式承载平台，结合员工对

CRM认识统一将有助于巩固业务流程优化的成果，CRM系统是帮助运输、库存、服务部门建立持续流程优化的强有力工具。

联邦快递的顾客关系管理体系

联邦快递的创始者弗雷德·史密斯有一句名言，"想称霸市场，首先要让顾客的心跟着你走，然后让顾客的腰包跟着你走"。由于竞争者很容易采用降价策略参与竞争，联邦快递认为提高服务水平才是长久维持顾客关系的关键。

1. 全球运输服务电子商务的兴起

联邦快递的全球运送服务电子商务的兴起，为快递业者提供了良好的机遇。在联邦快递，所有的顾客可借助其网站http://www.fedx.com同步追踪货物状况，还可以免费下载实用软件，进入联邦快递协助建立的亚太经济合作组织关税资料库，线上交易软件Business Link可协助顾客线上交易的所有环节，从订货到收款、开发票、库存管理一直到将货物交到收货人手中。另外，联邦快递特别强调要与顾客相配合，针对顾客的特定需求，如公司的大小、生产线地点、业务办公地点、顾客群科技化程度、公司未来目标等，一起制订配送方案。

2. 联邦快递的顾客服务信息系统

联邦快递的顾客服务信息系统主要有两个：一是一系列的自动运送软件，二是顾客服务线上的作业系统。顾客利用自动运送软件，可以方便地安排取货日程、追踪和确认运送线路、列印条码、建立并维护寄送清单、追踪寄送记录。而联邦快递则通过这套系统了解顾客打算寄送何物，预先得到的信息有助于运送流程的整合、货舱机位、航班的调派等。

联邦快递通过这些信息系统的运作，建立起全球的电子化服务网络。目前有2/3的货物量是通过Power Ship、FedEx Ship和FedEx internet ship进行的，主要利用他们的订单处理、包裹追踪、信息储存和账单寄送等功能。

3. 员工理念在顾客关系中扮演的角色

良好的顾客关系绝对不是单靠技术就能实现的，员工的主观能动性的重要性怎么强调都不过分，在对员工进行管理以提供顾客满意度方面，联邦快递建立呼叫中心，倾听顾客的声音，收集顾客的信息。提高第一线员工的素质，对新员工的入门培训强调企业文化的灌输。运用奖励制度，联邦快递最主要的管理理念是，只有善待员工，才能让员工热爱工作，不仅做好自己的工作，还主动提高服务。

由于CRM系统是以客户为中心，基于完整客户生命周期的发生、发展过程，采用"一对一营销"和精细业务规则的模式量化管理物流运输、库存及服务业务过程，企业通过CRM系统提供的业务评估决策系统对市场活动、销售情况、服务等数据进行挖掘，"让数据来说话"，可以客观展现出物流流程优化的效果和不足之处。比如：通过对比流程改进前后的效益情况，统计不同的客户群对企业改进后服务的满意程度；还可以看到流程优化前后企业与竞争对手的竞争优势与劣势的数据分析。

7.2.2 客户关系管理模型

CRM 系统将业务流程环节中零散的信息进行收集整合,保证企业业务的处理能够有足够的信息和数据支持。同时 CRM 系统保持了客户信息之间的逻辑关联性,保证信息的可追溯性,通过 CRM 系统可以透视业务流程全过程。客户关系管理模型如图 7-3 所示。

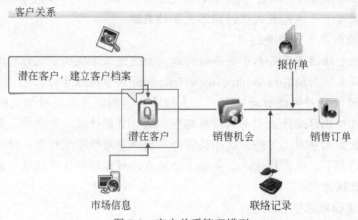

图 7-3　客户关系管理模型

7.2.3 系统要求

1. 基本要求

为促企业"以客户为中心"的信息系统,使企业完整地认识整个客户生命周期,提供与客户沟通的统一平台,提高员工与客户接触的效率和客户反馈率,通过管理与客户间的互动,努力减少销售环节,降低销售成本,发现新市场和渠道,提高客户价值、客户满意度、客户利润贡献度(Profitability)、客户忠诚度,实现最终效果的提高,开发出符合企业实际的客户关系管理系统。

2. 系统技术方案

本系统采用三层体系结构,即数据层、业务层和客户层。比起传统的双层结构,它把用户验证的过程设置在业务层,把用户信息放置在数据库中。这样,减少了在双层结构中的因数据库访问权限而带来的种种问题,提高了执行效率。而且,由于数据层和业务层分开,两部分可以分开维护,减少了维护使用的开销。

业务层是沟通数据层和客户层并完成数据的各种处理操作,所有数据的处理都将在这里完成。数据层仅仅分担保存和提供数据的功能,这种设计有利于业务规则的更新。一旦业务规则需要更新的时候,只需要升级这一层就可以了。

7.2.4 客户管理信息系统流程图

CRM 应用需要与销售管理、仓库管理、主需求计划、应收管理等模块无缝地集成在一起才能真正地发挥作用(即提供一个闭合的客户交流环路),集成必须包括低层数据的同步和商业流程的整合，只有这样才能在各系统之间保持物流的整体性，也只有这样，工作流任务才能在各系统间传递。

客户管理信息系统业务流程如图7-4所示。

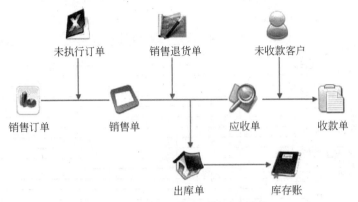

图7-4 客户管理信息系统业务流程

马士基的物流营销理念

马士基（Maersk）是班轮运输业最成功的承运人之一，也是全球最大的综合物流服务商。1997年在大多数班轮公司亏损严重的情况下，他却盈利丰厚。他成功的秘诀之一就是严格执行安全规则。马士基对于船舶载运危险品规定了最大容许量。有一次，有一批危险品货物要由马士基负责装运，但是货物没装完就达到了最大容量。这批货是一位重要的客户托运的。这位被激怒的货主找到马士基理事托马斯·安德森（Thomas Anderson），要求将这批货全部装船，并警告说若不同意发出就后果自负。安德森回答说，他非常遗憾，基于"安全第一"的思想，这些未装船的集装箱必须搬走，不得装船。听到此话后，这位货主的态度立即改变了，他同意安德森不得装船的决定。并说，假如马士基破坏了自己定下的安全规则，那他就犯了错误，如果安德森屈服于他的压力而将货物和船舶置于危险之中，将会受到所有人的谴责。马士基因严格执行安全规则而赢得了顾客的信任，使他获得了很多意外的利益。

事实上，为更好地为客户服务，马士基实现了物流服务的计算机系统化，通过建立信息服务平台，使各级别的客户都可以跟踪其业务过程，让客户实时监控物品状况。另外，马士基还给供货商提供了一个网站，让供货商能输入班轮信息，自动发到系统上而不必硬拷贝或发传真。马士基一直关注新技术的发展，希望公司与客户一起发展，跟上时代前进的步伐。客户和商家都对马士基提供的更广泛业务范围很感兴趣。与客户良好的合作关系使公司有了更好的商业发展前景，这种稳定的关系受到客户的称赞。马士基物流的综合服务吸引了很多新客户。只要客户需要，马士基就会提供相应的服务，这正是他们成功的关键。

1. 挖掘潜意向客户，建立客户档案（图7-5）

图 7-5　客户档案管理

2. 跟踪意向客户，做好联络记录（图7-6）

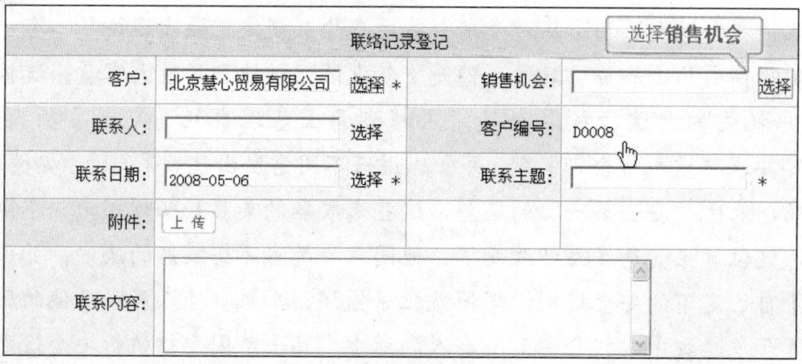

图 7-6　联络记录

工商企业对现行物流服务满意度分析

不同性质的企业对 3PL 物流和自理物流的满意度，已形成明显差距。根据调查结果发现，生产企业对自理物流的满意度要比第三方物流的满意度更高。而商业企业对第三方物流的满意度比自理物流的满意度更高。综合来看，物流运作质量不高和物流信息落后成为企业对现行物流运作不满意的主要原因。

调查表明：在采用第三方物流的需求企业中，有 67% 的生产企业和 54% 的商业企业对第三方的物流服务感到满意，有 33% 的生产企业和 46% 的商业企业对第三方的物流服务不满意。在企业不满意的原因中,首先是因为作业速度慢和物流信息不及时准确,其次是作业差错率高、运作成本高。从中可看出生产企业和商业企业对第三方物流服务首先关心的是运作质量和包含物流信息在内的运作能力问题,其次才是成本。同时,运作质量低也成为企业自理物流的最大障碍。

3. 签订合同,填写销售订单(图7-7)

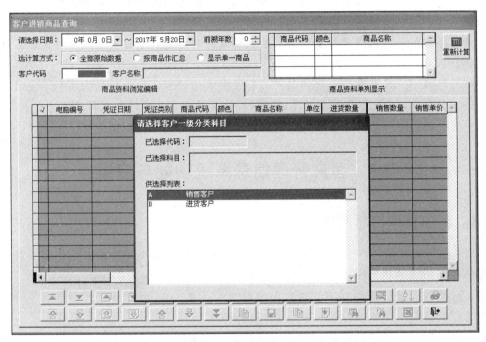

图 7-7　填写销售订单

4. 售后服务,保持客户忠诚度,新增客户订单(图7-8)

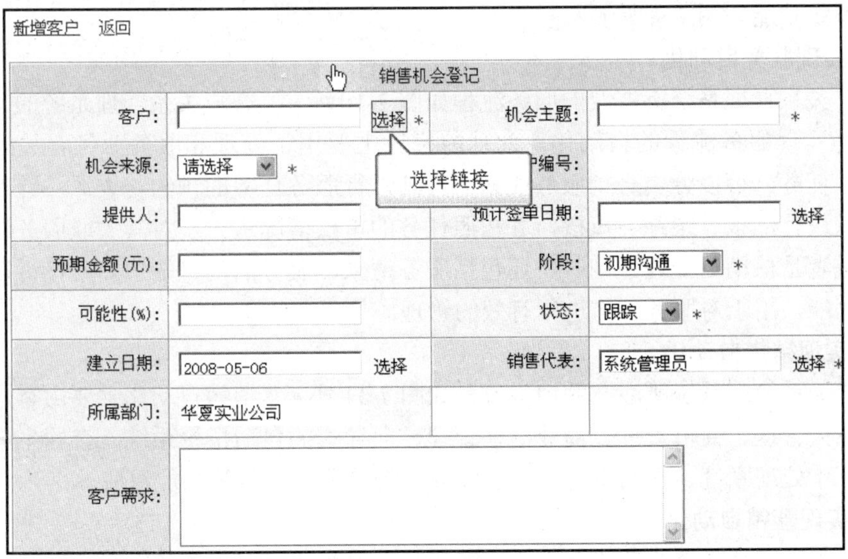

图 7-8　新增客户订单

顾客忠诚（Customer Faithfulness）是指顾客购买产品满意后所产生的对某一产品品牌或企业的信赖、维护和希望重购的心理倾向。一般地说，顾客忠诚可以分为三个层次：

认知忠诚——它直接基于产品和服务而形成，因为这种产品和服务正好满足了顾客个性化需求，这种忠诚居于基础层面，它可能会因为志趣、环境等的变化转移。

情感忠诚——在使用产品和服务之后获得的持久满意，它可能形成对特定产品和服务的偏好。

行为忠诚——只有在企业提供的产品和服务成为顾客不可或缺的需要和享受时，行为忠诚才会形成，其表现是长期关系的维持和重复购买，以及对企业和产品的重点关注，并且在这种关注中寻找巩固信任的信息或者求证不信任的信息以防受欺。

7.3 客户管理信息系统功能与应用

7.3.1 客户管理信息系统功能

物流服务营销机会产生于良好的客户服务，客户管理作为与客户直接交流的平台，有着特殊而重要的作用。客户管理集中订单、配货、运输、仓储、流通加工等对客户信息或客户委托的疑问，与客户交流，确认后反馈回上述功能。同时，客户对服务过程中有疑问或委托更改，也通过客户管理传递到服务。同时，客户管理功能也对客户档案进行维护。客户关系管理系统功能如图 7-9 所示。

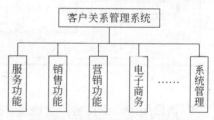

图 7-9　客户关系管理系统功能

1. 实现服务自动化

客户关系管理系统所涉及的服务流程如图 7-10 所示，客户关系管理系统的一个重要功能就是实现服务流程的自动化。此功能模块主要用于处理和服务业务有关的服务线索、服务任务。可以分类查询服务线索，对其进行服务任务的预约与委派。针对服务任务，可以进行汇报、跟踪、审核，并按照任务的审核情况进一步对其关联服务线索进行再委派或者是核销的处理。同时，还包括服务请求、服务活动、知识库、投诉以及图表分析等功能，用于对服务工作进行有效的管理。

2. 实现销售自动化

客户关系管理系统所涉及的销售流程如图 7-11 所示。销售自动化主要由客户档案管理、联系人管理、商机管理、商业活动管理、向导式的自动报价系统、合同生成和管理系统、订单处理系统、费用管理、员工绩效、统计分析系统等功能组成。

3. 实现营销自动化

客户关系管理系统的第三个重要功能就是实现营销流程的自动化。

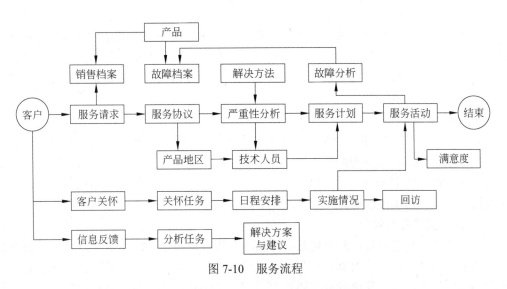

图 7-10 服务流程

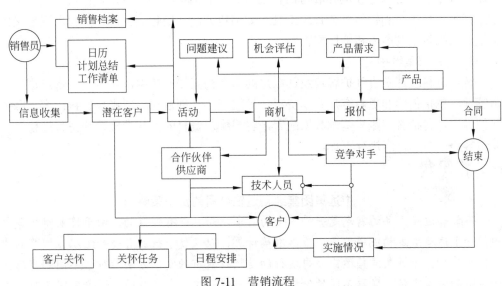

图 7-11 营销流程

此功能模块主要用于帮助企业完善目标客户基本信息，分离不完整客户信息记录并对其进行补充编辑。通过运用对客户分析的结果给企业提供销售机会，通过对各种销售信息进行分析，找出潜在客户，对潜在客户进行目标销售。市场部根据情况创建市场活动项目，并对项目反馈信息进行编辑，对项目的执行情况进行评价。

4．电子商务

随着互联网技术的发展，越来越多的 CRM 系统都将电子商务作为其必不可少的一项功能提供给用户。

该功能模块主要是帮助企业建立和维护网上商店，实现网上销售产品和提供服务。系统与 CRM 后台的产品档案资料集成，在后台的 CRM 系统中维护产品资料，系统自动将产品图文资料信息直接发布到网上。公司能根据客户会员等级向客户提供个性化的解决方案，同时，实现网上企业宣传、产品宣传和服务宣传。

系统通过前端与网站的接口,实现客户个性化需求在企业网站上的延伸,它提供了企业网站与客户信息库的接口。并且与后台产品档案信息库和服务资料库集成,通过网站发布常见产品故障解决方案,查询订单状况,解决疑难问题,实现最大限度的客户自助化服务,让客户真正满意。

5. 客户交流

客户交流主要功能有:转达业务问题、回答接收、回答整理、提问接收、问题处理、呼入呼出电话处理、互联网回呼、呼叫中心运行管理、软电话、电话转移、路由选择、报表统计分析、管理分析工具,以及通过传真、电话、电子邮件、打印机等自动进行资料发送,呼入呼出调度管理。

6. 合作伙伴关系管理

该模块主要功能包括:对公司数据库信息设置存取权限,合作伙伴通过标准的 Web 浏览器以密码登录的方式对客户信息、公司数据库、与渠道活动相关的文档进行存取和更新。合作伙伴可以方便地存取与销售渠道有关的销售机会信息,合作伙伴通过浏览器使用销售管理工具和销售机会管理工具,如销售方法、销售流程等,并使用预定义的和自定义的报告以及产品和价格配置器。

7. 客户档案维护

客户资料管理负责维护客户及其账户的所有档案资料数据,对客户、账户进行的日常管理,包括创建和更新客户基本资料、扩展资料,创建和更新账户资料;客户账务资料的维护,包括客户账户基础数据配置,客户账户资料的数据准确性和完整性校验;以及对客户网络和群组进行管理。

中远集团集装箱运输公司的价格策略

集装箱运输产品的需求是一种派生的需求,而且是有弹性的。由于目前市场竞争激烈,加上运输成本构成项目多,难以准确计算,以及整个行业有公会组织、战略联盟的合作的基础,中远集装箱运输公司实行的是随行就市的定价方法。对于不同的市场,实行不同的运价定位,采取不同的价格策略。一般而言,客户不同,运价不同,对已签约的大客户实行优惠运价;季节不同,运价不同,对于未签约的客户,实行淡季低运价,旺季高运价。

7.3.2 客户管理信息系统功能应用案例

任何一个企业要实现利润最大化,必定要在提高客户满意度、提高市场占有率和提高销售额方面采取合理的措施,这一切必将涉及客户信息的收集与分析,物流企业也是如此。而要实现对客户信息的准确、有效的管理与分析,建立一套实用、完善的客户关系管理系统不失为一条有效的途径。

以某企业客户管理信息系统为例,说明客户管理系统的作用和意义,系统是针对中小型企业而开发的进销存业务管理的系统,客户管理是系统中一个子模块,系统客户管理子模块的功能结构如图 7-12 所示。

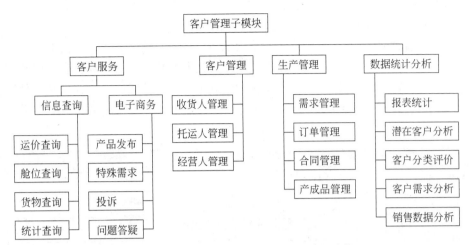

图 7-12 本书软件客户管理子模块的功能结构

由于系统结构较复杂，这里仅介绍模块中客户代码管理、客户合同管理、统计分析。

1．客户代码管理

计算机系统对客户进行管理，首先必须给客户一个编码以供系统使用。编码的好坏直接影响到系统的使用，因此客户编码应遵守一定的原则：

1）编码的唯一性

即一个客户在系统内只能有唯一的代码，如图 7-13 所示，不同客户，在系统内必须有不同的代码。同一客户在系统内有两个或更多的代码，或不同客户编成相同的代码，都将造成系统的混乱，带来严重的后果。

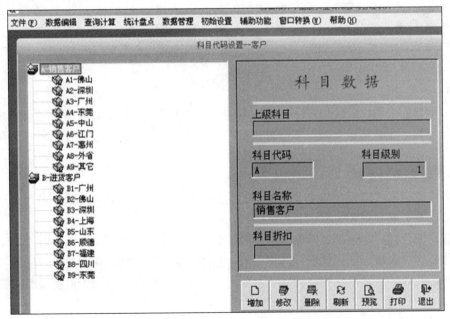

图 7-13 客户编码

2）符合管理的要求

在系统中，必然要对客户做许多管理上的统计分析，这就要求有一定的方式，反映客户的统计特性。一种常见的做法是客户代码中的某些特定位数，即含有专门的统计特性，这是一种有统计含义的代码。如果采用无含义代码（即代码本身仅仅是一种流水号或其他编号，与统计归类无关），则必须另外再设置统计码。以满足管理上的需要。如图 7-14 所示。

图 7-14　客户分类管理

3）方便使用

一个好的编码，应使用户感到使用方便，即便于记忆、便于输入等。尽可能减少输入的按键数。在具体运行时，当一个新客户进入系统，首先应对它进行编码，储存在系统里。

2. 客户合同管理

客户的合同代表客户与企业所发生的业务情况及责权利的划分，因此客户合同管理的好坏，将影响到企业的整个业务运作。

客户的合同内容包括所需商品的品名、规格、数量、结款方式、结款时间，以及客户名称、客户渠道、法人代表、客户手机、联系人等信息。物流企业通过合同的管理，就可知道其业务状况，这些合同除了企业用于对客户分析外，还用于财务系统的资金结算。如图 7-15 所示。

3. 统计分析

充分利用系统内所含的信息，进行加工、统计分析有用的信息，以产生较好的效益。

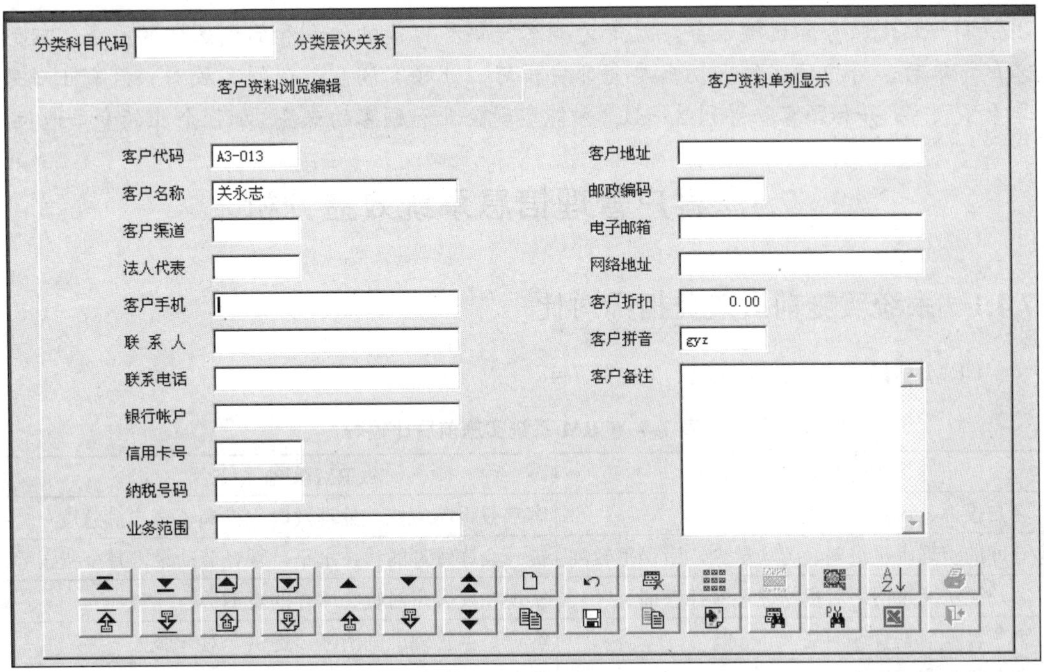

第 7 章　客户管理信息系统　195

[图：客户合同管理界面]

图 7-15　客户合同管理

1）重点客户分析

系统可为企业经营决策、加强管理提供许多对各类客户的分析，按他们在某一时段内（一般为一个月）与企业发生业务的金额，逐一作出统计，并按发生金额的大小排列，找出发生金额较大的若干名，作为企业的重点客户，搞好这些重点客户的管理，保持与稳定地发展与它们的业务关系，对企业的生存发展有着十分重要的意义。

2）客户业务量趋势分析

对每个重要客户，可按时间及其与企业发生的业务量大小，进行趋势分析。当业务量随时间上升时，要设法巩固与发展业务，当业务量下降时，则要分析原因，对症下药，采取措施，及时扭转下降趋势。在对每个重点客户作趋势分析时，同时还可分析该客户的业务量的百分比及占整个客户的地位，以充分掌握该客户的情况。

通过该分析，在抓住重点客户的同时，还要挖掘潜力客户，采取有力措施，提高潜力客户的业务量。

中远集团的顾客让渡价值观念

增加顾客让渡价值，就要增加顾客购买的总价值；降低顾客购买的总成本。要紧贴市场，完善服务功能，增加服务项目，扩大服务内涵，设身处地为顾客着想，在研究分析顾客需求（Customer）、顾客成本（Cost）、便利性（Convenient）和沟通（Communication）的基础上，考虑企业如何满足顾客需求、如何为顾客节约成本、如何使顾客更加便利、如何促进与顾客的沟通等问题。就航运业而言，不仅要满足顾客对货运量的一般要求，还要帮助货主解决运输过程中产生的相关问题，提供能使货主产品增值的服务。中远集团强调一站化服务和无缝服务,就是为顾客提供尽可能的便利和周到热忱的服务。接到客户订单后,会把顾客的一切需要全部安排好,让顾客满意,让顾客放心。只有正确地尊重了顾客,并和顾客取得利益一致,才能实现企业和顾客的双赢,加强企业的竞争地位。

7.4 客户管理信息系统效益分析

7.4.1 系统实施前后效益指标对比

CRM 系统实施前后比较表,见表 7-4。

表 7-4 CRM 系统实施前后比较表

CRM 实施系统前	CRM 实施系统后
客户投诉、退货反应迟钝	客户投诉响应快,处理及时,提高了客户满意度
仓库的管理水平很差,劳动量大,错误率较高	提升仓库管理的科技水平,减轻劳动量,减少错误率
客户无法通过网络对货物进行库存查询	实现在线客户对货物库存的查询
销售客户数据管理混乱	客户数据管理准确清晰,提供一对一服务
业务操作流程不规范	规范化的业务操作流程
对客户提供高质量服务水平的能力较低	提高对客户的服务水平,增强了企业竞争力

7.4.2 系统应用给企业带来的好处

1. 优化服务、增强合作

通过建立客户关系管理系统,物流企业可以收集到客户通过多种途径反馈的售后服务信息,从而优化对客户的服务,提高客户满意度。同时,由于提供实时的客户查询功能,可实现物流信息的"客户共享",向客户提供各类统计报表的查询,可以帮助客户制订生产计划,增强物流企业和客户间的合作伙伴关系。

2. 提高市场占有率、增加销售额

通过对各种客户信息的分析,找出潜在的客户群,针对潜在的客户群制订相应的销售策略进行营销,目的在于将潜在客户发展为最终客户,提高市场占有率,进而增加销售额。

3. 降低销售成本

通过对收集到的客户信息的分析,对客户进行评价和分类,通过细分客户群,有针对性地对优质客户提供一些优惠政策,使物流企业在进行市场推广和销售策略时避免盲目性,节省时间和资金。

4. 市场预测、分析

通过对客户关系管理系统中的各种销售数据以及客户需求的分析,对未来市场的发展方向进行预测,使物流企业能够根据市场的变化及时调整销售和服务策略。

5. 提高工作效率

通过客户关系管理系统,能够给物流企业的各环节提供信息与数据共享,可以提高业务处理流程的自动化程度，提高企业员工的工作能力和效率，也使企业内部能够更高效地运转，使物流企业能够及时掌握运营状况，有效地管理各业务环节，同时提高对非正常业务的处理能力。

本 章 小 结

在物流管理中，将 CRM 应用于各企业的物流、运输、库存及服务业务，帮助企业实现长久增值和竞争力。CRM 的创造性、领先性管理理念和手段——聚焦客户关系管理，不仅能有效推动企业前端市场，销售与服务部门的日常运作，而且能为物流管理提供定量的、客观的依据。CRM 的最终目标是帮助企业逐步建立以客户为中心的物流运营管理模式，使企业达到降低运营成本、提高企业销售收入、客户满意度和员工生产力的目的。

思考与练习

一、填空题

1. （   ）起源于西方的市场营销理论，产生和发展在美国。
2. （   ）、（   ）、（   ）、（   ）和支持等构成了 CRM 系统模块基石。
3. 将零散、不集成的客户资料集中管理，可以（   ）、（   ）了解老客户和新客户的准确信息。
4. 通过采用（   ），可以提高业务处理流程的自动化程度，提高企业员工的工作能力和效率，并有效减少（   ），使企业内部能够更高效地运转。
5. （   ）与支持是客户关系管理中的重要部分，它是通过（   ）互联网来实现的。

二、判断题

1. CRM 最早产生于 20 世纪 90 年代初。（   ）
2. 利用 CRM 系统的跟踪、管理销售机会，确切了解客户的需求，增加销售的成功率，进而提高销售收入。（   ）
3. CRM 系统不可以实现资源共享。（   ）
4. 同一客户在系统内可以有两个或更多的代码，或不同客户编成相同的代码。（   ）
5. 在系统中，必然要对客户做许多管理上的统计分析，这就要求有一定的方式，反映客户的统计特性。（   ）
6. 一个好的编码，应使用户感到使用方便，即便于记忆、便于输入等。（   ）
7. 求助电话是一种较为常见的服务方式。（   ）
8. 客户的合同代表客户与企业所发生的业务情况及责权利的划分，因此客户合同管理的好坏，将影响到企业的整个业务运作。（   ）
9. 对每个客户，可按时间及其与企业发生的业务量大小，进行趋势分析。（   ）
10. 通过对客户关系管理系统中的各种销售数据以及客户需求的分析，对未来市场的发展方向进行预测，使物流企业能够根据市场的变化及时调整销售和服务策略。
（　　）

三、单项选择题

1. 客户（　　）包括客户基本信息、扩展信息、相关重要人士信息和竞争者信息四大类内容。
   A. 资料　　　　　B. 信息档案　　　　C. 订单　　　　　D. 关系管理
2. 物流（　　）的基本信息包括客户访问信息、巡视员信息、客户档案信息、员工当日服务记录等。
   A. 资料　　　　　B. 信息档案　　　　C. 订单　　　　　D. 客户
3. 客户对产品或服务的有关信息整理的内容包括客户（　　）和投诉信息两种。
   A. 投诉　　　　　B. 抱怨　　　　　　C. 订单　　　　　D. 意见
4. 客户关系管理系统的（　　）重要功能就是实现营销流程的自动化。
   A. 第一个　　　　B. 第二个　　　　　C. 第三个　　　　D. 第四个
5. 编码的（　　）即一个客户在系统内只能有唯一的代码。
   A. 不唯一性　　　B. 原则　　　　　　C. 方法　　　　　D. 唯一性

四、简答题

1. 什么是客户管理？
2. 客户关系管理的内容有哪些？
3. 什么是客户管理信息系统？
4. 客户关系管理信息系统主要包括哪些功能？
5. 客户服务与支持的功能有哪些？

五、论述题

1. 简述内部客户的信息整理分类方法。
2. 简述客户关系管理系统构成。
3. 简述客户关系管理流程。
4. 简述客户关系管理系统应用给企业带来的好处。

六、案例分析

UPS 利用信息技术进行全球竞争[①]

UPS（United Parcel Service，联合包裹运送公司）是世界上最大的航空和陆地邮件运输公司之一。它成立于 1907 年，当时的办公室设在一间狭小的地下室里。两个来自西雅图的年轻人，即 Jim Casey 和 Claude Ryan，他们用两辆自行车和一部电话成立了这家公司，他们的承诺是"收取最低的费用，提供最佳的服务"。如今，UPS 已成功地运用这一原则经营了 100 多年。

现在 UPS 仍然依靠这一承诺，每年它将近 30 亿件邮件和信函发往美国各地及世界上至少 185 个国家和地区。这家公司不仅在传统的邮递业务中处于领先地位，而且它正同联邦快递公司在夜间快递业务方面展开竞争。UPS 成功的关键是在采用先进的信息技

---

① 资料来源于 NOS 供应链实训软件的素材库。

术方面进行投资。1992—1996 年,UPS 在信息技术方面投入了 18 亿美元,以保持其在世界上的领先地位。信息技术使 UPS 提高了客户服务质量,同时保持低成本并使其整个服务成为一个整体。通过使用一种叫作邮递信息获取设备(DIAD)的便携计算机,UPS 的驾驶员可以自动获取有关客户的签字、收取、交货和时间记录卡等信息。然后将 DIAD 接到卡车的适配器上,此适配器是个与蜂窝电话网相连的信息发送装置。此时邮件的跟踪信息就被发送到 UPS 的计算机网络中心,以便 UPS 设在新泽西州总部的主机进行存储和处理。世界各地的机构都可以使用这些信息给客户提供交付的证据。对于客户的询问,此系统还可以打印出回函。通过邮件跟踪系统,UPS 可以监视邮件的交递。在货物从发送人到收货人这一过程的许多节点上,条形码装置会将货物标签上的运输信息扫描下来,然后输入中心计算机。客户服务代表可以利用与主机相连的计算机查验货物的状态,并能立即回答客户的询问。此外,UPS 的客户也可以通过他们自己的计算机,使用 UPS 提供的专用的货物跟踪软件直接查到这些信息。

UPS 的存货快递业务始于 1991 年,它可以将客户的产品存在仓库中,一旦客户需要则可以在一夜之间将货物送到客户要求的任何地方。使用这种服务,客户可以在凌晨 1:00 通过电子设备将运输指令传给 UPS 公司,并要求当天上午 10:30 将货送到。

1988 年,UPS 大力开拓海外市场并建立了自己的全球通信网——UPS 网,以处理世界各地业务的信息。UPS 网可以为开账单和交货确认提供信息,也可以跟踪国际运输,并加快清关,从而扩大了其开展国际业务的能力。使用自己的网络,UPS 可以在货物抵达之前就将每一个单据文件以电子版方式直接传送到海关官员那里,之后海关官员决定准予清关或做标记以备检验。

UPS 正在加强其信息系统的能力,以使其能够保证某一邮件或一组邮件将会在特定的时间抵达目的地。如果客户需要,UPS 将能在货物抵达目的地之前截住它们,并将其运回或转运其他的地方。最终,UPS 甚至可以使它的系统实现客户彼此之间直接传递电子信件。

讨论
1. UPS 是怎样利用信息技术获取竞争优势的?
2. 分析信息技术对 UPS 的重要意义。

第 8 章

物流成本管理信息系统

学习目标

通过本章的学习,熟练掌握物流成本构成和分类,物流成本的计算;成本管理的有关数据;物流成本计算要求和计算对象的确定,了解物流成本计算科目及账户的设置,了解物流成本主表信息,掌握物流成本支付形态管理,熟悉物流成本管理信息系统功能和作用。

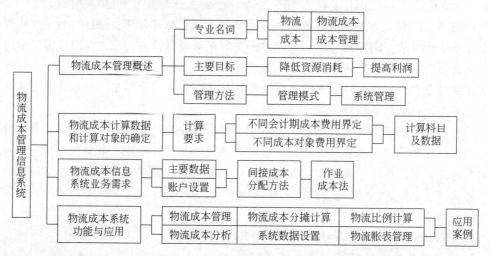

安利公司如何降低物流成本?

同样面临物流资讯奇缺、物流基础设施落后、第三方物流公司资质参差不齐的实际情况,国内同行物流成本居高不下,而安利(中国)的储运成本仅占全部经营成本的4.6%。2003年1月21日,在安利的新物流中心正式启用之日,安利(中国)大中华区储运/店营运总监许绍明透露了安利降低物流成本的秘诀:全方位物流战略的成功运用。

1. 非核心环节通过外包完成

据许绍明介绍,安利的"店铺+推销员"的销售方式,对物流系统有非常高的要求。安利的物流系统,其主要功能是将安利工厂生产的产品及向其他供应商采购的印刷品、辅销产品等先转运到位于广州的储运中心，然后通过不同的运输方式运抵各地的区域仓库（主要包括沈阳、北京及上海外仓）暂时储存，再根据需求转运至设在各省市的店铺，并通过家居送货或店铺等销售渠道推向市场。与其他公司所不同的是，安利储运部同时还兼管着全国近百家店铺的营运、家居送货及电话订货等服务。所以，物流系统的完善与效率，在很大程度上影响着整个市场的有效运作。

但是，由于目前国内的物流信息极为短缺，他们很难获得物流企业的详细信息，如从业公司的数量、资质和信用等，而国内的第三方物流供应商在专业化方面也有所欠缺，很难达到企业的要求。在这样的状况下，安利采用了适应中国国情的"安利团队+第三方物流供应商"的全方位运作模式。核心业务如库存控制等由安利统筹管理，实施信息资源最大范围的共享，使企业价值链发挥最大的效益。而非核心环节，则通过外包形式完成。如以广州为中心的珠三角地区主要由安利的车队运输，其他绝大部分货物运输都是由第三方物流公司来承担。另外，全国几乎所有的仓库均为外租第三方物流公司的仓库，而核心业务，如库存设计、调配指令及储运中心的主体设施与运作则主要由安利本身的团队统筹管理。目前已有多家大型第三方物流公司承担安利公司大部分的配送业务。公司会派员定期监督和进行市场调查，以评估服务供货商是否提供具竞争力的价格，并符合公司要求的服务标准。这样，既能整合第三方物流的资源优势，与其建立稳固的合作伙伴关系，同时又通过对企业供应链的核心环节——管理系统、设施和团队的掌控，保持安利的自身优势。

2. 仓库半租半建及核心环节大手笔投入

从安利的物流运作模式来看至少有两个方面是值得国内企业借鉴的。

首先，是投资决策的实用主义。在美国，安利仓库的自动化程度相当高，而在中国，很多现代化的物流设备并没有被采用，因为美国的土地和人工成本非常高，而中国这方面的成本比较低。两相权衡，安利弃高就低。"如果安利中国的销售上去了，有了需要，才考虑引进自动化仓库。"许绍明说。刚刚启用的安利新的物流中心也很好地反映出安利的"实用"哲学。新物流中心占地面积达 40 000 m^2，是原来仓库的 4 倍，而建筑面积达 16 000 m^2。这样大的物流中心如果全部自建，仅土地和库房等基础设施方面的投资就需要数千万元。安利采取和另一物业发展商合作的模式，合作方提供土地和库房，安利租用仓库并负责内部的设施投入。只用了 1 年时间，投入 1 500 万元，安利就拥有了一个面积充足、设备先进的新物流中心。而国内不少企业，在建自己的物流中心时将主要精力都放在了基建上，不仅占用了企业大量的周转资金，而且费时费力，效果并不见得很好。

其次，是在核心环节的大手笔投入。安利单在信息管理系统上就投资了很多钱，其中主要的部分之一，就是用于物流、库存管理的 AS400 系统。它使公司的物流配送运作效率得到了很大的提升，同时大大地降低了各种成本。安利先进的计算机系统将全球各个分公司的存货数据联系在一起，各分公司与美国总部直接联机，详细储存每项产品的生产日期、销售数量、库存状态、有效日期、存放位置、销售价值、成本等数据。有关数据通过数据专线与各批发中心直接联机，使总部及仓库能及时了解各地区、各地店铺的销售和存货状况，并按各店铺的实际情况及时安排补货。在仓库库存不足时，公司的库存及生产系统亦会实时安排生产,并预订补给计划,以避免个别产品出现断货情况。

(周以贵.市场周刊. 新物流)

思考

1. 安利公司用什么方法降低物流成本?
2. 通过案例你得到什么启发?

8.1 物流成本概述

一般认为物流成本管理不仅仅是管理物流成本,而是通过成本去管理物流,可以说是以成本为手段的物流管理方法,通过对物流活动的管理,从而在既定的服务水平下达到降低物流成本的目的。

8.1.1 物流成本构成与分类

1. 物流成本的概念

(1)物流。现代物流泛指原材料、产成品从起点直至终点及相关有效的全过程。它将运输、仓储、装卸、加工、配送、信息等方面有机结合,形成完整的供应链管理。

(2)成本。成本是企业为了生产商品或提供劳务等所耗费的物化劳动、活劳动中必要劳动价值的货币表现。

(3)物流成本。物流成本是指在物流过程中,为了提供有关服务,要占用和耗费一定的活劳动和物化劳动。这些活劳动和物化劳动的货币表现,即为物流成本,也称物流费用。它包括了物流各项活动的成本,是特殊的成本体系。

物流成本概念如图8-1所示。

2. 物流成本的构成

本书在探讨企业物流成本构成内容时,抽象企业类型的差异,以国家标准 GB/T 20523—2006 《企业物流成本构成与计算》中物流成本项目构成为主线展开,兼顾物流范围和物流成本支付形态的内容。从这个角度而言,物流成本涵盖了生产、流通、消费全过程的物品实体与价值变化而发生全部费用。包括了物品从生产源点的采购开始到最终顾客手中的仓储、搬运、装卸、包装、运输以及在消费领域发生的验收、分类、保管、配送、废品回收等过程发生的所有成本。具体由以下几部分构成:

图 8-1 物流成本概念

(1)物流活动中的人力成本,包括职工工资、奖金、津贴及福利等。

(2)运输成本,包括人工费用、运营费用、其他费用。

(3)流通加工成本,包括设备费用、加工材料费用、流通加工劳务费用、其他费用。

(4)配送成本,配送中心进行分拨、配货、送货过程中所发生的各项费用。

(5)包装成本,包括包装材料费用、包装机械费用、包装技术费用、包装辅助费用、包装人工费用。

（6）装卸与搬运成本，包括人工费用、运营费用、装卸搬运合理损耗费用、其他费用。

（7）仓储成本，包括仓储持有成本、订货或生产准备成本、缺货成本、在途库存持有成本。

（8）用于保证物流系统运作的资金成本。

（9）研究设计、重组与优化物流过程的费用。

（10）其他费用。

在企业的各类财务表中，所表现出来的物流费用主要是流通费用。一般管理费用中的保管费、运输费等"对外支付的物流费"，这些费用并没有涵盖物流成本的全部费用。一般情况下，大多数企业发生的全部物流费用往往是表现出来的两倍或更多。这些隐藏的部分被称为"第三利润源"或物流冰山沉在水面以下的部分。

在纺织批发商聚集的东京日本桥批发街地区，商品入货、出货的货车错综来往，交通堵塞非常严重。运输业者的货车等待时间要比装卸时间长，4 t 的货车装货要花两个半小时，物流业务的非效率性和运费上升越来越严重。东京日本桥的 37 家纺织批发商以建设共同物流中心为目的，结成了"联合团体—东京湾市场"。该团体很快就在东京湾建立了一个服装大市场，大大降低了成本。

3．物流成本的分类

1）狭义的物流成本分类

狭义物流分类如图 8-2 所示。

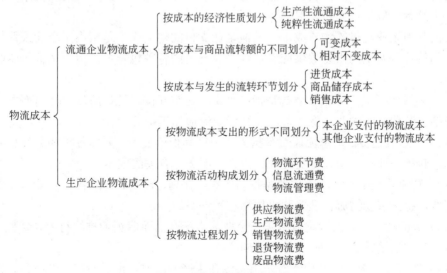

图 8-2　狭义物流成本分类

（1）生产性流通成本。生产性流通成本又称追加成本，是生产性成本在流通领域的继续,是为了使物品最终完成生产过程,便于消费而发生的成本。生产性流通成本要追加到产品的价值中去,是必要劳动的追加成本。

(2) 纯粹性流通成本。纯粹性流通成本也称销售成本,是流通企业在经营管理过程中,因组织产品交换而发生的成本。纯粹性流通成本同商品的交换行为有关,虽然不创造新的价值,但也是一种必要劳动,是物品价值实现过程所必不可少的。

(3) 可变成本。可变成本或称直接成本,指物流成本中随商品流转额的变动而变动的那一部分成本。这种成本开支的多少与商品流转额变化直接相关,即流转额增加,成本支出也随之增加,反之则减少,如搬运费、仓储管理费等。

(4) 相对不变成本。相对不变成本或称间接成本,指物流成本中不随商品流转额的变动而变动的那一部分成本。这种成本与商品的流转额没有直接关系,在一般情况下,商品流转额变动,它不一定发生变动;或即使发生变动,也不与商品的流转额成比例变动。它受商品流转额增减变动的影响较小,开支的绝对金额是相对固定的,如员工工资、福利费、折旧费等。

(5) 进货成本。进货成本是指商品由供货单位到流通企业仓库所发生的运输费、装卸费、损耗费、包装费、入库验收费和中转单位收取的费用。

(6) 商品储存成本。商品储存成本是指物流企业在商品保管过程中所开支的转库搬运、检验、挑选、整理、维护、保养、管理、包装等方面的成本及商品的损耗费。

(7) 销售成本。销售成本是指流通企业从商品出库到销售过程中所发生的包装费、手续费、管理费等。

(8) 本企业支付的物流成本。本企业支付的物流成本是指企业在供应、销售、退货等阶段,因运输、包装、搬运、整理等发生的由企业自己支付的物流成本。它又可进一步分为自己支付和委托支付两种物流成本。自己支付的物流成本包括材料费、人工费、燃料动力费、管理费、折旧费、利息支出、维护保养费等;委托支付的物流成本包括运输费、手续费、保管费和包装费等。

(9) 其他企业支付的物流成本。其他企业支付的物流成本是指由于企业采购材料、销售产品等业务发生的由有关供应者和购买者支付的各种包装、发运、运输、验收等物流成本。

(10) 物流环节费。物流环节费是指产品实体在空间位置转移所流经环节而发生的成本,包括包装费、运输费、保管费、装卸费及流通加工费等。

(11) 信息流通费。信息流通费是指为实现产品价值变换,处理各种物流信息而发生的成本,包括与库存管理、订货处理、为客户服务等有关的成本。

(12) 物流管理费。物流管理费是指为组织、计划、控制、调配物资活动而发生的各种管理费,包括现场物流管理费和机构物流管理费。

(13) 供应物流费。供应物流费是指企业为生产产品而购买各种原材料、燃料、外购件等所发生的运输、装卸、搬运等方面的成本。

(14) 生产物流费。生产物流费是指企业在生产产品时,由于材料、半成品、成品的位置转移而发生的搬运、配送、发料、收料等方面的成本。

(15) 销售物流费。销售物流费是指企业为实现商品价值,在产品销售过程中所发生的储存运输、包装及服务成本。

（16）退货物流费。退货物流费是指产品销售后因退货、换货所引起的物流成本。

（17）废品物流费。废品物流费是指因废品、不合格产品的物流所形成的物流成本。

2）广义的物流成本分类

以上的狭义物流成本分类方法，在一定程度上满足了企业统计计算物流成本的需要。但是值得注意的是：客户服务成本是企业在进行物流成本管理时必须考虑的成本要素；各类物流成本之间具有此消彼长的关系，试图减少单个活动的成本也许会导致总成本增加，管理层必须考虑所有物流成本的总和，才能实现有效的管理和真正的成本节约。由于现有的物流成本分类方法不但忽略了客户服务成本，而且不能清楚地反映各类物流成本之间的悖反关系，因此，为了提升企业物流成本的管理效率，必须将物流成本管理的视角扩展到广义物流成本的范畴，广义的物流成本分类如下：

（1）丧失销售成本。与不同客户服务水平相关的关键的成本权衡因素，是丧失销售成本。丧失销售成本不仅包括失去的现有销售所带来的贡献，还包括未来的潜在销售。企业可能由于以前顾客的反面的口头宣传而丧失未来的销售机会。某一项评估表明，每个不满意的顾客会将他对于产品或服务的不满向平均其他九个人诉说。毫无疑问，要衡量客户服务的真实成本是多么困难。

因此，最好的办法是根据客户需要决定希望达到的客户服务水平，并考虑哪些需求将会如何受营销组合其他方面的开支的影响。正如前面所说的，其思想是在给定客户服务目标的前提下，使总成本最小化。因为其他几个主要的物流成本因素共同作用来支持客户服务，物流经理需要得到有关每个成本类别的开支的正确数据。

（2）运输成本。根据分析个体的不同，可以用多种不同的方法来考察支持运输的支出。运输成本可以按客户、生产线、渠道类型、运输商、方向（进货对发货）等分类。根据发运量、运输的重量、距离以及出发地和目的地不同，成本相应的变化很大。成本和服务还会随着所选择的运输方式的不同而发生大幅度的变动。

（3）仓储成本。仓储成本由仓储和储存活动以及工厂和仓库的选址过程所造成，包括由于仓库数量和位置的变化而引起的所有成本。

（4）订单处理/信息系统成本。订单处理和信息系统成本与诸如处理客户订单、配送信息和需求预测等活动相关。

（5）批量成本。主要的物流批量成本是由于生产和采购活动所引起的。批量成本是和生产或采购相关的成本，随着生产批量、订单的大小或频率的改变而变化。

（6）库存持有成本。可能影响库存持有成本的物流活动包括库存控制、包装以及废品回收和废物处理。库存持有成本由许多因素组成，除销售的丧失成本之外，库存持有成本是最难确定的。

（7）包装成本。包装作为物流企业的构成要素之一，与运输、保管、搬运、流通加工均有十分密切的关系。包装是生产的终点，同时又是物流的起点，因而包装在物流中有非常重要的作用。

以上对广义物流成本的分类，将物流看成是一个完整的系统，并以给定企业的客户服务目标为前提。这种分类方法从各种物流活动和成本的关系出发，分析成本产生的原因，将总成本最小化，实现有效的物流管理和真正的成本节约。

8.1.2 物流成本管理信息系统

1. 物流成本管理的内容

物流成本管理的内容主要包括物流成本预测、物流成本决策、物流成本计划、物流成本控制、物流成本核算、物流成本分析和考核等。物流成本管理需要一个能协调计划、监控和管理物流各种各样物流成本发生的全面集成化系统。从而协助物流企业的各项活动都面向市场来进行运转。

物流成本管理可以分为三个阶段，如图 8-3 所示。

图 8-3　物流成本管理

（1）事前计划。在成本发生前，预先通过对历史资料的分析研究和依据技术方法测算，制定出未来某个时期内各种生产条件处于正常状态下的标准成本，作为员工努力的目标以及衡量实际成本节约或超支的尺度，从而起着成本的事前控制作用。

（2）事中控制。在生产过程中将成本的实际消耗与标准消耗进行对比，及时地揭示和分析实际成本脱离成本标准的差异，并迅速采取措施加以改进，以加强成本的事中控制。

（3）事后分析。在每月或季度结束后，计算出实际成本与标准成本之间的差异，分析差异的原因，查明责任归属，评估业绩，从而制定有效措施，以避免不合理的支出和损失的再次发生，为未来的成本管理工作和降低成本的途径指出努力方向，实现成本的事后控制。

2. 物流成本管理的组成

所谓系统，是一组相关而有共同目标的集合，也可以说是达到共同目标的要素群。物流成本管理信息系统，是利用计算机技术将物流成本各功能要素的集合，它包括物流成本计算、物流支付形态管理、物流成本性态分析、物流责任成本管理、物流成本效益分析。物流成本管理系统如图 8-4 所示。

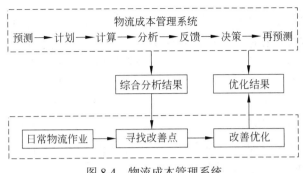

图 8-4　物流成本管理系统

8.1.3　物流作业成本的费用信息

要建立成本管理信息系统，首先要收集物流作业过程中的费用信息，分析成本管理业务需求。各成本项目的构成内容如下。

1．运输成本

运输成本是指一定时期内，企业为完成货物运输业务而发生的全部费用，包括支付外部运输费和自有车辆运输费。具体包括三部分内容：

（1）人工费。人工费主要指从事运输业务的人员的费用。具体包括运输业务人员工资、福利、奖金、津贴、补贴、住房公积金、职工劳动保护费、人员保险费、按规定提取的福利费、职工教育培训费和其他一切用于运输业务人员的费用等。

（2）维护费。维护费主要是指与运输工具及其运营有关的费用。具体包括车辆（包括其他运输工具）的燃料费、折旧费、维修保养费、保险费、租赁费、养路费、过路过桥费、年检费等。

（3）一般经费。在企业运输业务的过程中，除了人工费和维护费之外的其他与运输工具或运输业务有关的费用，如事故损失费等。

就物流范围而言，运输成本存在于企业供应物流、企业内物流、销售物流、回收物流和废弃物物流全过程。

2．仓储成本

仓储管理的主要任务是用最低的费用在适当的时间和适当的地点取得适当数量的存货。

仓储成本是指一定时期内，企业为完成货物储存业务而发生的全部费用，包括支付外部仓储费和使用自有仓库仓储费。具体包括三部分内容：

（1）人工费。人工费主要指从事仓储业务人员费用。具体包括仓储业务人员工资、福利、奖金、津贴、补贴、住房公积金、职工劳动保护费、人员保险费、按规定提取的福利费、职工教育培训费和其他一切用于仓储业务人员的费用等。

（2）维护费。维护费主要是指与仓库及保管货物有关的费用。具体包括仓储设施的折旧费、设施设备维修保养费、水电费、燃料与动力消耗费等。

（3）一般经费。在企业仓储业务的过程中，除了人工费和维护费之外的其他与仓库或仓储业务有关的费用，如仓库业务人员办公费、差旅费等。

目前，许多教材中，仓储成本的含义较为广泛，通常包括仓储持有成本、订货或生产准备成本、缺货成本和在途库存持有成本等，其中资金占用成本、存货风险成本和存货保险成本等均包括在上述内容中。本书中的仓储成本是指狭义的仓储成本，仅指为完成货物储存业务而发生的全部费用。因此，就物流范围而言，仓储成本通常发生于企业内物流阶段。

3. 包装成本

包装成本是指一定时期内，企业为完成货物包装业务而发生的全部费用，包括运输包装费和集装、分装包装费。具体包括材料费、人工费、维护费和一般经费四部分内容。如图8-5所示。

（1）材料费。材料费主要指包装业务所耗用的材料费。企业的包装材料除少数自制外，大部分是通过采购取得的。根据财政部《企业会计准则》和《工业企业会计制度》的规定，外购材料成本包括买价和购买材料的运杂费、运输途中的合理损耗、入库前的挑选整理费用以及购入材料负担的不能抵扣的税收等。

图8-5 包装成本

（2）人工费。人工费主要指从事包装业务的人员的费用。具体包括包装业务人员工资、福利、奖金、津贴、补贴、住房公积金、职工劳动保护费、人员保险费、按规定提取的福利费、职工教育培训费和其他一切用于包装业务人员的费用等。

（3）维护费。维护费主要指与包装机械有关的费用。包装过程中使用包装机械，可以极大地提高包装水平和劳动效率。包装机械有关费用主要包括设备折旧费、维修费、能源消耗费和低值易耗品摊销等。

（4）一般经费。在包装过程中，除了人工费、材料费和与包装机械有关的费用外，还发生了一些诸如包装技术费用和辅助费用等的其他杂费，这部分费用通常列入一般经费。例如为了发挥包装的功能，达到最佳的包装效果，需要实施缓冲、防潮、防霉技术所发生的设计和实施费用，以及包装标记标志的设计费、印刷费、辅助材料费等。

传统上，实施包装作业的单位一般为生产制造企业，但随着物流活动过程中"流通加工"这一物流功能存在的客观性和必要性得到越来越多的认可，包装作业的实施单位也由生产制造企业扩展到包括流通企业和物流企业在内的所有类型企业和流通企业。无论何种包装，都需要耗用一定的人力、物力、财力，对于大多数商品，只有经过包装，才能进入流通，也有部分商品，是进入流通后，实施初次或再次界定："物品在从生产地到使用地的过程中，根据需要施加包装、分割、计量、分拣、刷标志、拴标签、组装等作业的总称。"

4. 装卸搬运成本

装卸搬运成本指一定时期内，企业为完成货物装卸搬运业务而发生的全部费用。具体包括人工费、维护费和一般经费三部分内容。

（1）人工费。人工费主要指从事装卸搬运业务的人员的费用。具体包括装卸搬运业务人员的工资、福利、奖金、津贴、补贴、住房公积金、职工劳动保护费、人员保险费、按规定提取的福利费、职工教育培训费和其他一切用于装卸搬运业务人员的费用等。

（2）维护费。在装卸搬运过程中需要使用一些起重搬运设备和输送设备等，维护费是指这些装卸搬运设备的折旧费、维修费以及能源消耗费等。

（3）一般经费。一般经费指在物品装卸搬运过程中，除了上述人工费和设备维护费外，发生的其他与装卸搬运业务有关的费用，如分拣费、整理费等。

就装卸搬运业务发生的场所而言，包括车间装卸搬运、站台装卸搬运和仓库装卸搬运等，因此，装卸搬运成本存在于供应物流、企业内物流、销售物流、回收物流和废弃物物流整个物流活动的全程。

5．流通加工成本

流通加工成本是指一定时期内，企业为完成货物流通加工业务而发生的全部费用，包括支付外部流通加工费和自有设备流通加工费。具体包括人工费、材料费、维护费和一般经费四部分内容。

（1）人工费。人工费主要指从事流通加工业务的人员的费用。具体包括流通加工业务人员的工资、福利、奖金、津贴、补贴、住房公积金、职工劳动保护费、人员保险费、按规定提取的福利费、职工教育培训费和其他一切用于流通加工业务人员的费用等。

（2）材料费。材料费主要指流通加工过程中所耗用的辅助材料、包装材料等费用。材料成本的计算方式同包装作业中材料成本的计算。

（3）维护费。流通加工过程中需要使用一定的设备，如电锯、剪板机等，维护费指与这些流通加工设备有关的折旧费、摊销费、维修保养费以及电力、燃料、油料等能源消耗费。

（4）一般经费。一般经费指在流通加工过程中，除了上述人工费、材料费和维护费之外，所发生的与流通加工有关的其他费用支出，例如流通加工作业应分摊的车间经费以及其他管理费用支出。

流通加工的对象是进入流通领域的商品，具有商品的属性。从这一意义上说，流通加工成本仅存在于销售物流阶段。

6．配送成本

配送是物流系统中一种特殊的、综合的活动形式。从物流角度来说，配送几乎包含了所有的物流功能要素，是物流的一个缩影或在较小范围内物流全部活动的体现。一般的配送集运输、仓储、包装和装卸搬运于一身，特殊的配送还包括流通加工。

正因为配送是一个"小物流"的概念，集若干物流功能于一身，所以配送成本包括在配送物流范围内的运输、仓储、包装、装卸搬运和流通加工成本中，具体的费用支付形态包括人工费、材料费、维护费和一般经费，就物流范围而言，配送成本存在于供应、企业内物流和销售物流阶段。

本书中，配送成本不作为物流功能成本的构成内容，而将与配送成本有关的费用支出在其他物流功能成本中进行分配。

7．物流管理成本

物流管理成本指一定时期内，企业为完成物流管理活动所发生的全部费用，包括物流管理部门及物流作业现场所发生的管理费用，具体包括人工费、维护费和一般经费三部分内容。

（1）人工费。人工费主要指从事物流管理工作的人员的费用。具体包括物流管理人员的工资、福利、奖金、津贴、补贴、住房公积金、职工劳动保护费、人员保险费、按规定提取的福利费、职工教育培训费和其他一切用于物流管理人员的费用等。

（2）维护费。维护费指物流管理人员在物流管理过程中，会使用有关软件系统和硬件设施进行管理，这些软硬件系统及设施的折旧费、摊销费、修理费等，即为物流管理成本的维护费。

（3）一般经费。一般经费指物流管理活动中，除了人工费、维护费外的其他费用支出。如物流管理部门、物流作业现场及专门的物流管理人员应分摊的办公费、会议费、水电费、差旅费等，还包括国际贸易中发生的报关费、检验费、理货费等。

物流管理活动贯穿于企业物流活动全程，因此，就物流范围而言，物流管理成本存在于供应物流、企业内物流、销售物流、回收物流和废弃物物流全程。

8．物流信息成本

畅通信息渠道，及时充分地获取各类信息，是物流系统高效运行的保证。随着物流业的发展，信息在物流管理中的地位越来越重要，物流信息管理已经成为物流管理的重要手段之一。目前，企业物流管理活动信息流既包括企业内部信息流，如企业内原材料、半成品、产成品物流以及生产过程物流和与之相关的物流成本核算所产生的信息流动，也包括企业间的信息流，如企业间订货、收货、发货、中转、代理以及结算等活动所产生的物流信息。无论何种形式的信息流，都主要以物流及信息技术作为载体，通过与物流活动的高度融合，最终推动和促进物流管理水平的提升。

物流信息成本指一定时期内，企业为完成物流信息的采集、传输、处理等活动所发生的全部费用，具体包括人员费、维护费和一般经费三部分内容。

（1）人员费。人员费主要指从事物流信息管理工作的人员费用。具体包括物流信息人员的工资、福利、奖金、津贴、补贴、住房公积金、职工劳动保护费、人员保险费、按规定提取的福利费、职工教育培训费和其他一切用于物流信息管理人员的费用等。

（2）维护费。在物流信息管理过程中，开发物流信息软件系统，投入信息硬件设施，已经成为物流信息管理的重要手段和必备条件。物流信息成本的维护费主要是指与物流信息软、硬件系统及设备有关的费用，物流信息系统开发摊销费、信息设施折旧费以及物流信息软硬件系统维护费等。

（3）一般经费。在物流信息活动过程中，除了人工费和与物流信息软硬件系统有关的维护费外，所发生的其他与物流信息有关的费用，例如在采购、生产、销售过程中发生的通信费、咨询费等。

无论哪种类型的企业，物流信息活动都贯穿于物流活动全程，在企业运营过程中，有物流就有相关的信息客观存在，因此，就物流范围而言，物流信息成本存在于供应物流、企业内物流、销售物流、回收物流和废弃物物流全程。将物流信息与其他信息区别开来，将物流信息费用从其他费用中分离出来都是极其困难的，但同时也是极为必要和重要的。

8.2 物流成本计算数据和计算对象的确定

8.2.1 物流成本计算的要求

为了使物流成本管理信息系统能正确计算物流成本,要区分哪些属于成本计算对象。要分清有关费用的界限。

物流费冰山说

只能把握委托物流那种容易算清成本的部分,而不能正确地把握隐藏在水面下的自家物流的全部成本。为此,人们把物流成本比喻为冰山。在核算不清的费用中,有自家公司的物流成本,也有不列入费用的向其他公司所交的物流费。若不把这些费用计算清楚,就不能实现物流整体的合理化。

1. 正确划分应计入物流成本和不应计入物流成本的费用界限

企业的全部经济活动可分为生产经营活动、投资活动和筹资活动。首先,投资活动的耗费不能计入物流成本。只有生产经营活动和与流动资金有关的筹资活动的成本才可能计入物流成本。筹资活动和投资活动不属于生产经营活动,在会计上,它们的耗费不能计入产品成本,属于筹资成本和投资成本。物流活动贯穿于企业经营活动,因此投资以及与流动资金筹资无关的筹资活动所发生的耗费不能计入物流成本,这部分耗费包括对外投资的支出、耗费和损失,对内长期资产投资的支出、耗费和损失,包括有价证券的销售损失、固定资产出售损失和报废损失等;捐赠支出;各种筹资费用,包括流动资金之外的应计利息、贴现费用、证券发行费用等。

其次,生产经营活动的成本包括正常的成本和非正常的成本。在会计上,只有正常的生产经营活动成本才可能计入产品成本,非正常的经营活动成本不计入产品成本而应计入营业外支出。非正常的经营活动成本包括灾害损失、盗窃损失等非常损失;滞纳金、违约金、罚款、损害赔偿等赔偿支出;短期投资跌价损失、坏账损失、存货跌价损失、长期投资跌价损失、固定资产减值损失等不能预期的原因引起的资产减值损失;债务重组损失;等等。

另外,企业正常的生产经营活动成本又分为产品成本和期间费用。这两部分成本费用支出正是物流成本的主要构成内容。所以,计算物流成本首先应从产品成本和期间费用有关的会计科目出发,按物流成本的内涵,逐一归集和计算物流成本。

2. 正确划分不同会计期物流成本的数据界限

物流成本的计算期可分为月度、季度和年度。一般要求每月计算一次。因此,应计入物流成本的费用数据,还应在各月之间进行划分,以便分月计算物流成本。因物流成本计算与会计核算同步或以会计核算资料为依据于期末进行,因此,为了正确划分各会计期的物流成本费用数据界限,在会计核算上,要求企业不能提前结账,将本月费用作为下月费用处理,也不能延后结账,将下月数据作为本月费用处理。同时,还要求企业严格贯彻权责发生制原则,正确核算待摊费用和预提费用,本月已经支付但应由以后各月负担的费用,应作为待摊费用处理,本月尚未支付但应由本月负担的费用,应作为预提费用处理。若企业在会计核算上未遵循上述规则,在计算物流成本时,应对有关费用数据进行调整,以正确反映各会计期物流成本。

3. 正确划分不同物流成本对象的费用界限

对于应计入本会计期物流成本的费用还应在各成本对象之间进行划分:凡是能分清应由某个成本对象负担的直接成本,应直接计入该成本对象;各个成本对象共同发生、不易分清应由哪个成本对象负担的间接费用,应采用合理的方法分配计入有关的成本对象,并保持一贯性。

8.2.2 企业物流成本计算对象

物流成本如何归集与计算,取决于成本计算对象的选取,成本计算对象的选取方法不同,得出的物流成本的结果也就不同。因此,计算物流成本,明确物流成本计算对象是前提。

一般来说,物流成本计算对象的选取,主要取决于物流范围、物流成本项目、物流成本支付形态以及企业物流成本控制的重点。其中前三项是计算物流成本的基础,是最基本的物流成本计算对象,各企业计算物流成本时一般应以物流范围、物流成本项目、物流成本支付形态这三维作为物流成本计算对象,也可根据不同企业物流成本管理和控制的重点不同,来选取物流成本计算对象,但仍以最基本的三维物流成本计算对象作为基础。

1. 基本物流成本计算对象

1) 以物流成本项目作为成本计算对象

以物流成本项目作为物流成本计算对象,是将物流成本首先按是否属于功能性成本分为物流功能成本和存货相关成本。其中,物流功能成本指在运输、仓储、包装、装卸搬运、流通加工、物流信息和物流管理过程中所发生的物流成本。存货相关成本指企业在物流活动过程中所发生的与存货有关的流动资金占用成本、风险成本和保险成本。这种物流成本计算对象的选取不仅对于加强每个物流功能环节的管理,提高每个功能环节的作业水平具有重要意义,而且可以直观地了解与存货有关的物流成本支出数额,对于加速存货资金周转速度,减少资金风险损失具有重要意义。同时还可以了解,在整个物流成本构成中,物流功能成本以及功能成本之外的成本支出各自所占的份额,对于物流成本控制和成本管理工作具有重要意义。物流成本项目是最基本的物流成本计算对象。

2) 以物流范围作为成本计算对象

以物流活动的范围作为物流成本计算对象,是对物流的起点与终点以及起点与终点间的物流活动过程的选取,也就是对物流活动过程空间的截取,具体包括供应物流、企业内物流、销售物流、回收物流和废弃物物流等不同阶段所发生的成本支出。它的主要任务是从材料采购和管理费用等科目中分离出供应物流成本,如材料采购账户中的外地运输费、装卸搬运费等,管理费用中的市内运杂费等以及列入有关费用科目中的采购环节所发生的企业自行运输的人工费、燃料费,运输工具的折旧费、维修费等;从生产成本、制造费用、管理费用等账户中分离出企业内物流成本,例如与仓储有关的人工费、仓库的折旧费、维修费，企业内的运输成本，企业内的包装成本以及仓储存货的资金占用成本、风险损失等；从销售费用中分离出销售物流成本，如销售过程中发生的运输、装卸搬运、流通加工等费用；若企业还发生退货、物品返修、包装容器的周转使用以及废弃物处理等业务，还应从销售费用、管理费用以及其他业务成本等账户中分离出回收物流成本和废弃物流成本。通过上述的数据分离和计算，可以得出不同范围的物流成本以及物流成本的总额，可使企业管理者清晰地了解各范围物流成本的全貌，并据此进行比较分析。

3）以物流成本支付形态作为成本计算对象

以物流成本的支付形态作为物流成本计算对象是把一定时期的物流成本，从财务会计数据中予以分离，按照成本支付形态进行分类计算，它首先将企业的物流成本分为企业自营物流成本和委托物流成本。其中，企业自营物流成本指企业在物流活动过程中发生的人工费、材料费、办公费、差旅费、折旧费、维修费、租赁费、利息费、保险费等，以支付形态表现的物流成本是企业物流成本发生的最原始的状态，本书中将上述形式多样的支付形态按其性质归为五类：材料费、人工费、维护费、一般经费和特别经费。其中，材料费和人工费意义较为明确，维护费指物流设施设备的折旧费、维修费、燃料动力消耗费等维护性支出；一般经费指物流功能成本中除人工费、材料费和维护费之外的其他费用支出；特别经费仅用于计量与存货有关的费用支出。委托物流成本指企业委托外单位组织物流活动所支付的运输费、保管费、装卸搬运费等支出。以支付形态作为物流成本计算对象，可以得到不同形态的物流成本支出数据，了解企业本身的物流成本支出和对外支付的物流成本支出，尤其是可以获得较为详尽的内部支付形态信息，为企业制定标准物流成本和编制物流成本预算提供资料依据。

2．其他物流成本计算对象

除了以物流成本项目、物流范围和物流成本支付形态三维作为基本物流成本计算对象外，物流成本计算对象的选取还取决于企业物流成本管理的要求和物流成本控制的重点。对于这一点，不同企业会有所不同。基于这样的思想，企业为加强物流成本管理，在基本的物流成本计算对象之外，还可以选取其他对象作为物流成本计算对象。

1）以客户作为成本计算对象

以客户作为物流成本计算对象主要是针对物流服务企业而言的。在物流服务业竞争日益激烈的今天，以客户作为成本计算对象，可以了解为不同客户服务所发生的成本支出，这对于加强客户服务管理，制定有竞争力的收费价格以及为不同客户提供差别性的物流服务具有重要意义。

2）以产品作为成本计算对象

以产品作为物流成本计算对象主要指生产流通企业在物流成本计算时，以每种产品作为成本计算对象，计算为组织该产品的购、产、销所花费的物流成本，据此可进一步了解各产品的物流成本开支情况，以便明确管理的重点。同时，通过不同产品物流成本支出的比较和分析，明确产品物流成本改进的取向。不过，以产品作为物流成本计算对象，在不同产品物流成本的分配方面可能会更复杂一些，尤其还涉及完工产品和在产品物流成本的分配，这需要借鉴产品成本分配的一些思路和规则。

3）以部门作为成本计算对象

以部门作为物流成本计算对象获取物流成本信息对于内部划分了运输队、保管、装配等部门的企业而言，意义尤为重大。这种计算方式便于明确物流成本责任中心，有利于开展物流责任成本管理。通过不同责任部门物流成本的趋势分析，了解各责任中心物流成本的升降趋势，可以进一步明确责任，为部门绩效考核提供依据。

4）以营业网点作为成本计算对象

计算各营业网点组织物流活动所花费的物流成本，进而了解企业物流总成本以及各网点物流成本构成，是企业进行物流成本日常控制、对各网点实施绩效考核和物流系统优化决策的重要依据。

总之，企业可根据自身的管理情况，任意选择成本计算对象进行成本管理。从理论上说，企业可以以全部经营活动的任何一个管理对象作为物流成本计算对象，物流成本计算对象可以是一维、二维、三维、四维或更多维的，维数越多，物流成本信息也越详尽，但对物流成本计算来说，其难度和工作量也就越大。

8.3 物流成本管理信息系统业务需求分析

8.3.1 企业物流成本主要数据

企业物流成本主要数据，见表 8-1。

表 8-1 列出了企业物流成本业务需求的主要数据，这些数据是按成本项目、物流范围和成本支付形态三维形式反映企业一定期间各项物流成本的信息。主要是根据物流成本的三维构成，按一定的标准和顺序，把企业一定期间的项目物流成本、范围物流成本和支付形态物流成本在日常工作中形成的大量成本费用数据进行整理而成的。

将表 8-1 的数据转为计算机管理，操作界面如图 8-6 所示。

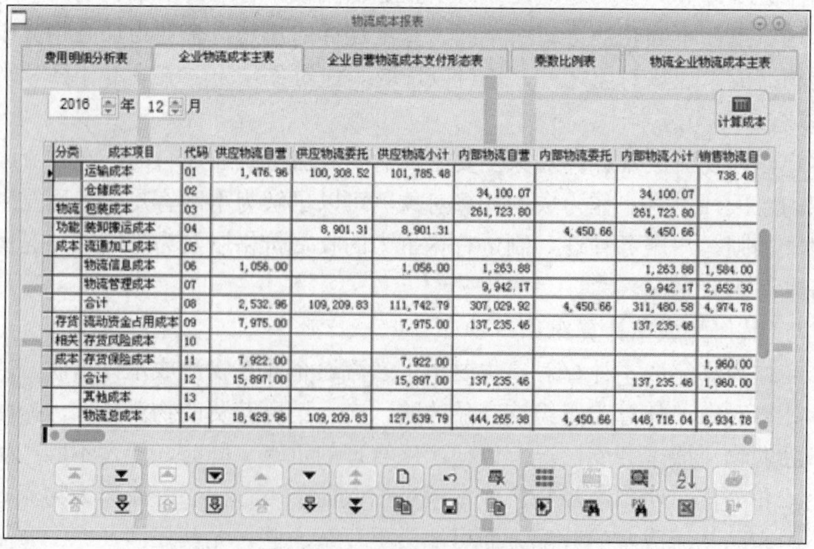

分类	成本项目	代码	供应物流自营	供应物流委托	供应物流小计	内部物流自营	内部物流委托	内部物流小计	销售物流自
	运输成本	01	1,476.96	100,308.52	101,785.48				738.48
	仓储成本	02				34,100.07		34,100.07	
物流	包装成本	03				261,723.80		261,723.80	
功能	装卸搬运成本	04		8,901.31	8,901.31		4,450.66	4,450.66	
成本	流通加工成本	05							
	物流信息成本	06	1,056.00		1,056.00	1,263.88		1,263.88	1,584.00
	物流管理成本	07				9,942.17		9,942.17	2,652.30
	合计	08	2,532.96	109,209.83	111,742.79	307,029.92	4,450.66	311,480.58	4,974.78
存货	流动资金占用成本	09	7,975.00		7,975.00	137,235.46		137,235.46	
相关	存货风险成本	10							
成本	存货保险成本	11	7,922.00		7,922.00				1,960.00
	合计	12	15,897.00		15,897.00	137,235.46		137,235.46	1,960.00
	其他成本	13							
	物流总成本	14	18,429.96	109,209.83	127,639.79	444,265.38	4,450.66	448,716.04	6,934.78

图 8-6 物流成本主表界面

表 8-1 企业物流成本主要数据

表号：企物流 A1 表

企业详细名称：＿＿＿＿＿　企业法人代码：＿＿＿＿＿　（计量单位：元）　年＿＿月

成本项目		代码	范围及支付形态															
			供应物流成本			企业内物流成本			销售物流成本			回收物流成本			废弃物物流成本			物流总成本	
甲			自营	委托	小计	自营	委托	小计	自营	委托	小计	自营	委托	小计	自营	委托	小计	自营	委托	合计
	乙	01	02	03	04	05	06	07	08	09	10	11	12	13	14	15	16	17	18
物流功能成本	运输成本	01																	
	仓储成本	02																	
	包装成本	03																	
	装卸搬运成本	04																	
	流通加工成本	05																	
	物流信息成本	06																	
	物流管理成本	07																	
	合计	08																	
	流动资金占用成本	09																	
	存货风险成本	10																	
	存货保险成本	11																	
	合计	12																	
	其他成本	13																	
	物流总成本	14																	

单位负责人：＿＿＿＿＿　填表人：＿＿＿＿＿　填表日期：＿＿年＿＿月＿＿日

物流成本信息系统对主表中的数据进行了整合，物流成本信息使用者可从系统中了解到详尽的企业物流成本信息，既可以了解不同物流功能成本及存货相关成本的发生额，也可以了解不同物流范围的成本发生额；既可以了解单项物流成本项目在不同物流范围的成本明细额，也可以了解单一物流范围所发生的不同的成本项目明细额；既可以了解内部自营物流成本及其具体的成本项目和物流范围成本发生额，也可了解委托成本及其支出明细。

8.3.2 物流成本计算科目及账户设置

企业物流成本计算包括显性成本和隐性成本。隐性物流成本计算是在会计核算体系之外，通过统计存货的相关资料，按一定的公式计算得出，计算方法相对简单，不涉及会计科目的选取和物流成本账户的设置问题。这里所涉及的会计科目选取和物流成本账户的设置问题，主要是针对显性物流成本的计算而言的。

1. 显性物流成本计算需选取的会计科目

成本核算资料是计算物流成本的基础，而从纷繁复杂的会计信息中获取物流成本信息，无论是在期中与会计核算同步进行还是在期末单独进行，均需找到计算物流成本的切入点，从原始凭证开始计算物流成本，理论上讲行得通，一一分析每张原始凭证，不会遗漏物流成本信息，但与物流成本无关的信息太多，徒增工作量，从会计报表入手计算物流成本，会计信息高度概括，无法具体分析哪些内容包括物流成本信息，且即使明确了包括物流成本信息的会计报表项目，物流成本的计算仍需向会计科目和原始凭证追溯；而从会计科目入手计算物流成本，方法相对折中，因为就物流成本的含义而言，首先属于成本费用类支出范畴，所以在计算物流成本时，只要从会计核算中所有的成本费用类会计科目入手，逐一分析其发生的明细项目，必要时追溯至原始凭证，逐一确认其是否属于物流成本的内容，就找到了计算物流成本的切入点。

一般来说，在会计核算中，生产制造企业的成本费用类会计科目主要包括管理费用、销售费用、财务费用、生产成本、制造费用、其他业务成本、营业外支出等科目，同时由于我国会计核算中对于采购环节存货成本的确认通常包括运输费、装卸费等与物流成本有关的内容，而这部分内容连同存货本身的采购价格一并计入"材料采购"科目。所以，计算企业物流成本时，除了从上述成本费用类会计科目入手计算外，还应考虑材料采购科目中所包含的物流成本信息。

2. 显性物流成本计算账户的设置数据

计算物流成本往往需要设置物流成本辅助账户，具体需要设置哪些物流成本账户，取决于物流成本计算对象的选取和物流成本管理的要求。基本的物流成本计算对象主要包括三维，即以物流成本项目、物流范围和物流成本支付形态作为成本计算对象，根据这三个维度，以"物流成本"作为一级账户，以物流成本项目所包括的具体成本作为二级账户，以各物流范围成本作为三级账户，以各支付形态物流成本作为四级账户，按照以上思路，需要设置100多个物流成本明细账户。例如物流成本中自营运输成本的计算需设置15个明细账户：

(1) 物流成本—运输成本—供应物流成本—人工费。

（2）物流成本—运输成本—供应物流成本—维护费。
（3）物流成本—运输成本—供应物流成本——般经费。
（4）物流成本—运输成本—企业内物流成本—人工费。
（5）物流成本—运输成本—企业内物流成本—维护费。
（6）物流成本—运输成本—企业内物流成本——般经费。
（7）物流成本—运输成本—销售物流成本—人工费。
（8）物流成本—运输成本—销售物流成本—维护费。
（9）物流成本—运输成本—销售物流成本——般经费。
（10）物流成本—运输成本—回收物流成本—人工费。
（11）物流成本—运输成本—回收物流成本—维护费。
（12）物流成本—运输成本—回收物流成本——般经费。
（13）物流成本—运输成本—废弃物物流成本—人工费。
（14）物流成本—运输成本—废弃物物流成本—维护费。
（15）物流成本—运输成本—废弃物物流成本——般经费。

实践中，可根据本企业情况，通过分析有关会计资料，仅对企业本会计期间发生的成本设置相应的明细账户，不需要一一设置，实际计算物流成本时，需设置的明细账户远远少于上面列举的物流成本账户设置；二是设置物流成本明细账户的一、二、三、四级次序，可根据本企业实际情况选择，不必拘泥于上述设置次序的安排。

3. 物流成本计算步骤

计算物流成本需要分别计算显性成本和隐性成本，然后将两大类成本汇总为物流成本总额。下面分别说明显性成本和隐性成本的计算步骤。

1）显性物流成本计算步骤

对于显性成本也即现行成本核算体系中已经反映但分散于各会计科目中的物流成本，按以下步骤计算：

首先，设置物流成本辅助账户，按物流成本项目设置运输成本、仓储成本、包装成本、装卸搬运成本、流通加工成本、物流信息成本、物流管理成本、流动资金占用成本、存货风险成本、存货保险成本等二级账户，按物流范围设置供应物流、企业内物流、销售物流、回收物流和废弃物物流等三级账户，按支付形态设置自营和委托物流成本四级账户，对于自营物流成本，还应按费用支付形态设置材料费、人工费、维护费、一般经费、特别经费费用专栏。上述物流成本二级、三级、四级账户及费用专栏设置次序，企业可根据实际情况选择。其中物流企业不需按物流范围设置各账户，直接按物流成本项目和物流成本支付形态设置账户或费用专栏即可。

其次，对企业会计核算的有关成本费用科目包括管理费用、销售费用、财务费用、生产成本、制造费用、其他业务成本、营业外支出以及材料采购等科目及明细项目逐一进行分析，确认物流成本的内容。

再次，对于应计入物流成本的内容，企业可根据本企业实际情况，选择在期中与会计核算同步登记物流成本辅助账户及相应的二级、三级、四级账户和费用专栏，或在期末（月末、季末、年末）集中归集物流成本，分别反映出按物流成本项目、物流范围和物流成本支付形态作为归集动因的物流成本数额。

最后，期末（月末、季末、年末）汇总计算物流成本辅助账户及相应的二级、三级、四级账户和费用专栏成本数额。

2）隐性物流成本计算步骤

对于隐性物流成本即现行成本核算体系中没有反映但应计入物流成本的费用（本书中主要指存货占用自有资金所发生的机会成本），按以下步骤计算：

首先，期末（月末、季末、年末）对存货按采购在途、在库和销售在途三种形态分别统计出账面余额。无论按在途或在库哪种状态统计，均以存货正在占用自有资金为统计标准，对于存货已购在途或在库但企业尚未支付货款以及企业已收到销售货款但存货仍在库或在途的，不计入统计范围。

其次，按照公式：存货资金占用成本=存货账面余额（存货占用自有资金）×行业基准收益率，计算出存货占用自有资金所产生的机会成本。

其中，对于生产制造和流通企业而言，若企业计提了存货跌价准备，则存货账面余额为扣除存货跌价准备后的余额；对于物流企业而言，由于不发生存货购销业务，只是在受托物流业务时需要垫付一定的备用金和押金，这部分备用金和押金可以理解为存货占用自有资金，也应计算其产生的机会成本。

企业若无法取得有关行业基准收益率的数值，也可使用一年期银行贷款利率或企业内部收益率计算，尤其当企业计算物流成本仅为内部管理所用时，则使用内部收益率计算的物流成本，对于内部物流成本管理决策更有意义。

8.3.3　企业间接物流成本分配

物流成本按其计入成本对象的方式分为直接物流成本和间接物流成本。直接物流成本和间接物流成本最主要的区别在于能否直接计入成本计算对象。对于直接物流成本，只要掌握一定的成本计算方法和步骤，可以直接计算出结果；但对于间接物流成本，则需要对归集的成本采取一定的分配原则和方法进行分配。

间接物流成本的分配通常要使用某种参数作为成本分配基础。成本分配基础是指能联系成本对象和成本的参数。为了合理地选择分配基础，正确分配间接物流成本，在分配过程中一般应遵循因果、受益和公平等原则。实践中，鉴于不同类型企业以及不同企业之间实际运作的差异性，间接物流成本的分配基础也各不相同，企业可根据本企业实际情况，在考虑成本—收益原则的前提下，选择适合本企业特点和有利于成本管理决策的分配方法。但一般来说，可供选择的间接物流成本分配基础包括：从事物流作业或物流功能作业或物流范围作业人员比例、物流工作量比例、物流设施面积或设备比例以及物流作业所占资金比例等。

事实上，在明确了物流成本计算的方法和步骤后，物流成本计算的难点就在于间接物流成本的分配，在本节中，运用作业成本法对间接物流成本进行分配。

1. 作业成本法概述

作业成本法（Acvtivity Based Cosdng，ABC）是将间接物流成本更准确地分配到作业、产品、客户、服务以及其他成本计算对象的一种成本计算方法，体现的是一种精细化和多元化的成本计算和管理的思想。

作业成本法在企业的应用有三个层次：成本核算层、成本管理层和作业优化层。企业在应用中，首先要做的是实施作业成本核算，在正确核算企业各作业以及产品作业成本的基础上，运用管理会计的方法，把作业成本的信息运用到企业各项决策和管理中去。最高的层次是借助作业成本的信息，开展作业管理，消除不增值作业，提高作业效率。

2．作业成本法的基本原理

作业成本法的基本原理可概括为：产品消耗作业，作业消耗资源并导致成本的发生。作业成本法把成本核算深入作业层次，它以作业为单位收集成本，并把"作业"或"作业成本池"（同一成本动因下的多个作业组成的成本中心）的成本按作业动因分配到作业层次。

具体来说，作业成本计算首先将企业所消耗的资源通过资源动因分配到作业或作业成本池中，形成作业或作业成本池的成本，然后再将作业或作业成本池的成本通过成本动因分配到成本对象上，形成成本对象的成本，如图 8-7 所示。通过这一过程，作业成本计算改进了传统的成本分配方法采用单一成本分配基础的弱点，力图找到资源消耗与成本对象之间的因果关系，从而得到更加精确的成本。

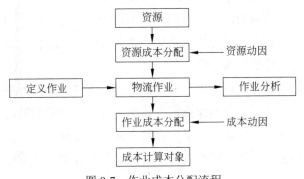

图 8-7 作业成本分配流程

3．作业成本法的计算流程

作业成本计算一般需要经过以下几个阶段：分析和确定资源，建立资源库；分析和确定作业，建立作业成本库；确定资源动因，分配资源耗费至作业成本库；确定成本动因，分配作业成本至成本计算对象。作业成本计算流程如图 8-8 所示。

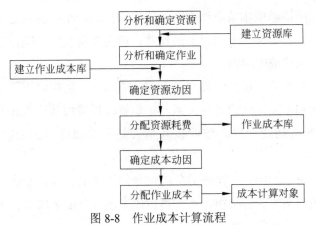

图 8-8 作业成本计算流程

1)分析和确定资源,建立资源库

资源指支持作业的成本、费用来源,它是一定期间内为了生产产品或提供服务而发生的各类成本、费用项目。通常在企业会计明细账中可清楚地得到各种资源项目,例如对于装卸作业而言,其发生的装卸人员的工资及其他人工费支出、装卸设备的折旧费、维修费、动力费等都是装卸作业的资源费用。一般来说,资源可分为货币资源、材料资源、人力资源、动力资源以及厂房设备资源等。

各项资源被确认后,设立资源库,将一定会计期间的资源耗费归集至资源库。设置资源库时,需要将一些会计明细账目结合成一个资源库,有时需要将一些被不同作业消耗的明细账目分解开来,将资源信息存入物流成本管理信息系统,以便需要时调用。

2)分析和确定作业,建立作业成本库

作业是企业为了某一特定目的而进行的资源耗费活动,是连接资源耗费和成本计算对象的桥梁。企业经营过程中的每个环节或每道工序都可以视为一项作业,企业的经营过程就是由若干项作业构成的。作业有两个基本特点:一是作业作为最基本的成本计算对象,必须具有量化的特点;二是作业贯穿于企业经营的全过程,作业的定义根据管理需要可粗可细,但必须囊括全部经营活动。

不同类型的企业,因其规模、工艺和组织形式的不同,作业的划分和定义也不同,企业可根据实际情况,选择一定的作业划分和确定方式。一般来说,有两种方式:一是依照部门来确定作业分类,这是最合乎大多数人的一种选择,对部门内的作业按照工作内容自上而下层层分解;二是依照业务程序来确定作业分类,按照作业的流程依次确定作业。

但作业的划分不一定与企业的职能部门相一致。有时作业是跨部门的,有时一个部门则能完成若干项不同作业。作业的划分应当粗细得当,划分过细,会使作业总数过多,由此必然导致成本计算工作量太大,企业为此所付出的代价势必过高;反之,如果作业划分过粗,一个作业中含有多种不相关业务,必然使成本计算结果的准确性大大降低。因此,作业的确定应遵循成本效益原则。一般来说,若一个企业只定义了一项作业,就应将它进一步分解;若定义了十项以上的作业,就需要将其中一些作业合并,而合并的作业一般应具有相同的成本动因。

作业确定后,要为每一项作业设立一个作业成本库,然后将资源耗费分配至作业成本库,建立起作业和资源之间的对应关系。正如资源耗费按其计入成本计算对象的方式分为直接耗费和间接耗费一样,作业按其是否具有专属性分为专属作业和共同消耗作业。

专属作业是指为某种特定产品或劳务提供专门服务的作业。专属作业资源耗费价值应直接由该特定的产品或劳务负担,不需再按成本动因分配至成本计算对象,正如直接耗费直接计入成本计算对象一样。

共同消耗作业是指同时为多种产品或劳务提供服务的作业，需要按不同的成本动因分配至成本计算对象。共同消耗作业按不同的成本动因可分为数量动因作业、批别动因作业、工时动因作业以及价值管理作业等。

数量动因作业指使每种产品或劳务的每个单位都均衡受益的作业。如包装作业，产品完工后，需要包装所有的产品且每件耗费的资源相同，使每件产品都得到了均衡受益。这类作业通常选择数量作为成本动因来分配作业成本。

批别动因作业指服务于每批产品或劳务并使每批产品或劳务都均衡受益的作业，如分批获取订单的订单作业，分批运送原材料或产品的搬运作业等。这类作业通常选择批别作为成本动因来分配作业成本。

工时动因作业指资源耗费与工时成比例变动的作业，如机加工作业等。这类作业通常选择批别作为成本动因来分配作业成本。

价值管理作业指那些负责综合管理工作的部门作业，例如物流管理部门作为一项作业就是价值管理作业。

项目分类管理的效果

在商业上有"快卖胜于高价"的观点。所谓项目分类管理就是要削减销售慢的商品库存。实施后的效果如下：

提高库存管理的精度——若项目数多，库存管理就变得繁杂，容易粗枝大叶。由于减少了管理项目，就能进行细致的管理。

降低成本——由于积压库存变为零，就减少了保管成本，扩大了作业场地；由于项目数变少，就提高了配送中心等处的作业效率。

3）确认资源动因，分配资源耗费至作业成本库

（1）资源动因及其确认。资源动因是指资源被各项作业消耗的方式和原因，它反映了作业对资源的消耗情况，是把资源库价值分配到各作业成本库的依据。

在作业成本法下，如果某一项资源耗费能直观地确定为某一特定产品或劳务，即最终成本计算对象所耗费，则直接计入最终成本计算对象，这时不需要确认资源动因和成本动因，这项资源耗费对最终成本计算对象而言，通常是直接成本，例如材料费支出。

在作业成本法下，如果某项资源耗费从发生领域看，可确定为某项作业所耗费，则可以直接计入该作业成本库，这时不需要确认资源动因，这项资源耗费对该项作业而言，通常是直接成本，例如各作业中心发生的办公费。

在作业成本法下，如果某项资源耗费从最初消耗上即呈混合耗费形态，则需要选择合适的量化依据将资源分解并分配至各项作业，这时需要选择资源动因，而这个量化依据即为资源动因。例如，对于资源职工医疗保险、动力、房屋租金和折旧而言，其资源动因可分别选择职工人数、耗电数、房屋面积、设备价值等。

（2）根据资源动因分配资源耗费。在将各项资源按资源动因分配至作业成本时，应首先确定资源动因分配率，然后确定各项作业所耗费的资源，具体计算公式如下：

资源动因分配率=某项资源耗费/该项资源耗费的动因量

某项作业应分配的资源耗费=该项作业所耗费的资源动因量×资源动因分配率

某项资源耗费=耗费该项资源的作业成本之和

4）确定成本动因，分配作业成本至成本计算对象

（1）成本动因及其确定。成本动因是指作业被各种产品或劳务即最终成本计算对象消耗的方式和原因，它是作业成本库成本分配到成本计算对象中去的标准。确定成本动因，即选择驱动成本发生的因素。

假定某流通企业欲了解和掌握其在供应物流和销售物流阶段所发生的物流成本，某月份该企业发生的资源耗费主要有工资 148 800 元、电费 7 392 元、折旧费 103 600 元、办公费 14 400 元，其涉及的作业主要包括运输作业、装卸搬运作业、物流信息作业和物流管理作业。其他具体资料如下：

① 该企业有运输车辆 6 辆，每月可提供的运输作业小时数为 1 056，根据有关统计资料，运输车辆用于供应物流的运输小时数为 462，用于销售物流的运输小时数为 475.2（118.8）。

② 该企业有装卸机 3 台，每月可提供的作业机时为 594，根据有关统计资料，在供应物流阶段所耗用的作业机时为 231，在销售物流阶段所耗用的作业机时为 297（66）。

③ 该企业物流信息管理作业是采用计算机辅助系统来完成的，该系统全月可提供 6 个作业机时。本月在供应物流阶段提供了 84 个作业机时，在销售物流阶段提供了 85 个作业机时（7）。

④ 该企业物流管理作业的人员及设施全月可提供 176 个作业小时，本月在供应和销售物流阶段分别提供了 76 个和 48 个作业小时。

根据上述资料，采用作业成本法计算企业供应物流成本和销售物流成本。需要的数据：

第一，确认企业本月所发生的资源耗费及作业。

资源耗费主要包括：工资 148 800 元，电费 7 392 元，折旧费 103 600 元，办公费 14 400 元。

作业主要包括：运输作业、装卸搬运作业、物流信息作业和物流管理作业。

第二，确认各资源动因，将各资源耗费分配至各作业。

①工资的分配。采用的资源动因为作业人数，因此应根据各作业的人数和对应的工资标准对工资进行分配（若无工资标准，则可按人数直接应用简单算术平均法分配），见

表 8-2。

表 8-2 工资资源分配一览

资源＼作业	运输	装卸搬运	物流信息	物流管理	非物流作业	合计
人数（人）	12	18	6	6	30	72
每人月工资（元）	2 000	1 800	2 200	2 200	2 200	
各项作业月工资（元）	24 000	32 400	13 200	13 200	66 000	148 800

② 电费的分配。电力资源消耗采用的资源动因为用电度数，已知每度电的用电价格为 0.8 元，具体分配结果见表 8-3。

表 8-3 电力资源分配一览表

资源＼作业	运输	装卸搬运	物流信息	物流管理	非物流作业	合计
用电度数（度）		1 100	880	660	6 600	9 240
各作业消耗电费（元）		880	704	528	5 280	7 392

③ 折旧费的分配。折旧费发生的原因在于有关作业运用了固定资产，因此，可根据各项作业固定资产运用的情况来分配折旧费，而特定的固定资产通常由特定作业所运用，它们之间一般具有直接对应的关系，因此折旧费相对于各作业而言，是直接成本，不需要采用资源动因进行分配，可根据会计明细账资料分别统计计入，具体见表 8-4。

表 8-4 折旧费用一览表

资源＼作业	运输	装卸搬运	物流信息	非物流作业	合计
各作业折旧费（元）	24 000	8 000	6 600	65 000	103 600

④ 办公费的分配。办公费发生的原因在于各作业人员耗用了各项办公用品等，发生了支出，其采用的资源分配动因为作业人数，人均办公费支出额为 14 400/72=200 元，具体分配结果见表 8-5。

表 8-5 工资资源分配一览表

资源＼作业	运输	装卸搬运	物流信息	物流管理	非物流作业	合计
人数（人）	12	18	6	6	30	72
各作业办公费（元）	2 400	3 600	1 200	1 200	6 000	14 400

将上述计算结果进行汇总，即得表 8-6。

一项作业的成本动因往往不止一个。因此，在成本计算过程中要特别注意选择和确定成本动因。成本动因的选择至少要考虑两个因素：一是成本动因与实际作业消耗之间的相关性；二是成本动因的计量性及计量成本的合理性。

表 8-6 各资源向各作业分配一览表

资源\作业	运输	装卸搬运	物流信息	物流管理	非物流作业	资源消耗合计
工资	24 000	32 400	13 200	13 200	66 000	148 800
电费		880	704	528	5 280	7 392
折旧费	24 000	8 000	6 600		65 000	103 600
办公费	2 400	3 600	1 200	1 200	6 000	14 400
作业成本合计	50 400	44 880	21 704	14 928	142 280	274 192

（2）取得成本动因信息的基本方法包括观察、记录、问卷、访谈等。

观察往往需要对此项工作有经验的人来进行，通过它，可以迅速收集到与作业有关的资料，但这种方法归集到的资料相对较少，一般只能作为补充方法使用。

记录是通过工作日志等方法，记录执行某项工作的人员数以及所需时间等信息，为完整准确地获取这方面信息，应通过建立制度明确记录人员的工作职责。

问卷是通过设计问卷由相关人员进行填写从而取得所需信息的一种方法，此种方法既可以单独使用，作为收集信息的主要工具，也可以作为访谈法的补充工具，在访谈前发放。问卷的设计应科学合理，尤其是需求信息的列示应清晰完整，以避免收集到不完整或不清晰的信息。

访谈是通过与被访谈对象面对面的交流以获取有关信息的一种方法，这是一种最主要且最普遍运用的方法，这种方法可以直观地获取较为详细的信息，但也比较费时。

8.3.4　运用作业成本法分配间接物流成本

作业成本法的核心是在资源和成本计算对象之间插入了作业，通过对间接物流成本使用多元分配标准，从而使其分配更为准确。

作业成本法中的核心要素有五个，具体包括资源、资源动因、作业、作业动因、成本计算对象，而在一般企业的运营中，这五个核心要素又都是多元的，多元的资源动因和作业动因作为分配标准，使多元的资源、作业和成本计算对象产生关联，将多元的资源分配至多元的作业中，再将多元的作业成本分配至多元的成本计算对象中去。它们之间的关系如图 8-9 所示。

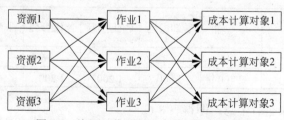

图 8-9　资源、作业和成本计算对象关系图

根据作业成本法的核心思想以及关键要素之间的串联关系，应用作业成本法分配和计算企业间接物流成本时，应首先明确资源、作业和成本计算对象，然后根据资源和作

业以及作业与成本计算对象之间的关系选择资源动因和作业动因,来完成间接物流成本的分配和计算。同时,企业物流成本计算的过程,也是从会计成本费用明细账中分离物流成本的过程,所以在确定资源耗费时,应首先根据其与物流成本的相关性,来明确哪些是物流作业的资源耗费,将非物流作业资源耗费分离出去,然后将物流作业资源耗费依次分配至各物流作业和最终的成本计算对象中。下面具体阐述。

1. 计算物流成本时资源的选取

资源是价值耗费。无论是生产、流通还是物流企业,不管企业采用的是传统成本计算制度还是作业成本制度,资源都是明确的,是客观发生的耗费。因此,计算物流成本选取资源时,仍旧要从成本费用类科目入手,包括管理费用、销售费用、财务费用、生产成本、制造费用、其他业务成本、营业外支出以及材料采购等科目入手,找出最原始的费用支付形态,例如人工费、材料费、折旧费、维修费、办公费、通信费等,这些最原始的费用支付就是资源及其耗费。

2. 计算物流成本时作业的确定

作业是资源耗费的活动。对不同类型企业以及同一类型的不同企业而言,作业可以有不同的定义。作业的确定可粗可细,企业应根据实际情况和管理需求,在考虑成本收益原则的前提下加以确定。为了计算方便,同时也为了与前面所阐述的物流成本计算对象中物流功能成本中的构成内容相符,在这里,我们首先把企业所有的作业活动划分为物流作业和非物流作业,然后将物流作业进一步细分为运输作业、仓储作业、包装作业、装卸搬运作业、流通加工作业、物流信息作业、物流管理作业。这样,企业的所有作业活动可划分为运输、仓储、包装、装卸搬运、流通加工、物流信息、物流管理和非物流作业。当然,作业的确定也可采用其他方式,同时在上述定义的作业中还可以进一步定义更细化的作业。

3. 确定资源动因,将资源耗费分配至作业

如前所述,对于可直接计入成本计算对象以及可直接计入作业的资源耗费,相对于作业而言,都属于直接成本,无须确定资源动因进行分配,只有那些相对于作业而言,资源耗费呈现混合状态,由若干项作业同时耗费的间接物流成本,才需确定资源动因进行分配。资源动因在各作业中进行分配的数据见表 8-7。

表 8-7 资源动因在各作业中进行分配表

资源耗费 作业	职工教育经费	电 费	合 计
运输			
仓储			
包装			
装卸搬运			
流通加工			
物流信息			
物流管理			

续表

资源耗费＼作业	职工教育经费	电费	合计
物流作业合计			
非物流作业			
总计			

4. 确定成本动因，将物流作业成本分配至成本计算对象

如前所述，确定成本动因，应考虑其与成本计算对象之间的相关性、可计量性并考虑成本收益原则，在此前提下，选择适合企业实际运作情况的成本动因，将各作业成本分配至最终成本计算对象。由于分配和计算的最终目的是要获取物流成本的相关信息，因此在将作业成本分配至成本计算对象这一过程中，只需计算分配各物流作业，非物流作业不再做进一步的分配。

在实践中，成本计算对象的选择可以有很多种，既可以是不同产品，也可以是不同客户，还可以是不同物流范围，等等。企业可以根据物流成本管理的需要选择物流成本计算对象。为了计算方便，也为了与前面所阐述的物流成本计算对象中物流范围阶段的构成内容相符，在这里，将成本计算对象设定为不同的物流范围，即供应物流、企业内物流、销售物流、回收物流和废弃物物流。

假定企业某月运输作业、仓储作业、包装作业、装卸搬运作业、流通加工作业、物流信息作业、物流管理作业按作业人数所分配的职工教育经费分别为 735.29 元、735.29 元、588.24 元、882.35 元、735.29 元、441.18 元、441.18 元。

运输作业的成本动因为里程数，其在供应物流、企业内物流、销售物流、回收物流和废弃物物流阶段所发生的里程数分别为 4 000 km、300 km、3 800 km、800 km、200 km，则供应物流、企业内物流、销售物流、回收物流和废弃物物流分担的运输成本分别为（以供应物流为例：[735.29/（4 000+300+3 800+800+200）]×4 000=323.20（元），其他几项以此类推）323.20 元、24.24 元、307.04 元、64.64 元、16.17 元。

仓储作业分配的职工教育经费 735.29 元，因其对应的物流范围阶段仅为企业内物流阶段，所以，企业内物流分担的该项仓储作业成本为 735.29 元，其他物流范围阶段分担的该项仓储成本为 0。

包装作业分配的职工教育经费 588.24 元，因其对应的物流范围阶段同样仅仅为企业内物流阶段，所以，企业内物流分担的该项包装作业成本为 588.24 元，其他物流范围阶段分担的该项包装作业成本为 0。

装卸搬运作业的成本动因为装卸搬运次数,其在供应物流、企业内物流、销售物流、回收物流和废弃物物流阶段所发生的装卸搬运次数分别为 360、240、420、36、20,则供应物流、企业内物流、销售物流、回收物流和废弃物物流分担的装卸搬运成本分别为(以供应物流为例:[882.35/(360+240+420+36+20)]×360=295.21(元),其他几项以此类推)295.21 元、196.81 元、344.41 元、29.52 元、16.40 元。

流通加工作业分配的职工教育经费 735.29 元,因其对应的物流范围阶段仅为销售物流阶段,所以,销售物流分担的该项流通加工作业成本为 735.29 元,其他物流范围阶段分担的该项流通加工作业成本为 0。

物流信息作业的成本动因是工作小时数,其在供应物流、企业内物流、销售物流、回收物流和废弃物物流阶段所使用的工作小时数分别为 50、20、45、10、7,则供应物流、企业内物流、销售物流、回收物流和废弃物物流分担的物流信息作业成本分别为(以供应物流为例:[441.18/(50+20+45+10+7)]×50=167.11(元),其他几项以此类推)167.11 元、66.85 元、150.40 元、33.42 元、23.40 元。

物流管理作业的成本动因是工作小时数,其在供应物流、企业内物流、销售物流、回收物流和废弃物物流阶段所使用的工作小时数分别为 40、30、50、6、6,则供应物流、企业内物流、销售物流、回收物流和废弃物物流分担的物流管理作业成本分别为(以供应物流为例:[441.18/(40+30+50+6+6)]×40=133.69(元),其他几项以此类推)133.69 元、100.27 元、167.11 元、20.05 元、20.06 元。

将上述数据结果以表格的形式表示,见表 8-8。

表 8-8 各物流作业所耗用的职工教育经费在不同物流范围阶段的分配一览表

物流范围 作业成本	供应物流	企业内物流	销售物流	回收物流	废弃物物流	合　计
运输作业	323.20	24.24	307.04	64.64	16.17	735.29
仓储作业		735.29				735.29
包装作业		588.24				588.24
装卸搬运作业	295.21	196.81	344.41	29.52	16.40	882.35
流通加工作业			735.29			735.29
物流信息作业	167.11	66.85	150.40	33.42	23.40	441.18
物流管理作业	133.69	100.27	167.11	20.05	20.06	441.18
合计	919.21	1 711.70	1 704.25	147.63	76.03	4 558.82

假定企业某月仓储、包装、装卸搬运、流通加工、物流信息、物流管理作业按消耗电力度数分配的电费分别为 722.58 元、361.29 元、451.61 元、722.58 元、541.94 元、270.97 元,则上述作业按成本动因向最终成本计算对象物流范围成本分配。

仓储作业和包装作业因其对应的物流范围阶段仅为企业内物流阶段,所以,企业内物流分担的该项仓储作业和包装作业成本分别为 722.58 元和 361.29 元,其他物流范围阶段分担的该项仓储成本和包装成本都为 0。

装卸搬运作业的成本动因为装卸搬运工作小时数,其在供应物流、企业内物流、销售物流、回收物流和废弃物物流阶段所发生的装卸搬运工作小时数分别为 110、55、100、25、15,则供应物流、企业内物流、销售物流、回收物流和废弃物物流分担的装卸搬运成本分别为(以供应物流为例:[451.61/(110+55+100+25+15)]×110=162.88(元),其他几项以此类推)162.88 元、81.44 元、148.07 元、37.02 元、22.20 元。

流通加工作业的成本动因为流通加 52 512 作小时数,其对应的物流范围仅仅为销售物流,所以,销售物流分担的该项流通加工作业成本为 722.58 元,其他物流范围阶段分担的该项流通加工作业成本都为 0。

物流信息作业的成本动因为物流信息工作小时数,其在供应物流、企业内物流、销售物流、回收物流和废弃物物流阶段所发生的物流信息工作小时数分别为 60、40、60、10、6,则供应物流、企业内物流、销售物流、回收物流和废弃物物流分担的物流信息成本分别为(以供应物流为例:[541.94/(60+40+60+10+6)]×60=184.75(元),其他几项以此类推)184.75 元、123.17 元、184.75 元、30.79 元、18.48 元。

物流管理作业的成本动因为物流管理工作小时数,其在供应物流、企业内物流、销售物流、回收物流和废弃物物流阶段所发生的物流管理工作小时数分别为 55、35、75、7、4,则供应物流、企业内物流、销售物流、回收物流和废弃物物流分担的物流管理成本分别为(以供应物流为例:[270.97/(55+35+75+7+4)]×55=84.68(元),其他几项以此类推)84.68 元、53.89 元、115.47 元、10.78 元、6.15 元。

将上述数据分析计算结果以表格的形式表示,见表 8-9。

表 8-9　各物流作业耗用电费在不同物流范围阶段分配一览表

物流范围 作业成本	供应物流	企业内物流	销售物流	回收物流	废弃物物流	合　计
运输作业						
仓储作业		722.58				722.58
包装作业		361.29				361.29
装卸搬运作业	162.88	81.44	148.07	37.02	22.20	451.61
流通加工作业			722.58			722.58
物流信息作业	184.75	123.17	184.75	30.79	18.48	541.94
物流管理作业	84.68	53.89	115.47	10.78	6.15	270.97
合计	432.31	1 342.37	1 170.87	78.59	46.83	3 070.97

第三,确认各物流作业的成本动因,有关数据见表 8-10。

表 8-10　各项作业及其成本动因

作业	作业成本动因
运输	作业小时
装卸搬运	作业时机
物流信息	作业时机
物流管理	作业小时

第四，计算各物流作业成本动因分配率，计算结果见表 8-11。

表 8-11　物流作业成本动因分配率计算及结果一览表

物流作业	运输	装卸搬运	物流信息
物流作业成本（元）	50 400	44 880	21 704
成本动因量（单位）	1 056	594	176
成本动因分配率	47.73	75.56	123.32

第五，计算供应物流、销售物流实际消耗的资源价值以及未消耗资源成本算结果见表 8-12。

表 8-12　供应物流、销售物流实际消耗资源价值及未消耗资源成本信息表

作　业	成本动因分配率	实际耗用成本动因量			未耗用成本动因量	实际耗用资源（元）		未耗用资源（元）
		供应物流	销售物流	合计		供应物流	销售物流	
运输	47.73	462.00	475.20	937.20	118.80	22 051.26	22 681.30	5 667.44
装卸搬运	75.56	231.00	297.00	528.00	66.00	17 454.36	22 441.32	4 984.32
物流信息	123.32	84.00	85.00	169.00	7.00	10 358.88	10 482.20	862.92
物流管理	84.82	76.00	48.00	124.00	52.00	6 446.32	4 071.36	4 410.32
合计						56 310.82	59 676.18	15 925.00

通过上述未耗用资源的计算，企业可以发现在物流运作的过程中，哪些作业未满负荷运作，存在资源浪费现象，从而为资源的合理配置提供依据。

8.4　物流成本信息系统功能与应用

8.4.1　物流成本信息系统功能

通过 8.3 节的物流成本管理业务分析，将物流管理过程中产生成本信息集成为计算机管理，本书根据前面分析的数据，开发了物流成本信息系统，该系统具备的功能如图 8-10 所示。

1. 物流费用管理

主要是对日常会计核算中的成本费用数据加以管理。例如，对于生产制造和流通企业而言，委托运输成本和委托装卸搬运成本，可根据会计明细账中的"销售费用——运

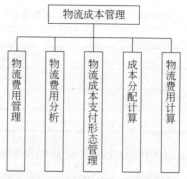

图 8-10 物流成本信息系统功能

费”“销售费用——装卸费”分别汇总录入管理；对于物流企业而言，委托运输成本和委托装卸搬运成本，可根据会计明细账中的“主营业务成本—运费”“主营业务成本—装卸费”进行管理，如图 8-11 所示。

分类	成本项目	代码	供应物流自营	供应物流委托	供应物流小计	内部物流自营	内部物流委托	内部物流小计	销售物流自
	运输成本	01	1,476.96	100,308.52	101,785.48				738.48
	仓储成本	02				34,100.07		34,100.07	
物流	包装成本	03				261,723.80		261,723.80	
功能	装卸搬运成本	04		8,901.31	8,901.31		4,450.66	4,450.66	
成本	流通加工成本	05							
	物流信息成本	06	1,056.00		1,056.00	1,263.88		1,263.88	1,584.00
	物流管理成本	07				9,942.17		9,942.17	2,652.30
	合计	08	2,532.96	109,209.83	111,742.79	307,029.92	4,450.66	311,480.58	4,974.78
存货	流动资金占用成本	09	7,975.00		7,975.00	137,235.46		137,235.46	
相关	存货风险成本	10							
成本	存货保险成本	11	7,922.00		7,922.00				1,960.00
	合计	12	15,897.00		15,897.00	137,235.46		137,235.46	1,960.00
	其他成本	13							
	物流总成本	14	18,429.96	109,209.83	127,639.79	444,265.38	4,450.66	448,716.04	6,934.78

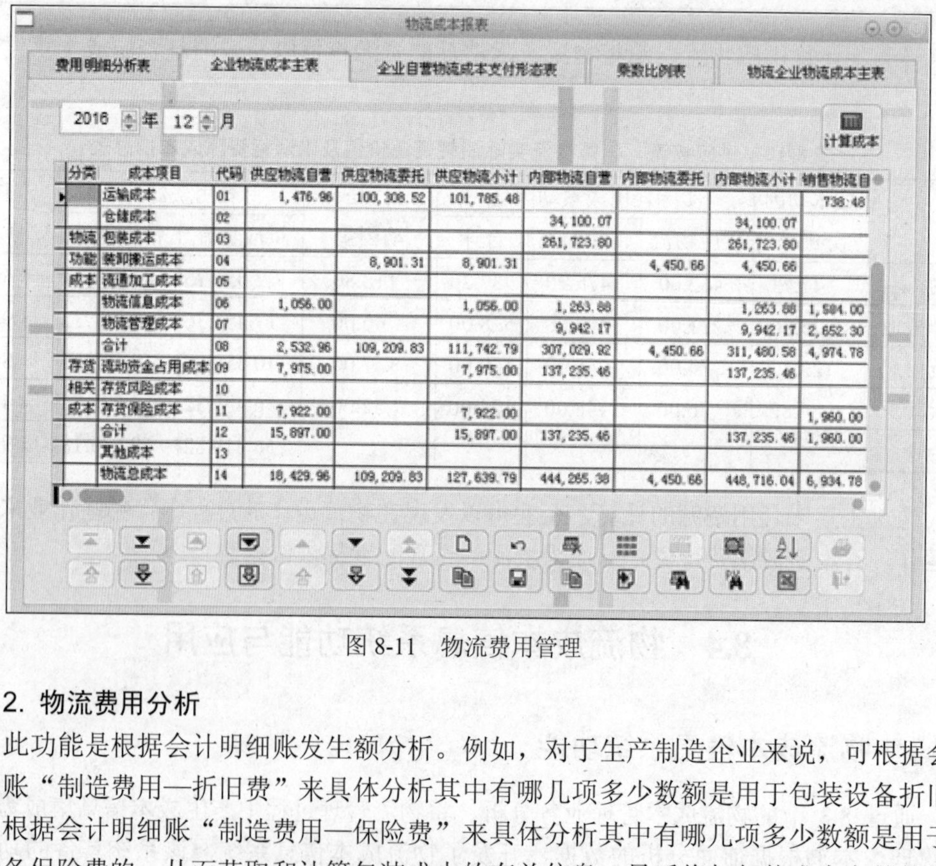

图 8-11 物流费用管理

2. 物流费用分析

此功能是根据会计明细账发生额分析。例如，对于生产制造企业来说，可根据会计明细账“制造费用—折旧费”来具体分析其中有哪几项多少数额是用于包装设备折旧费的，根据会计明细账“制造费用—保险费”来具体分析其中有哪几项多少数额是用于包装设备保险费的，从而获取和计算包装成本的有关信息，最后将与包装成本有关的信息汇总。如图 8-12 所示。

3. 物流成本支付形态管理

物流成本支付形态管理是按成本项目和自营物流成本支付形态两维形式反映企业一定期间自营物流成本信息管理。它是根据物流成本项目和自营物流本支付形态之间的相

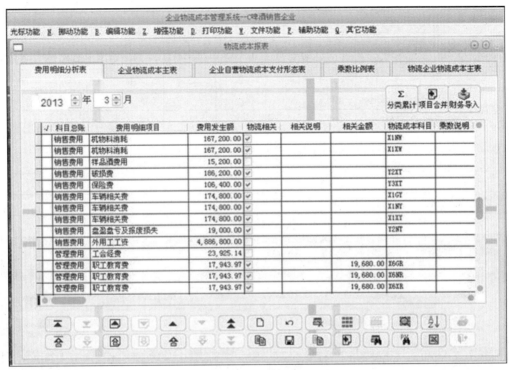

图 8-12　物流费用分析

互关系，按一定的标准和顺序，把企业一定期间的项目物流成本及其对应的自营支付形态物流成本予以适当排列，并对日常工作中形成的大量成本费用数据进行集成管理。

企业自营物流成本支付形态中的成本项目一维构成内容与企业物流成本主表的构成内容完全一致，其支付形态一维主要包括材料费、人工费、维护费、一般经费和特别经费内容，基本格式见表 8-12。

物流成本支付形态管理如图 8-13 所示。

表 8-13　物流成本支付形态管理信息

成本项目		代码	内部支付形态					
			材料费	人工费	维护费	一般经费	特别经费	合计
甲		乙	1	2	3	4	5	6
物流功能成本	运输成本	01						
	仓储成本	02						
	包装成本	03						
	装卸搬运成本	04						
	流通加工成本	05						
	物流信息成本	06						
	物流管理成本	07						
	合计	08						

续表

成本项目		代码	内部支付形态					
			材料费	人工费	维护费	一般经费	特别经费	合计
甲		乙	1	2	3	4	5	6
存货相关成本	流动资金占用成本	09						
	存货风险成本	10						
	存货保险成本	11						
	合计	12						
其他成本		13						
物流成本合计		14						

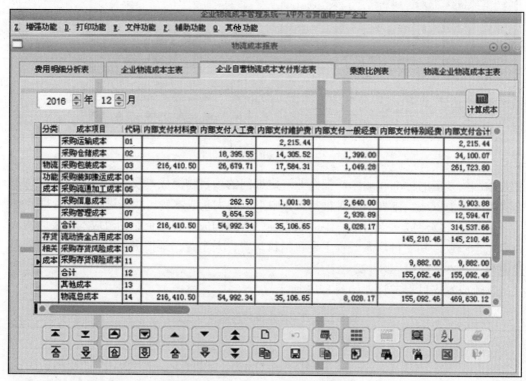

图 8-13　物流成本支付形态管理

4. 成本分配计算

在物流成本分配计算的过程中，有时需要从其他部门获取相关信息，要设计内部物流成本信息需求表，列明需要其他部门提供的相关信息，由其他协作部门提供。唯有如此，物流成本计算流程才能理顺，得出的物流成本信息才能适度准确。

例如，某合资面粉制造厂"管理费用—折旧费"36 049.57 元，其中计算机等信息设施的折旧费为 6 008.26 元。在计算物流信息成本时，需按物流信息工作量占全部信息工作量的比例进行分配。这时，计算物流信息成本就不是会计部门可以单独完成的。在这种情况下，会计人员需积极取得科技信息部门的支持，可以通过设计以下表格交由科技信息处完成,见表 8-14。

表 8-14　物流成本计算信息需求表

填写部门(章):　　　　　　　　　　　　　　　　　　　　年　月　日

项　目	信息内容
科技信息处在岗人数	
专职从事物流信息工作人数	
兼职从事物流信息工作人数	
兼职人员平均每人每日物流信息工作小时数	
物流信息工作在供应、企业内和销售物流阶段等各阶段的工作时数	

以上述例子数据输入系统计算,即可得到分配结果。效果如图 8-14 所示。

图 8-14　物流成本分配计算

5. 物流费用计算

物流费用计算功能可以对物流费用科目比如生产成本、制造费用、销售费用、管理费用、财务费用、营业外支出和其他业务成本的计算,根据前面表 8-1 的成本主表计算各项目成本如图 8-15 所示。

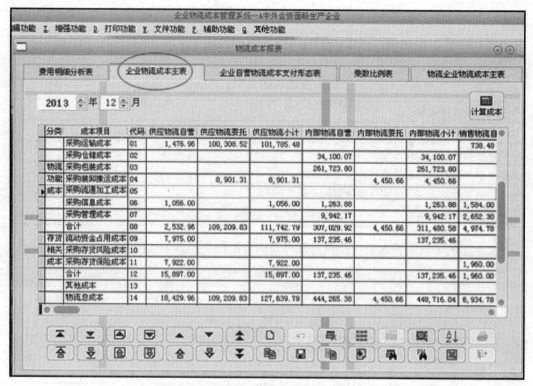

图 8-15 物流费用计算

8.4.2 物流成本信息系统应用案例

在这里,以 A 公司为例,通过了解企业概况,获取有关会计核算资料及其他相关信息,介绍物流成本管理信息系统在生产制造企业物流成本管理的应用。

1. 企业概况

A 公司是一个以小麦加工为主业的中外合资面粉生产企业。截至 2005 年年底,该公司资产总额 6 186 万元,2005 年实现销售收入 1.23 亿元,实现利润总额 6 562 万元。内部设有会计部(兼做信息工作)、人事部、采购部、生产部、品控部、仓储部和销售部 7 个部门,共有员工 145 人,其中采购人员 5 人,生产人员 60 人,营销人员 20 人,其余为管理人员。该公司有一个总面积约 10 000 m^2 的仓库,用于储存小麦、面粉等存货,而运输业务和装卸搬运业务均由外部人员承包,公司支付运费和装卸搬运费。该企业 2005 年资产负债表及利润表分别见表 8-15 和表 8-16。

2. 物流成本计算

本案例中以 A 公司 2005 年 12 月有关成本费用资料为依据,计算 2005 年 12 月的物流成本。该企业的成本费用科目有生产成本、制造费用、销售费用、管理费用、财务费用、营业外支出和其他业务成本,其中营业外支出 2005 年 12 月无发生额。具体计算步骤如下：

（1）获取 A 公司 2005 年 12 月相关成本费用发生额及明细资料并逐项分析哪些与物流成本相关。

（2）对物流成本有关的费用内容进行汇总，具体见表 8-15。

表 8-15　物流成本相关费用明细汇总表

序号	项　目	发生额	备　注
1	管理费用——折旧费	36 049.57	含物流信息设施折旧
2	管理费用——工资	94 044.09	含业务人员（包括物流）费用
	管理费用——住房公积金	17 203.40	
	销售费用——工资	61 473.17	
	生产成本——工资	114 726.27	
3	管理费用——福利费、培训、劳动和待业保险及统筹医疗金	77 465.48	公司全体人员（含物流人员）费用
	制造费用——职工福利费、劳动保护费	4 384.45	
	销售费用——劳动保护费	626.17	
4	管理费用——照明电费	25 182.68	含仓库电费
5	制造费用——折旧费	58 654.90	含车间包装设备折旧费、修理费
	制造费用——修理费	61 841.90	
6	制造费用——保险费	21 684.00	含存货和包装设备保险费用
7	制造费用——办公费	447.38	含包装业务费用
8	销售费用——运输费	300 925.56	对外支付运费
	销售费用——装卸费	31 154.60	对外支付装卸费
9	销售费用——保险费	3 010.00	铁路运输保险费
10	销售费用——汽车	6 646.32	含零星物流运输费
11	销售费用——办公费	2 372.43	业务部门（含物流业务）人员费用
12	销售费用——低值易耗品摊销	3 910.75	主要为包装材料及周转用仓库篷布费用
13	销售费用——折旧费	13 805.27	主要为仓库及业务办公用房折旧费
14	销售费用——邮电费	3 300.00	含物流信息
15	销售费用——其他	17 952.30	货物出口报关报税及港杂费
16	生产成本——辅助材料	309 402.24	含包装材料
	生产成本——燃料及动力	172 565.47	含包装设施耗用电费
17	财务费用——利息支出	7 975.00	主要为购买原材料所发生的贷款和利息支出
	合计	1 446 803.40	

（3）物流成本资料分析及物流成本计算。根据会计明细账、记账凭证、原始凭证及其他相关资料，对表 8-10 中与物流成本有关的费用逐项进行分析，并设物流成本辅助账户，按三个维度计算物流成本。

① 对于管理费用——折旧费 36 049.57 元（如图 8-16 所示）。经系统自动计算，其

中计算机等信息设施的折旧费为 6 008.26 元。该项费用按计算机工作时数进行分配。会计部提供的物流成本计算信息需求表见表 8-16。

表 8-16　物流成本计算信息需求表

填写部门（章）：会计部　　　　　　　　　　　　　　　　　　2005 年 12 月 31 日

项　目	信　息
会计部在岗人数	15 人
专职从事物流信息工作人数	0 人
兼职从事物流信息工作人数	1 人
兼职物流信息人员 12 月份工作总时数	186 h
兼职物流信息人员 12 月份使用计算机从事信息工作时数	93 h
兼职物流信息人员 12 月份使用计算机从事企业内物流信息工作时数	15.5 h

业务人员费用计算如图 8-16 所示。

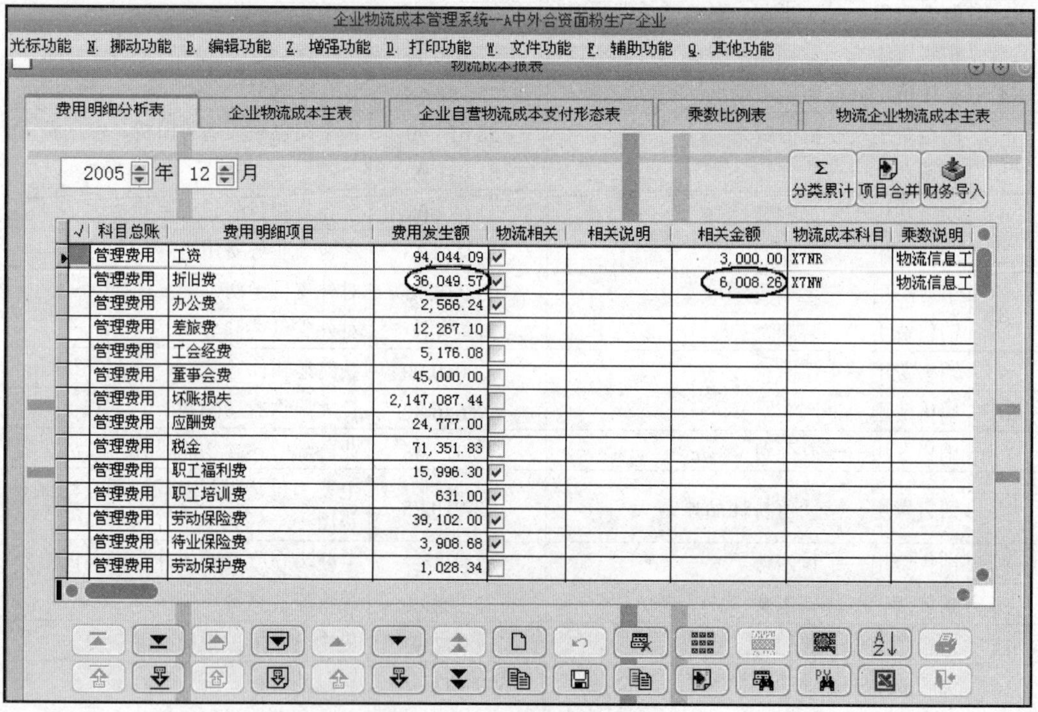

图 8-16　业务人员费用计算

根据上述有关资料及表 8-16 所提供的信息，物流信息成本计算如下：

物流信息工作时数占全部信息工作时数的比例为 15.5÷93=1/6

物流信息作业维护费=6 008.26×（1/6）=1 001.38 元如图 8-17 所示。

将上述计算结果计入有关物流成本辅助账户：

物流成本——物流信息成本——企业内物流成本——维护费……1 001.38，系统计算效果，如图 8-17 界面中圆圈内数据。与手工计算一致。

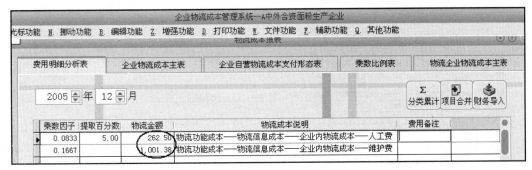

图 8-17　物流信息成本

② 对于人工费用成本，如图 8-18 所示。

物流成本——物流信息成本——企业内物流成本——人工费……262.50 元，如图 8-18 所示。

物流成本——仓储成本——企业内物流成本——人工费……13 650
物流成本——包装成本——企业内物流成本——人工费……18 375
物流成本——物流管理成本——企业内物流成本——人工费……7 875

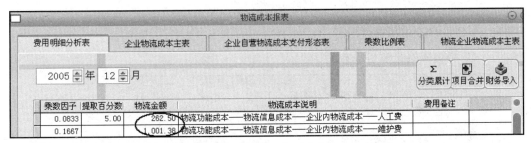

图 8-18　人工费用成本

3. 物流成本主表分析

物流成本表汇集了物流成本信息，按披露物流成本信息内容的不同，企业物流成本表可分为企业物流成本主表和企业自营物流成本支付形态表。

企业物流成本主表是按成本项目、物流范围和成本支付形态三维形式反映企业一定期间各项物流成本信息的报表。它是根据物流成本的三维构成，按一定的标准和顺序，把企业一定期间的项目物流成本、范围物流成本和支付形态物流成本予以适当的排列，并对在日常工作中形成的大量成本费用数据进行整理计算后编制而成的。物流成本信息系统主表界面如图 8-19 所示。

企业物流成本主表对企业物流成本计算对象的三个维度进行了整合，物流成本信息使用者可从该表中了解到详尽的企业物流成本信息，既可以了解不同物流功能成本及存货相关成本的发生额，也可以了解不同物流范围的成本发生额；既可以了解单项物流成本项目在不同物流范围的成本明细额，也可以了解单一物流范围所发生的不同的成本项目明细额；既可以了解内部自营物流成本及其具体的成本项目和物流范围成本发生额，又可以了解委托物流成本及其支出明细。同时，企业物流成本主表还能够提供进行物流成本评价的基本资料，它是企业物流成本评价的基础。

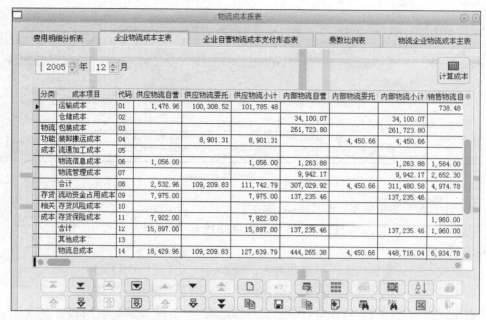

图 8-19　物流成本信息系统主表界面

4. A公司物流成本支付形态

A公司的物流成本支付形态如图 8-20 所示。

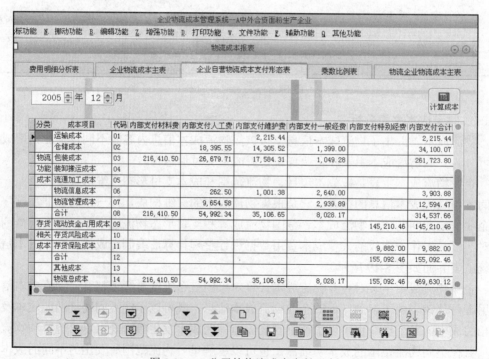

图 8-20　A公司的物流成本支付形态

5. A公司物流成本分配比例

A公司的物流成本分配比例如图 8-21 所示。通过系统显示数据可以进行评价分析。

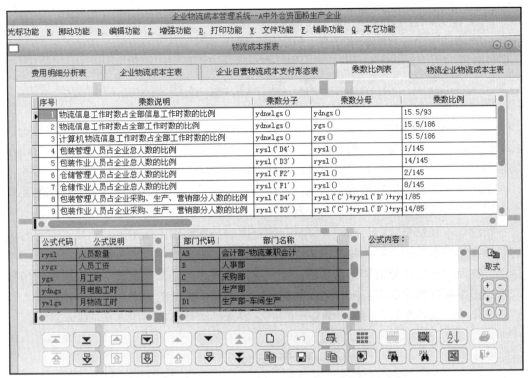

图 8-21　A 公司的物流成本分配比例

6．A 公司 2005 年 12 月物流成本比率分析

物流成本增减变动分析，是物流成本绝对额在不同期间的比较，尽管可以看出评价期间较之以前期间物流成本的增减变动情况，但由于受不同期间规模等因素的影响，物流成本绝对额的比较分析有时不能揭示存在的问题。因此，在这里，我们通过计算 A 公司物流成本与数量指标、成本、收入和利润指标之间的比率，见表 8-17，从相对数的角度对 A 公司物流成本做进一步分析。

表 8-17　A 公司物流成本比例分析表

项目	年度	2004 年 12 月	2005 年 12 月	2005 年 12 月比 2004 年 12 月增长
物流成本		708 290.47 元	803 710.28 元	13.47%
单位已销商品物流成本率	已销商品重量	16 245 378.00 千克	18 177 432.00 千克	11.90%
	物流成本/已销商品重量	0.043 6	0.044 2	1.38%
物流成本占总成本比重	总成本	10 833 178.16 元	12 241 557.16 元	13.00%
	物流成本/总成本	0.065 4	0.065 7	0.46%
单位销售收入物流成本率	产品销售收入	10 953 137.76 元	12 255 789.46 元	11.90%
	物流成本/产品销售收入	0.064 7	0.065 6	1.40%
物流成本利润率	利润总额	146 959.6 元	184 467.76 元	25.53%
	利润总额/物流成本	0.207 5	0.229 5	10.60%

从表中可以看出 2005 年 12 月比 2004 年 12 月增长 10.60%，说明 A 公司 2005 年 12 月单位物流成本获取利润的水平有了较大幅度增长。

本 章 小 结

本章介绍了物流成本的概念、构成和特点及成本管理系统。所谓物流成本就是在物流过程中，为了提供有关服务，要占用和耗费一定的活劳动和物化劳动，这些活劳动和物化劳动的货币表现，即为物流成本，也称物流费用。

物流成本管理：以物流成本信息的产生和利用为基础，按照物流成本最优化的要求有组织地进行预测、决策、计划、控制、分析和考核等一系列的科学管理的活动。

物流成本信息系统，是利用计算机、数据库等技术将物流成本各功能要素的集合，它包括物流成本费用计算、物流成本支付形态管理、物流成本性态分析、物流责任成本管理、物流成本效益分析和信息管理。要实现物流成本的削减，就要从物流系统的角度来考虑，掌握好物流成本各项目之间的关系，按总成本最低的要求，使整个物流成本管理系统化，强调各要素之间的矛盾统一，把它们有机结合起来，使物流总成本最小。

思 考 与 练 习

一、填空题

1. （　　）是企业为了生产商品或提供劳务等所耗费的物化劳动、活劳动中必要劳动价值的货币表现。

2. 物流活动中的人力成本，包括（　　）、（　　）、（　　）及福利等。

3. 流通加工成本，包括（　　）、（　　）、（　　）及其他费用。

4. （　　）指物流成本中随商品流转额变动而变动的那一部分成本。

5. 一般来说，物流成本计算对象的选取，主要取决于（　　）、（　　）、（　　）以及企业物流成本控制的重点。

二、判断题

1. 物流管理费是指企业为生产产品而购买各种原材料、燃料、外购件等所发生的运输、装卸、搬运等方面的成本。　　　　　　　　　　　　　　　　　　　　　（　　）

2. 供应物流费是指企业为实现商品价值，在产品销售过程中所发生的储存运输、包装及服务成本。　　　　　　　　　　　　　　　　　　　　　　　　　　　（　　）

3. 退货物流费是指因废品、不合格产品的物流所形成的物流成本。　　　（　　）

4. 成本管理可以分为五个阶段。　　　　　　　　　　　　　　　　　　（　　）

5. 以物流成本项目作为物流成本计算对象，是将物流成本首先按是否属于功能性成本分为物流功能成本和存货相关成本。　　　　　　　　　　　　　　　　　（　　）

6. 以物流成本的范围作为物流成本计算对象是把一定时期的物流成本，从财务会计数据中予以分离，按照成本支付形态进行分类计算，它首先将企业的物流成本分为企业自营物流成本和委托物流成本。　　　　　　　　　　　　　　　　　　　　（　　）

7. 以客户作为物流成本计算对象主要是针对物流服务企业而言的。（ ）
8. 企业物流成本计算包括显性成本和隐性成本。（ ）
9. 显性物流成本计算是在会计核算体系之外，通过统计存货的相关资料，按一定的公式计算得出，计算方法相对简单，不涉及会计科目的选取和物流成本账户的设置问题。
（ ）
10. 作业成本法在企业的应用有三个层次：成本核算层、成本管理层和作业优化层。
（ ）

三、单项选择题

1. （　　）涵盖了生产、流通、消费全过程的物品实体与价值变化而发生的全部费用。
　　A. 运输成本　　　　B. 储存成本　　　　C. 配送成本　　　　D. 物流成本
2. （　　）是生产性成本在流通领域的继续，是为了使物品最终完成生产过程，便于消费而发生的成本。
　　A. 追加成本　　　　B. 流通成本　　　　C. 配送成本　　　　D. 物流成本
3. （　　）是流通企业在经营管理过程中，因组织产品交换而发生的成本。
　　A. 追加成本　　　　B. 流通成本　　　　C. 配送成本　　　　D. 销售成本
4. （　　）是指物流成本中随商品流转额变动而变动的那一部分成本。这种成本开支的多少与商品流转额变化直接相关，即流转额增加，成本支出也随之增加，反之则减少，如搬运费、仓储管理费等。
　　A. 追加成本　　　　B. 流通成本　　　　C. 直接成本　　　　D. 销售成本
5. （　　）是指流通企业从商品出库到销售过程中所发生的包装费、手续费、管理费等。
　　A. 追加成本　　　　B. 销售成本　　　　C. 直接成本　　　　D. 销售成本

四、简答题

1. 什么是物流成本？
2. 物流成本的构成内容有哪些？物流成本如何分类？
3. 什么是物流成本管理？
4. 物流成本信息系统的意义和作用是什么？
5. 什么是批量成本？什么是库存持有成本？

五、论述题

1. 简述物流成本计算的要求。
2. 简述物流成本计算科目及账户设置。
3. 简述作业成本法的计算流程。

六、案例分析

安科公司的库存成本控制

安科公司是一家专门经营进口医疗用品的贸易公司，因为进口产品交货期较长，库存占用资金大，因此，库存成本控制显得尤为重要。

安科公司按销售额的大小，将其经营的26个产品排序，划分为A、B、C三类。排序在前三位的产品占到总销售额的 97%，因此归为 A 类产品；第 4~7 种产品每种产品的销售额在 0.1%~0.5%，归为 B 类；其余的 21 种产品（共占总销售额的 1%），将其归为 C 类。

对于 A 类的三种产品，安科公司实行了连续性检查策略，每天检查库存情况，随时掌握准确的库存信息，进行严格的控制，在满足客户需要的前提下维持尽可能低的经常量和安全库存量，通过与国外供应商协商，并且对运输时间做认真分析，算出了该类产品的订货前置期为两个月（也就是从下订单到货物从安科公司的仓库发运出去，需要两个月的时间）。由于该公司产品的月销售量不稳定，因此，每次订货的数量就不同，要按照实际的预测数量进行订货。为了防止预测的不准确和工厂交货的不准确，还要保持一定的安全库存，安全库存是下一个月预测销售数量的 1/3。如果实际的存货数量加上在途的产品数量等于下两个月的销售预测数量加上安全库存，就下订单订货，订货数量为第三个月的预测数量。因其实际的销售量可能大于或小于预测值，所以每次订货的间隔时间也不相同。这样进行管理后，这三种 A 类产品库存的状况基本达到了预期的效果。

对于 B 类产品的库存管理，该公司采用周期性检查策略。每个月检查库存并订货一次，目标是每月检查时应有以后两个月的销售数量在库里（其中一个月的用量视为安全库存），另外在途中还有一个月的预测量。每月订货时，根据当时剩余的实际库存数量决定需订货的数量。这样就会使 B 类产品的库存周转率低于 A 类。

对于 C 类产品，该公司采用了定量订货的方式。根据历史销售数据，得到产品的半年销售量为该产品的最大库存量，并将其两个月的销售量作为最小库存量。一旦库存达到最低就订货，将其补充到最大库存量，这种方法比前两种更省时间，但库存周转率更低。

该公司实行了产品库存的 ABC 管理以后，虽然 A 类产品占用了最多的时间、精力，但得到了满意的库存周转率。而 B 类和 C 类产品，虽然库存的周转率较低，但相对于其很低的资金占用和很少的人力支出来说，这种管理也是个好方法。

信息来源：http://www.doc88.com/p-042804545674.html。

讨论

1. 安科公司将产品分为哪几类进行管理？
2. 安科公司怎样对 A、B、C 三类产品进行库存控制？

第 9 章 连锁物流信息系统

学习目标

通过本章的学习，要求了解连锁业基本概况；了解连锁业管理信息系统的整体框架；了解连锁业管理信息系统的组成与基本功能；了解连锁行业的三级管理体系结构；掌握连锁业物流信息的功能有何作用。

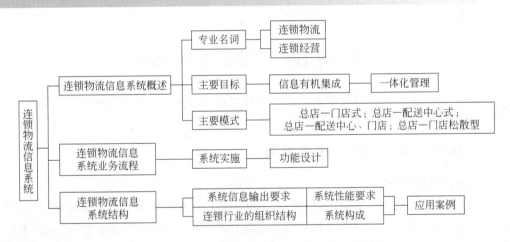

厦门物流公共信息平台

厦门市高度重视物流信息平台的建设，于 2002 年出台了《厦门市物流信息平台建设规划》，成立了"物流信息平台建设协调小组"，市领导任组长，口岸办领导及海关领导任副组长。成员有：口岸办、信息产业局、贸发局、财政局、物流办、海关、国检局、海事局等，另安排一名人员负责日常联络工作。

在已有的"海港电子订舱一期工程""空运无纸化出口工程"等基础之上，通过整合现有网络资源，搭建口岸物流信息平台主体框架，重点建设了"一个平台，三个系统"，就是将港航 EDI 中心、空港 EDI 中心、电子商务中心 EDI 平台统一整合构建为一个物流信息平台（电子商务中心 EDI 平台和港航 EDI 平台已完成整合），并在该平台上建设运行"运输作业数据交换联动系统""通关数据支持系统""物流公共信息服务系统"三大应用系统。其中,"运输作业数据,交换联动系统"主要实现船代、货代、码头、堆场等运输单位和中介单位的作业数据例如托运单、码头作业动态电子数据交换,进行联动作业;"通关数据支持系统"构架海关、检验检疫等口岸监管单位外围数据处理中心,为口岸监管单位收集处理通关所需的例如舱单、货物进出场信息参考数据,以提高通关效率;"物流公共信息服务系统"为企业提供物流公共信息发布、作业动态查询、企业黄页等信息增值服务。过去,一家航空港货运站与海关的信息只是单向的传输,货物通关速度慢。而现在,通过物流信息平台,把海关、国检、办检等口岸部门"串联"起来,实现信息共享和联网电子化作业,使物流企业的通关速度大大加快。

厦门物流信息平台在科技部主办的"2003北京国际现代物流技术大会及展览会"上荣获"现代物流优秀典型模式奖"。

侯玉梅,许良. 物流工程. 北京:清华大学出版社,2011.

思考

1. 信息化为企业带来哪些好处。
2. 厦门物流信息平台具有哪些功能。

9.1 连锁物流信息系统概述

随着物流技术与物流理论的发展,以连锁化、信息化、规模化为特征的零售业发展很快,已成为当今社会经济的支柱产业。

9.1.1 连锁商业企业的产生与发展

1. 连锁经营的产生

连锁经营最早产生于美国,距今已有140多年的历史。世界上第一家连锁商店是在1859年由美国的大西洋与太平洋茶叶公司在美国创办的,当时只有6家分店。此后不久,胜家缝纫机公司为了扩大其业务,在美国各地设置了拥有销售权的特约经销店,成为连锁加盟店的最初形式。

连锁经营开始发展得较慢,直到20世纪20年代才呈现出旺盛的发展势头,并显示了广阔的发展前景。

我国的连锁经营从1994年开始发展到现在,连锁企业已超过8 000家。

2. 连锁经营的概念

所谓连锁商业经营,其实就是一种商业组织形式和经营制度,是由同一经营总部领导下的若干分支企业或者店铺所组成的一个联合体所进行的商业经营活动。在连锁商业经营中,连锁公司总部对各连锁店的经营要实行"六个统一",即统一商号、统一采购、统一配送、统一定价、统一核算、统一管理,在管理方式上要实现标准化、集中化和专业化管理,其最终目的是取得规模效益,从而降低成本,提高效益。

3. 连锁经营的竞争优势

连锁经营是零售业的一次变革,它是伴随社会生产力的发展,为适应消费市场需要而产生的一种新型经营方式。

它将传统零售业中同时承担买与卖的职能改变为分别由不同的部门——总部与分店各自承担。

总部负责商品的采购进货，分店负责商品销售。两个职能分离、结合，实现了零售经营上集中与分散的结合，以及经营的大规模化与经营职能专业化的结合。

此外，它将现代化大生产的原理应用到零售商业中，实现了商业活动的标准化、专业化和集中化，对于降低经营成本，扩大销售规模，提高经济效益具有积极的意义。

4. 连锁经营的特点

具有统一品牌、统一管理、统一服务标准的连锁经营模式在零售业取得了巨大的成功，也成为商业经营领域的一个传奇。连锁行业通常具有以下几个特点：

（1）一个中心、多个远程连锁店，并且每个连锁店分布在不同的地域。

（2）远程连锁店和中心之间需要交换数据，比如每个连锁店每天都要把产品的销售情况、销售额等数据上报给总公司；总公司向连锁店发送通知、产品价格调整等数据。

（3）总部可以对各门店进行统一管理，集中采购配货，门店可以在总部的政策范围内灵活决策，进行各种促销管理等。

5. 连锁行业的主要管理模式

1）总店—门店集中管理模式

总店—门店集中管理模式，在这种管理模式下，总店的管理权限高度集中，从采购进货、商品配送、价格管理、供应商结算等业务都由总部完成，门店只负责销售。

2）总店—配送中心管理模式

总店—配送中心管理模式是指没有门店，仓库（或配送中心）在异地，由总店完成公司的订单、零售供应商结算等业务，仓库（或配送中心）完成收、发货管理，总部能够实时查询商品的进销调存的情况。

3）总店—配送中心—门店管理模式

总店—配送中心—门店管理模式是典型的连锁经营管理模式，门店的主要职能就是销售。总部能够查询到仓库（配送中心）的商品进销存以及门店的销售情况。

4）总店—门店松散型管理模式

在总店—门店松散型管理模式中，总店与门店相对独立。门店既可以通过总店进行配货，也可以独立采购，而对于加盟商来讲，还可以进行独立核算。在此管理模式中，总部只需综合查询分公司或加盟店的部分数据。

9.1.2 连锁物流信息系统

1. 连锁物流信息系统的概念

连锁物流是指零售商内部的物资流通活动，即从商品购进到商品销售的物资流通过程。包括商品的入库、分类、加工、储存、配送，以及这些活动产生的信息的收集、处理和利用过程。

连锁物流已经广泛使用了销售时点系统（POS）、电子订货系统（EOS）、电子数据交换（EDI）、商业增值网络（VAN）、商业管理信息系统等。这些系统初步构成了连锁物流信息系统。

CIO

信息主管,也称为"首席信息主管"、首席信息官(Chief Information Officer,CIO),是一个组织中负责信息技术系统战略策划、规划、协调和实施的高级官员,他通过谋划和指导信息技术资源的最佳利用,来支持组织的战略目标。

2. 零售商物流信息系统的作用

(1)形成商品的订货计划。零售商物流系统一个重要的功能就是根据各种商品订单形成的订货计划。商品的订货计划应在满足销售需要的情况下,使采购费用、库存费用之和最低。这也是衡量零售商物流系统优劣的一个重要指标。

(2)进货验收。采购部门将所采购的商品运回后,需要进行储存加工。但在此之前,对商品的数量、质量、规格等进行核对,以保证满足购货合同的要求。进货验收是物流系统的一个重要环节,进货验收工作做好了,可以减少由于供货合同与供应商产生的纠纷,减少经济损失,也为后来的储存、加工打下良好的基础。

(3)储存和加工。零售商仓库对验收合格的商品进行分类、分拣、编码,并按照商品的种类和储存条件储存,然后按门店或销售部门订货需要进行加工、配送。合理的加工、储存方案会提高仓库的利用率,给零售商带来可观的经济效益。

(4)配送。仓库根据各个门店的要货单,加工、配备商品,在配送系统的指导下,送到销售门店。其中构建配送系统是非常关键的。良好的配送系统会大大缩短配送路程,节约人力物力。实行商品的配送制是超市组织管理体制上的一次重要变革,也是零售商发展的方向。

(5)物流信息处理。物流信息产生于零售商物流系统的各个环节,包括订货、验收、储存、配送、售货。为了及时采购所需要的商品,保证销售需要,同时降低成本,需要及时汇总销售情况,随时掌握库存的数量,了解市场价格、供求情况,这都要求对信息及时、准确的处理,客观上需要建立以计算机为中心的物流信息系统。

9.1.3 连锁物流管理信息系统架构

1. 连锁物流管理信息系统概念

连锁物流管理信息系统是在商业连锁行业计算机管理经验的基础上不断积累,行业的不断运用、不断完善而开发成功的商业信息管理系统。结合国内外优秀的管理理念,突出业务流程,细化过程,通过权限控制,达到整个集团的统一管理。大型连锁物流企业一般有三级管理体系结构,即总部控制、区域控制、销售POS点。

2. 连锁物流对信息技术的依赖性

(1)连锁企业有众多经营网点,必须通过信息技术协调。

(2)连锁经营的关键是各种"链"的连接,必须依靠信息技术,常用的有条码技术、POS技术、EOS技术、EDI技术。连锁物流对信息技术的依赖性如图9-1所示。

(3)众多经营网点的物流配送和商品信息管理离不开IT。

(4)大型连锁企业经营业态多样化的发展趋势与信息技术息息相关。

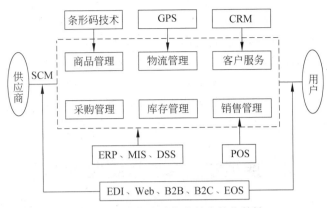

图 9-1　连锁物流对信息技术的依赖性

3. 信息技术对零售企业内部运营的影响

（1）改善企业库存和物流管理。

（2）改变市场营销和销售管理活动。

（3）信息技术影响售后服务。

（4）信息技术影响企业采购管理。

（5）信息技术影响人力资源管理活动。

（6）信息技术影响企业的基础结构。

4. 连锁企业管理信息系统的"组成结构与运行模式"

零售连锁物流管理系统以总部为中心，以配送为物流通道，链接众多分支机构，构筑商业零售连锁的网络。系统达到统一采购、统一核算、统一库存、统一配送、统一价格、统一服务规范的连锁经营模式。

连锁企业管理信息系统的组成结构如图 9-2 所示。

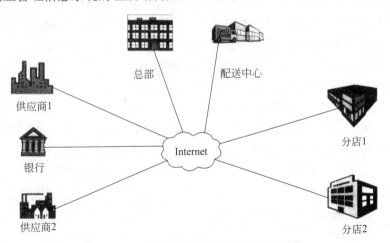

图 9-2　连锁企业管理信息系统的组成结构

在跨区域连锁管理上，系统可以便捷地在连锁总部及其连锁加盟组织之间进行网络互联，实现连锁经营管理信息化和超市营销网络化。在连锁经营网络的组织上，系统通过构筑连锁管理系统，将总部、配送中心、零售店以网络方式连接起来，实现采购、合同、批发、库存管理、销售等职能的流程化、规范化。

系统的成功运用可以规范业务流程，及时掌握市场动态，降低流通成本，降低库存占用，及时、准确地了解各层次连锁机构的销售情况和库存情况，缩短供货周期，提高对市场的响应速度，真正实现统一配送、统一仓储管理，及时获得准确的统计分析资料，基本杜绝积压与缺货情况，使经营更贴近市场。

9.2 连锁物流信息系统业务流程

9.2.1 连锁物流系统业务流程

连锁物流信息系统中，处理的数据包括销售业务数据、会计数据和人事数据。其中销售业务数据是最大的。按处理地点来分，销售业务数据可分为公司内部的数据和外部数据。前者是关于销售事务和会计处理的数据，后者是关于市场调查分析的数据。而按照数据处理形态来分，可分为基本业务数据和统计数据。基本业务数据来自日常的销售业务，是原始的销售数据，统计数据是将基本业务数据加工整理之后形成的各种报表、统计等数据。连锁物流信息系统业务流程如图 9-3 所示。

图 9-3 连锁物流信息系统业务流程

1. 销售数据处理

销售数据处理是企业即时处理从订货到交货为止的一系列业务的过程。首先由营业员将来自特约店的订货做成"出库委托单"，并立即从终端机输入，通过网络进入系统中心，对数据的种类加以判定，转送给销售数据处理程序。通过格式检查、内容的逻辑检查、对方特约店品种名称的检查等所获得的正确的数据，经过与库存文件的核对，在确认仓库现有库存的基础上发出传票，出库并在指定的仓库终端机上打印出单据。同时更新库存文件，以更新后的库存等待下次订货。

在出库单据上自动记录销售单价，并算出销售金额。为了节省交货过程中的手工作业时间，还可打印出交货时按品种、按单据分类的货物重量和体积。

交货后做完单据的数据，记录在信息收集磁盘上，待联机处理完后，制成销售结算表和销售统计资料，分发给营业部门和经理部门。另外，通过给仓库管理部门提供货物收发明细表，也可使记账事务做到自动化。

2. 收发数据处理

准确掌握最新库存情况是正确处理销售数据的前提，而最新库存情况的掌握依赖于生产额、采购额、仓库相互间的转移保管以及其他的收发数据。仓库部在每次变动这些收发数据时，都要进行联机输入，这些数据也和销售数据一样被记录，以便在每月做月度决算时使用。库存文件在联机处理结束以后，就要按顺序进行检索，并以文件中设定的标准库存、最低库存或订货质量为基础,把充当库存的采购品,按其采购点做成订单。

3. 自动配送

随着通信网络与计算机技术的发展,零售商物流信息系统已逐步实现了通过联机线路进行信息自动集中,形成配送方案,既提高了信息传输的准确性和传输速度,又优化了配送方案,大大提高了工作效率。

4. 核查业务

核查业务的任务是及时而准确地采集销售数据,在联机处理结束后作出分类整理的文件,用它来满足各自终端的核查要求,能够及时反映出销售、库存量、账务数据和报表信息,为决策者提供及时、准确的决策支持信息。

5. 数据收集

零售商物流信息系统通过网络、传真等现代科技手段,将所收集的数据记录在系统中心的数据收集盘上,并与批处理结合起来,以此来提高数据收集速度。数据收集可以及时掌握整个系统的运行状况。

9.2.2 物流信息系统的实施

1. 各职能部门的设计目标

(1)订购部门的目标。考虑销售商品的供应情况,及时回答客户的预订申请;保证接纳有效的订货,即接纳的客户是得到认可的,接纳的订货商品是可以支付的;保证订货在48 h内交付;不会出现订货冲突;统计分析没有兑现的合同。

(2)会计部门的目标。发货后应该自动向客户发出通知,力求做到客户收到发票后立即予以支付;统计销售和库存数字,提供财务报表,如平衡表、利润表、利润上缴账目等;定期向不及时支付的客户发出催款通知以减少欠额等。

(3)销售部门的目标。实时掌握每一次交易的相关信息,分析实际销售情况,预测未来的销售情况。

(4)发运部门的目标。及时得到详细的、准确的运货通知,以利于运送货物。

2. 信息系统流程

(1)数据的格式。不管是什么种类的数据,在终端输入的数据都统一成为规定的格式,且在数据的前面打出联机标题。联机标题包括终端代码、数据种类和输入编号。

(2)系统运行方式。系统运行方式可根据零售商营业时间确定,可采用日班运行和昼夜运行两种方式。像24 h便利店就可以采用昼夜运行的方式,而普通零售商场宜采用日班运行方式。

(3)数据核查。在数据通过联机传送之前,将数据同各种委托单核对后记入表中,然后按终端数据的种类确认从中心向终端传送输入、出错和输出等的次数。

(4)批处理业务。通过网络将库存文件传给批处理系统,批处理系统将这些数据加工整理之后,把生成的新的库存文件、主文件一起发给主系统。

(5)联机结束时的作业。联机结束后,要把未送出的数据加以保存,并打印当日处理数据结果报表,提供给决策者。

9.2.3 连锁物流信息系统功能设计

1．收货、验货子系统

（1）电子价签程序。主要功能是限制跟踪商品价格，并打印相关数据标签（如果商品包装印有零售价格，则不必打印价签）。

（2）收货验货方法。利用无线射频扫描技术，用无线射频终端扫描商品上的条形码，然后与电子方式传来的运输通知单据进行核对。

2．库存管理系统

（1）计算机辅助订货。根据库存、销售等信息，生成合理的订单，并及时迅速地发给制造商或物流中心。

（2）商品信息维护。维护各种商品的价格、数量、规格等信息，保证它与POS机内的价格、货架价签和公司的价格一致。

（3）损耗跟踪。处理因系统错误或保质期食品的过程而引起的商品损耗，以及员工或顾客偷窃造成的损失。

（4）账面库存查询。根据查询要求，提供满足条件的库存信息，为决策者提供信息支持。

（5）实际库存核查。定期检查商品数量，以保证实际库存与账面库存相符。

3．报表系统

报表系统根据POS传来的销售数据及库存信息，生成各种报表，如销售统计报表、库存表等，迅速传输给各级经营管理者，使管理人员与地区经理能够及时检查特定地区内不同店铺或不同地区店铺的业绩，从而辅助总部和现场管理人员调整销售方案等。

4．店内布局系统

分析各商品的数量、摆放条件、空货位相互促销等多方面因素，给出合理的商品摆放方案，从而合理安排各商品位置，并达到促销作用。如饮水机与清理剂摆放在一处。因为购买饮水机的人往往要购买清洗剂。

5．数据自动收集系统（Auto Data Collect，ADC）

数据自动收集系统采用带有磁条或芯片的卡作为信息载体，采集顾客的信息。店铺负责完成数据收集工作，而数据处理工作则会在总部或地区来处理。POS 和 ADC 的结合使用提高了顾客的结账速度，增加了顾客的满意程度。具体包括以下应用。

（1）支票确认。店铺发放的顾客服务卡能够加速支票确认过程，使顾客可以使用支票或用现金付款；可以用作会员优惠卡或储值卡。

（2）跟踪顾客采购数据。将顾客服务卡与POS结合起来，达到跟踪顾客采购数据的目的。例如，可发放激励顾客采购的会员卡，根据采购数据给予顾客一定的折扣或其他形式的奖励；而店铺将POS机所记录的顾客详细采购信息与会员卡上的顾客姓名和其他人口统计特征信息组合起来，从而了解本地市场的实际状况及单个顾客和其采购偏好。这样可以展开多种面向顾客的营销活动。

（3）信用卡的支付功能。信用卡是用来简化采购的电子支付手段，它自动将用户的银行账户上的资金划转来支付货款。

（4）电子福利转账。电子福利转账是一种使用福利支票或食品票来支付顾客货款的电子化方法。它直接从客户的福利账户上减去采购金额，减少了欺诈行为，并方便了顾客和店员处理福利支票或食品票付款的过程。

6．人力资源管理子系统

（1）考勤确认。通过考勤机收集店员考勤数据，发送给总部。供员工工资核算系统使用。同时备份，提供给店铺经理，方便其管理。

（2）人员调度。综合考虑员工的个人能力，特定工种所需要的技能及特定工作需要人力的时间数据，优化人员的调度，以期满足工作需要，提高工作效率。还可以通过分析 POS 所提供店铺的高峰期数据决定特定时间内所需要的各工种人员需要数量。人员调度程序节省了大量的人员调度时间，优化了人员使用方案。

7．现金管理子系统

支持店铺的现金管理，并统计现金管理数据，通过店铺轮询将这些数据发送给总部生成财务报告。其中包括现金控制、存款确认、合并账户三个方面。

9.3 连锁物流信息系统结构

9.3.1 连锁物流信息系统功能要求

1．系统信息输出要求

连锁总部花费大量人力、财力、物力，精心设计、开发的各种经营手段和方式，最终都必须通过各个连锁分店的日常营业活动才能实施。

连锁分店的业务管理可以说是连锁商业经营与消费者直接见面，并接受消费者检验的关键环节。

从业务种类来看，分店业务管理的主要任务包括七个方面，分别是：订货业务；销售业务；商品陈列；服务管理；安全、卫生管理；作业分工和人员安排；促销活动。

2．连锁行业的组织结构

连锁行业的组织结构，如图 9-4 所示。

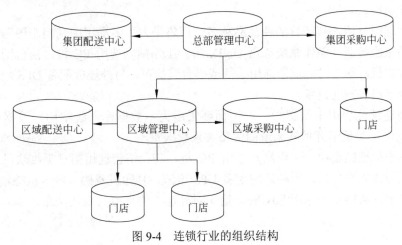

图 9-4　连锁行业的组织结构

对于总部运用来说，首先可以下达销售任务给各门店，自动统计汇总各门店的销售情况，实现对门店的销售过程监控。其次可以根据门店的销售情况及一系列参数的设置，自动生成采购计划，同时根据供应商供货信息，判断并选择最优供应商进行供货处理。系统还可以根据各个门店商品的种类及各种参数，自动针对各个门店进行补货处理，或根据各门店的库存状况进行商品余缺的调配处理。

对于门店来说，通过销售日报可以随时了解每天的销售情况，并了解任务的完成情况，及时进行各种促销策略。通过存量控制，及时了解库存情况，对低于存量控制的存货及时向总部提出要货请求，对高于存量的存货及时进行各种促销处理。

9.3.2 连锁物流信息系统的结构设计

连锁分店直接面向顾客，是连锁企业实现商业行为的主要环节，因此，连锁分店是连锁企业的基础。在连锁企业中，连锁分店的主要任务是在连锁总部的统一指导下，围绕销售环节努力满足消费者的需求，提高服务质量，开展各种各样的促销活动，最大程度地实现商品的销售。

1. 连锁分店的特点与计算机管理需求

在连锁经营中，连锁分店具有以下特点。

（1）连锁企业具有连锁分店数量多的特点。

（2）连锁分店具有分散经营的特点。

（3）统一管理是连锁经营的特征，也是连锁经营的主要特点。

（4）连锁分店的日常作业管理有统一的规范。

（5）连锁分店的信息量大。

（6）连锁经营具有联购分销的特点。

根据以上特点可以看出，先进的信息管理系统对于连锁分店的重要性和必要性。从某种意义上讲，信息管理系统是商业连锁企业经营模式的不断完善与发展的基础。

2. 连锁分店计算机系统的结构与配置

连锁分店的计算机系统根据连锁分店的规模与对计算机信息管理的要求，有不同的系统配置和结构。

大中型连锁分店，其经营的商品品种多、销售量大，多采用中高档服务器或小型机作为系统的主服务器；操作系统选用 UNIX 等；工作站则选用 PC 机，前台销售最好选用第三类收款机，条形码扫描器选用手持或平台式均可，另外还应配备 UPS 电源、打印机及磁卡刷卡机等辅助设备。

大中型连锁分店由于数据量大，因而要采用大型数据库系统结构。数据库则选用 Oracle 或 Sybase 等适于开放式系统的大型关系数据库。

对于中小型连锁企业，工作站点选用 PC 机，前台销售选用第三类收款机，条形码扫描器可采用激光平台式，另外还应配备 UPS 电源、打印机及磁卡刷卡机等辅助设备。由于数据量小，数据库则选用 FoxPro，适于对外连接的小型关系数据库。

9.3.3 连锁物流信息系统的性能要求

1. 连锁物流信息系统的性能要求

商品流通领域物流信息系统的主要作用在于，它可以为流通企业提供管理物流体系的整体解决方案并支持各类物流配送中心的商务处理，同时应提供实用的联机平台及应用软件集成方案。

特别是可以实现与自动化仓储管理、流动库存管理、运输规划协同、品类规划、供应商管理库存、跨区域多业态集中采购管理等的有机衔接。系统还应具备与各种现代化的物流技术设备及其他管理信息系统的接口能力，成为流通企业物流体系及物流配送中心应用的集成解决方案。

2. 连锁物流信息系统的主要功能

连锁行业的配送中心可自建和自营，也可通过第三方物流配送中心协同配送。本章所涉及的配送中心管理系统是连锁总部和第三方物流配送中心协同配送的。

连锁物流信息系统主要功能如图9-5所示。

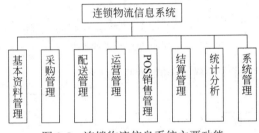

图 9-5　连锁物流信息系统主要功能

（1）基本资料管理：主要对商品信息、客户信息的管理。

（2）采购管理：对供应商管理、合同管理以及采购管理。

（3）配送管理：对配送及库存商品的管理。

（4）营运管理：对商品价格、促销及会员的管理。

（5）POS销售管理处理门店各种销售，记录每笔销售所涉及的商品、金额、折扣、时间等信息。

（6）结算管理：对应收应付、收/付款、发票、对账单、核销的管理。

（7）统计分析：采用数据仓库技术，做决策支持分析。

（8）系统管理：对数据通信、门店日结的管理。

9.3.4 连锁物流信息系统构成

连锁物流信息系统分为：连锁总部和区域管理系统、配送中心管理系统、连锁POS销售管理系统。

1. 连锁总部和区域管理系统

连锁总部是连锁商店的决策指挥中心，决策的正确性和指挥的及时性关系到整个连锁店的经营成败，因此连锁总部必须及时而准确地掌握连锁店内外的商业信息，以便及时实施决策和管理。

（1）连锁总部具有以下主要职能：

① 经营管理职能。

② 统筹进货职能。

③ 教育培训与指导职能。

④ 开发职能。

⑤ 融资职能。

⑥ 信息职能。

（2）连锁总部管理信息系统结构如图 9-6 所示。

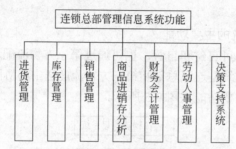

图 9-6　连锁总部管理信息系统结构

（3）连锁商业财务管理子系统结构如图 9-7 所示。

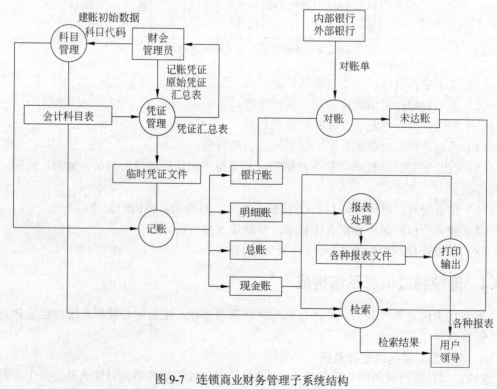

图 9-7　连锁商业财务管理子系统结构

2. 配送中心的管理信息系统

连锁企业的配送中心是汇集连锁分店的订货，向供货方进行采购，接受供货方送货，按连锁分店的订货要求进行加工、包装、分拣、组配，并按规定的时间将配好的商品送交连锁分店的流通机构，是连锁企业配送业务的主要承担者。

配送中心的主要作用表现为：减少了商品的交易次数和流通环节；产生了规模效益；减少了连锁分店的库存，提高了保证供应程度；发挥了专业化分工的优势，有效地降低了物流成本；有效地控制了商品质量，并可以及时反馈销售信息；使连锁经营的"六个统一"得到了组织的保证。

3. POS 销售管理系统

POS 系统的基本组成部件包括硬件和软件两个部分，硬件包括电子收款机、条形码扫描仪、金融信用卡刷卡设备、数据通信接口、数据库服务器、网络互联设备等；软件包括系统软件和收款机应用管理软件等。它包含前台 POS 系统和后台 MIS 系统。

前台 POS 系统是销售收银的体现，处理门店的各种销售，记录每笔销售所涉及的商品、金额、折扣、时间等信息。每天定时将这些数据发给总部，实施一系列销售控制，如价格控制、促销控制等，并提供销售情况和毛利分析以及业绩考核。

POS 系统的收款机、PC 机与计算机组成如图 9-8 所示。

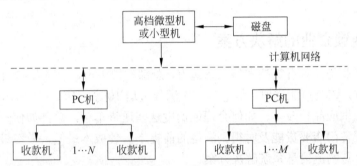

图 9-8 POS 系统的收款机、PC 机与计算机组成

后台商品管理子系统包括：商品编码、进货管理、销售管理、调拨管理、存储管理、库存盘点管理，以及编制进、销、调、存日报模块。后台管理系统如图 9-9 所示。

4. 连锁分店的特点与计算机管理需求

在连锁经营中，连锁分店具有以下特点。

（1）连锁企业具有连锁分店数量多的特点。

（2）连锁分店具有分散经营的特点。

（3）统一管理是连锁经营的特征，也是连锁经营的主要特点。

（4）连锁分店的日常作业管理有统一的规范。

（5）连锁分店的信息量大。

（6）连锁经营具有联购分销的特点。

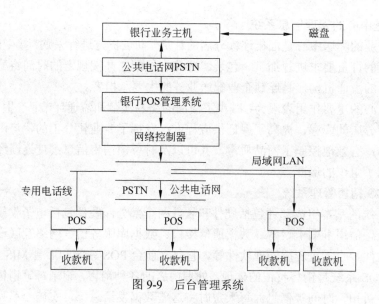

图 9-9 后台管理系统

9.4 某连锁企业物流信息系统应用

9.4.1 某连锁企业的解决方案

某连锁企业是经营百货的零售业态超市,总部在佛山市,下属有 17 个门店,分布在全市各个地方,该公司配送时,每辆车一次满载可送 10 家门店,每天每车送货两次。配货中心,由于供应品种较多,如何合理地调度这些送货车辆,总部如何管理好各分店的经营,在保证各门店要货能及时得到满足的前提下,使成本最低,效率最高呢?该企业采取了连锁经营物流信息系统解决方案。

某连锁企业采用的连锁物流信息系统包括有四个子系统:连锁总部信息管理系统、分店信息管理系统、配送中心管理系统、仓储管理系统。

9.4.2 连锁总部信息管理系统

某连锁超市总部信息管理系统功能如图 9-10 所示。

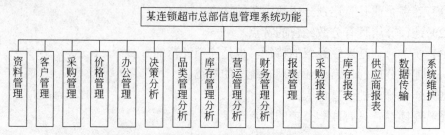

图 9-10 某连锁超市总部信息管理系统功能

1. **资料管理**

（1）商品资料查询。查询商品自编货号、条形码、中文名称、分类号、规格、产地、多渠道供货条件、零售价等基本属性信息。

（2）商品资料维护。维护商品自编货号、条形码、中文名称、分类号、规格、产地、多渠道供货条件、零售价等基本属性信息。商品资料只能由总部维护管理，以保证全公司统一。

（3）组合商品维护。定义维护组合商品主货号，增加或删除搭配销售商品资料，修改已有搭配销售商品资料等。使销售多样化、灵活化，更大程度地促进大众消费。

（4）商品配方维护。维护商品配方中的商品货号、商品名称、配比量或配比率等属性。

（5）分类管理。定义、维护商品分类及分类级别毛利率信息，用于系统对品种和价格的管理。

（6）公司库存资料。对全公司、仓库、各分店的最新商品库存进行查询。

（7）分店库存资料。对各分店的最新商品库存进行查询。

（8）供应商资料查询。查询供应商的基本资料，包括自编供应号、供应商名称、地址、联系人、电话、基本业务条件、合同供货商品资料等有关信息。

（9）供应商资料维护。维护供应商的基本资料，包括自编供应号、供应商名称、地址、联系人、电话、基本业务条件、合同供货商品资料等有关信息。供应商资料只能由总部维护管理，以保证全公司统一。

（10）客户资料。维护或查询单位客户资料及个人会员资料。

（11）单位客户资料。维护、查询单位客户基本资料，包括自编号、单位名称、地址或联系人电话、开户行、账号、税号、信用额度、基本业务条件、合同购货商品明细资料等有关信息。

（12）个人会员资料。维护、查询个人会员（优惠卡）基本资料，包括姓名、卡号、性别、住址、联系电话、身份证号、消费总额、积分、排名、消费明细、获取奖励等信息。

客户资料维护权根据注册属性限定，经总部每天自动汇总处理，并传输到各分店、仓库，以保证全公司统一。

（13）新商品资料。记录新增加的商品资料，并根据到货日期，按规定的考核时段，自动统计销量，进行公司和各分店经营与否的评价处理。评价处理提供各分店各自的销量、销售额及总类或分类排名信息支持。

（14）经营商品设置。增加经营商品资料或维护商品的经营权限。

（15）分店特价权限管理。按店管理授权其改价商品集合，保证分店在可控范围内具有销售定价权，以适应市场竞争要求。

2. **客户管理**

（1）客户、批发处理。执行对单位客户批发购货的销售开单或收款或挂账处理。采用便捷的选录或输录入方式，可同步提示"客户合同购货商品条件"及"促销购货条件"，供本次开单选择；动态显示开单总销额、毛利额、毛利率、信用余度信息；具备按付款方式、票据类型自动分单排序打印功能。批发销售单传往指定仓库或分店执行送货。

（2）客户批发确认。可查询来分店的客户批发送货通知单和本店自定的客户批发预售单，并根据实际出货情况，按单进行品种、数量、金额确认。确认单打印作为财务凭证。可查询或打印已确认客户批发单。

（3）客户退货确认。可查询来分店的客户退货通知单和本店自定的客户退货预售单，并根据实际出货情况，按单进行品种、数量、金额确认。确认单打印作为财务凭证。可查询或打印已确认客户退货单。

（4）客户促销商品管理。记录给予客户的商品促销购货条件、时段等信息，作为客户批发销售开单时的智能辅助信息。

（5）客户促销费管理。记录与客户协议的促销费应付金额、应付时间等信息，作为客户收款时的智能辅助信息。

3．采购管理

（1）单次订货。指定某部门订货。采用便捷的选录或输录入方式，具备业务员身份、商品类别和经营属性自动约束机制；具备上月、上周销量、现库存及自动预订量等参考数据；可同步提示"多渠道供货条件"及"促销进货条件"，供本次订货选择；修改订货条件，可经过判断反向维护"多渠道供货条件"；具备按供应商、付款方式、票据类型自动分单排序打印功能，并可同步打印退货通知单。

（2）批次订货。用户可对选定商品集合，同时完成对各分店、仓库的订货处理。此功能适用于周期性的商品全面补货，对解放和保障业务部门工作极有实用价值。

采用便捷的选录或输录入方式，具备业务员身份、商品类别和经营属性自动约束机制；具备上月、上周销量、现库存及自动预订量等参考数据；可同步提示"多渠道供货条件"及"促销进货条件"，供本次订货选择；修改订货条件，可经过判断反向维护"多渠道供货条件"；具备按部门、供应商、付款方式、票据类型自动分单排序打印功能，并可同步打印退货通知单。

（3）特殊订货。针对用户自行采购的订货处理，提供当前商品供货条件作参考，最终按用户自定义的供应商、进价等信息生成订单。

采用便捷的选录或输录入方式，具备业务员身份、商品类别和经营属性自动约束机制；具备上月、上周销量、现库存及自动预订量等参考数据。

（4）订单打印。用于补打订单。可根据需要，输入一个订单号或订单批号，打印出订货单。

4．价格管理

（1）零价调价。下达公司统一商品零售价、批发价、件销价的调价指令及查询调价单历史记录，可同步调整批发客户购货价并打印客户调价通知单。总部系统根据调价信息，到生效日期，自动维护商品基本资料。

（2）进价调价。制定商品新进价（全公司或部分分店两种执行模式），并且可以根据需要选择时段调价或一次性调价。

（3）特价管理。制定商品新特价单（全公司或部分分店两种执行模式）、特价单修改及特价单查询。可同步制定批发客户促销价并打印客户促销通知单。

（4）会员价管理。制定新会员价单（全公司或部分分店两种执行模式）、会员价单修改及会员价单查询。会员价运用于对持有会员卡的顾客进行特别优惠,销售时由前台 POS 系统自动识别。

（5）零价调价单查询。可根据调价单号或生效日期查询或打印公司制定的商品零售价、批发价、件销价（打印调价单和打印确认单两种模式）。

（6）进价调价单查询。可根据调价单号、生效日期、结束日期或商品编号查询或打印公司制定的商品进价。

5. 办公管理

（1）人事管理。查询或维护全公司员工的个人基本资料，包括姓名、性别、年龄、身份证号、住址、电话、联系人（担保人）姓名（身份证号、住址、电话）、学历、简历、个人证件（种类、有效期）、上岗时间、离岗时间、所属部门、职级、基本薪资、升职记录、领用物品等信息。

（2）奖惩考核。按月度记录总部员工奖惩信息。可按时段（部门、个人）方式查询全公司奖惩历史记录（仓库、分店信息上传）。

（3）薪资管理。可由用户自定义工资表项目。可根据基本薪资、奖惩记录等用户设定参数自动生成部门月度工资表，由用户修改或审定或打印。仓库、分店的薪资核算可由其自行处理。

（4）文件管理。可分类型、分权限、分部门输入或查询公司文件档案资料；向仓库或分店定向下发总部文件；定向查看仓库或分店上传文件；定向转移仓库、分店间多点式交换文件。

（5）设备管理。可查询或维护全公司设备资料信息，包括分类、编号、名称、所属部门、专职负责人、购入日期、供应厂商（名称、地址、联系人、电话、票据号）；保养单位（名称、地址、联系人、电话、票据号）、检测机构（名称、地址、联系人、电话）、合格证发放日期、合格证法定报审日期、合格证报审记录、检修周期、检修记录等信息。

能自动按用户设定前提量检查或提示需报审合格证及设备检修信息。仓库、分店的设备管理可由其自行处理，信息上传。

（6）证照管理。可查询或维护全公司证照资料信息，包括名称、所属部门、专职负责人、管理机构（名称、地址、联系人、电话）、发放日期、法定报审日期、报审记录等信息。能自动按用户设定前提量检查或提示需报审证照信息。仓库、分店的证照管理可由其自行处理，信息上传。

6. 决策分析

（1）经营情况分析。查询或打印各分店的经营情况报表。

（2）经营情况日报表。查询或打印各分店的日零售额、毛利额、客户总人数、客单价、库存额等经营情况。

（3）经营情况周报表。查询或打印各分店周的零售额、毛利额、客户总人数、客单价、库存额情况报表。

（4）经营情况月报表。查询或打印各分店月的零售额、毛利额、客户总人数、客单价、库存额情况报表。

(5)任意时段经营周报表。查询或打印各分店任意时段的零售额、毛利额、客户总人数、客单价、库存额情况报表、结算资金计划周报表。

(6)商品分类动态分析报表。可以按日、周、月及自定义查询或打印商品大分类销售分析报表。

(7)分店业绩动态分析日报表。查询或打印各分店本日已发生的前台销售流水数据,用于实时监控分店当前的销售情况。

(8)分店业绩动态分析周报表。查询或打印各分店本周已发生的前台销售流水数据,用于实时监控分店当前的销售情况。

(9)分店业绩动态分析月报表。查询或打印各分店本月已发生的前台销售流水数据,用于实时监控分店当前的销售情况。

(10)分店业绩动态分析任意报表。查询或打印各分店任意时段所发生的前台销售流水数据,用于实时监控分店当前的销售情况。

(11)促销效果分析周报表。查询或打印各分店促销商品的销售情况,可以按大分类、中分类、小分类、单品等多种查询方式。

7. 品类管理分析

(1)商品类别销售分析。可以按日、周、月及自定义查询或打印商品大分类销售情况。

(2)商品 ABC 级别评价处理。设定商品的 ABC 级别的评价标准,可以按日、周、月及自定义等方式查询或打印各商品的销售情况分析及评价。

(3)新商品周报表。查询或打印新商品大分类周的销售情况,为新商品评价及采购提供依据。

(4)新商品月报表。查询或打印新商品大分类月的销售情况,为新商品评价及采购提供依据。

(5)淘汰商品周报表。查询或打印在一周当中被淘汰商品的情况,其中包含有被淘汰商品数、被淘汰商品所剩的库存等情况。主要为采购和销售统筹策划提供参考依据。

(6)淘汰商品月报表。查询或打印在一个月当中被淘汰商品的情况,其中包含有被淘汰商品数、被淘汰商品所剩的库存等情况。主要为采购和销售统筹策划提供参考依据。

(7)日无销售商品分析。查询或打印日无销售商品的情况,其中主要有日无销售商品的现库存、上周销售额、上周排名、上月销售额、上月排名等。

(8)周无销售商品分析。查询或打印周无销售商品的情况,其中主要有周无销售商品的现库存、上周销售额、上周排名、上月销售额、上月排名等。

(9)月无销售商品分析。查询或打印月无销售商品的情况,其中主要有月无销售商品的现库存、上周销售额、上周排名、上月销售额、上月排名等。

(10)毛利率异常日报表。查询或打印商品日销售毛利率异常的情况,其中主要有毛利率上、下限,目前毛利率情况,零进价情况,为总部统筹策划、调整价格提供依据。

(11)毛利率异常周报表。查询或打印商品周销售毛利率异常的情况,其中主要有毛利率上、下限,目前毛利率情况,零进价情况,为总部统筹策划、调整价格提供依据。

(12)毛利率异常月报表。查询或打印商品月销售毛利率异常的情况,其中主要有毛利率上、下限，目前毛利率情况，零进价情况，为总部统筹策划、调整价格提供依据。

8．库存管理分析

（1）采购管理分析。

（2）采购员工作业绩报表。按周或月查询了解采购员所采购商品的销售情况，其中主要包括对销售额、毛利额、销售占比、毛利占比、销售同比、毛利同比、库存额、周转率、到货率等的分析。从而了解商品的销售情况，监督采购员的工作。

（3）商品到货情况报表。可以按任意时段查询各采购员的下单到货情况，其中主要包括有各采购员的订货商品数、到货商品数、到货率、下单数、到单率、下单供应商数、到货供应商数、供应商支持率、平均到货天数等分析数据。

（4）月度供应商贡献分析。可分月度、季度、年度完成汇总统计，并按多种组合查询方式，打印出单个或部分或全部供应商的报表，提供其进、销、存、已付、应付、到期应付（金额及比重）、周转率、毛利率、促销支持等数据，从而对供应商贡献度及双方合作关系作出评价和工作指导。

（5）商品进价变动周报表。按周查询各个商品进价变动的情况，其中主要包括改进价的开始日期、结束日期，商品原进价、新进价，原毛利率、新毛利率、补差价额等分析数据。

（6）商品进价变动月报表。按月查询各个商品进价变动的情况，其中主要包括改进价的开始日期、结束日期，商品原进价、新进价，原毛利率、新毛利率、补差价额等分析数据。

（7）商品零售变动周报表。按周查询商品零价变动的情况，其中主要包括商品原进价、新进价，原零价、新零价，原毛利率、新毛利率等分析数据。

（8）商品零价变动月报表。按月查询商品零价变动的情况，其中主要包括有商品原进价、新进价，原零价、新零价，原毛利率、新毛利率等分析数据。

（9）采购其他收入月报表。按月查询采购的其他收入的情况，其中主要包括收入的类别号、类别名称、本月协议收入、本月实际收入单数、本月实际收入、本月实际收入单数、应收未收余额。

9．营运管理分析

（1）分店销售日报表。按日查询各分店的销售情况，其中分析数据主要有分店日销售额、毛利额、毛利率、销售同比、毛利率同比、销售额排名、毛利排名、毛利率排名、顾客人数、客单价、客单价排名、单位面积销额、人均销售额等。

（2）分店销售月报表。按月查询各分店的销售情况，其中分析数据主要有分店月销售额、毛利额、毛利率、销售同比、毛利率同比、销售额排名、毛利排名、毛利率排名、顾客人数、客单价、客单价排名、单位面积销额、人均销售额等。

（3）市场价格调查分析。可按需要商品制表外出调查。调查信息输入后，能自动分析比较价差、毛利率差等指标。

（4）分店收银差错周报表。按周查询各分店收银的差错情况，其中的分析数据主要有差错额、差错收银人数、差错天数、一天最大差错额、最大差错收银员、最小差错收银员、收单数等情况。

(5) 分店收银差错月报表。按月查询各分店收银的差错情况，其中的分析数据主要有差错额、差错收银人数、差错天数、一天最大差错额、最大差错收银员、最小差错收银员、收单数等情况。

(6) 销售时段销售分析。可按任何时段查询商品的销售情况，其中的分析数据主要有商品时段的销售额、毛利额、顾客数、客单价、销售同比、毛利同比、顾客人数同比、客单价同比、销售占比等分析数据。

(7) 分店盘点分析报表。主要对所选时间范围内所盘点的情况进行分析，其中主要的分析数据有上次盘点数、到货量、支货量、支货差错数量、调入数量等增加库存情况及销售数量、批发数量、调出数量等减库存情况的数据分析。

10. 财务管理分析

(1) 盘点报表分析。查询或打印仓库、分店的阶段盘点报表，并可组合统计公司盘点报表。其中主要的分析数据有计算机进价金额、实盘进价金额、盘差额、差错率、计算机库存品种、盘差品种、差错率等情况。

(2) 盘点明细分析。可查询任一盘点报表的所有商品的盘点情况，其中的数据分析主要有实盘数、计算机数量、盘盈、盘盈金额、盘亏、盘亏金额、进价、折扣、零价、平均价等。

(3) 营业销售分析。可逐日查询或打印包括各分店当日或当月累计的汇总或分类销售业绩（销额、毛利额、毛利率）、全公司当日或当月累计的汇总或分类销售业绩等信息的报表，提供给管理决策者和财务部门参考。

(4) 进销存日报表。可查询、打印公司或各分店或各仓库的进销存日报表及当日确认单据报表，显示当日所发生的进、销、存、批、调、退、损、盘等各环节金额数据，以及毛利额、毛利率。

(5) 分店销售汇总。主要用于查询分店前台销售的情况，可查询的数据有分店商品的销量、销额、成本、毛利等。

(6) 分店流水销售汇总。可查询分店销售流水的情况，其中主要的分析数据包括有分店的销量、销额、毛利额、实收金额、成本额、销售流水数、收银机号、收款员等。

(7) 财务月报表。按月度统计各分店分类或汇总销售数据，向财务部门提供账务数据。

11. 报表管理

(1) 销售报表。主要对总部、分店前台流水销售及分类月度销售明细的分析。

(2) 总部销售明细。可按日、周、月、自定义等条件查询总部的销售情况。销售情况主要按分类进行汇总，其中的主要分析数据有商品的现总库存、销量、销额、毛利额、毛利率、总销量排名、总销额排名、分类毛利额排名、分类毛利率排名等。

(3) 分店销售明细。可按日、周、月、自定义等条件查询分店的销售情况。销售情况主要按分类进行汇总，其中的主要分析数据有商品的现总库存、销量、销额、毛利额、毛利率、总销量排名、总销额排名、分类毛利额排名、分类毛利率排名等。

(4) 营业销售明细。可逐日查询或打印包括各分店当日或当月累计的汇总或分类销售业绩（销额、毛利额、毛利率）、全公司当日或当月累计的汇总或分类销售业绩等信息的报表，提供给管理决策者和财务部门参考。

（5）分类月度销售明细。按月度统计各分店分类或汇总销售数据，向财务部门提供账务数据。其中主要的分析数据有分类销售额、毛利额、毛利率、成本额、税前成本额。

（6）前台商品销售明细。可按日、周、月、自定义等条件查询各分店前台的销售情况。其中的主要分析数据有商品的现总库存、销量、销额、毛利额、毛利率、总销量排名、总销额排名、分类毛利额排名、分类毛利率排名等。

（7）前台销售流水汇总。可查询各分店销售流水的情况，其中主要的分析数据包括有各个分店的前台销售流水销量、销额、毛利额、实收金额、成本额、销售流水数、收银机号、收款员等。

（8）进销存日报表。可查询、打印公司或各分店或各仓库的进销存日报表及当日确认单据报表，显示当日所发生的进、销、存、批、调、退、损、盘等各环节金额数据，以及毛利额、毛利率。

（9）客户批发单查询。查询或打印总部、仓库单位客户批发销售确认单。

（10）客户退货单查询。查询或打印总部、仓库单位客户退货确认单。

12．采购报表

（1）订货和到货查询。浏览全公司所有订货单，并可按多种条件查询订单的已到货、部分到货、未到货信息，具备分析到货率、订/到货时差等功能，可帮助对供应商、采购员表现作出跟踪评价。

（2）到货单查询。查询或打印总部、仓库、分店的供应商到货确认单。

（3）批次到货报表。可便捷地查询某批次订货的到货情况，通过分析报表，可针对性地对供货保证、供应商和采购员表现作出跟踪评价。

13．库存报表

（1）盘点明细查询。查询或打印本店的阶段盘点报表商品明细，包括实盘数、计算机数量、盘盈、盘盈金额、盘亏、盘亏金额等信息。

（2）盘点报表查询。查询或打印本店的阶段盘点报表，包括分类或汇总的计算机库存金额、实盘金额、盘差额、盘差率、计算机品种、盘差品种、品种差错率等信息。

（3）支货单查询。查询或打印仓库与分店间的支货确认单或支货差错确认单；可检查仓库与分店间的支货确认单差错信息，并按责任将差错信息全部或部分地转发给仓库或分店，由其进行支货差错单确认来反向修正计算机库存。

（4）自调货单查询。查询或打印分店间的调货确认单，采用交互式数据对比界面，方便工作的检查评价。

（5）指令调货单查询。查询或打印分店间的指令调货确认单，采用交互式数据对比界面，方便工作的检查评价。

（6）自退仓单查询。查询或打印仓库与分店间的退仓确认单，采用交互式数据对比界面，方便工作的检查评价。

（7）指令退仓单查询。查询或打印分店间的指令退仓确认单，采用交互式数据对比界面，方便工作的检查评价。

（8）退货单查询。查询或打印仓库、分店的供应商退货确认单。

（9）坏货处理单查询。查询或打印仓库、分店的坏货处理确认单。

（10）单据改错查询。查询或打印仓库、分店改错单据的确认单。

14．供应商报表

（1）供应商付款报表。可查询或打印出单个或部分或全部供应商的总到货、总退货、已付款、预付款、应付款、到期应付款等电子账目。可明细供应商所有到货单和退货单，并按单显示已付（未付、应付）信息及提示该供应商预付款、应收促销费信息。

（2）独创的供应商付款三级管理操作。通过财务审单（金额把关）、业务员计划选单（方向控制）、领导综合审批（总量控制）三级操作并结合信息支持来完成付款计划。付款实操完成后，可对电子计划单进行修正并确认维护供应商电子账目。可查询每期付款确认单。系统兼容简易选单付款功能。

（3）供应商实销实结。可查询或打印供应商付款方式为实销实结商品的月销售额、当前库存金额、月进货成本、历史余额、应付金额、累计金额等电子账目。付款实操完成后，可对电子计划单进行修正并确认维护供应商电子账目。可查询每期付款确认单。系统兼容简易选单付款功能。

（4）供应商促销商品管理。记录供应商给予的商品促销进货条件、时段等信息，作为订货时的智能辅助信息，以及制订促销计划。

（5）供应商促销费管理。记录与供应商协议的促销费应收金额、应收时间等信息为供应商收款时的智能辅助信息。

15．数据传输

（1）准备数据。自动收集需下传仓库、分店的有关数据，完成传输准备。

（2）接收数据。自动收集仓库、分店上传的有关数据文件包，并释放处理入总部数据库。

（3）查看接收信息。浏览仓库、分店最新上传的有关数据文件包，用于检查传输工作进程。

（4）修改传输标志。针对某些异常情况下未能传输成功的数据，可进行再次恢复，重新传输。

（5）核对传送单据。核对仓库、分店上传的有关数据用于检查传输工作的情况。

16．系统维护

（1）数据处理。对销售数据进行统计处理。

（2）权限设置。用于设置程序使用人员分组、用户级别、使用权限、用户名、密码等资料。

（3）修改密码。用于程序使用人员密码的修改。

（4）系统设置。

（5）支货优先级。用于设定各分店的支货单传输的优先级别。

（6）系统资料。由系统管理员操作使用，用于设定用户系统基本参数，全公司统一共享。系统资料包括以下方面：

① 公司机构资料（定义、维护用户的公司总部、仓库、分店的系统代码、地址负责人、联系电话等公共信息）。

② 总部部门资料（定义、维护用户公司总部的部门系统代码、名称等公共信息，主要用于工作组权限管理）。

③ 采购员/业务员资料（定义、维护采购员、业务员的姓名、密码信息，作为其系统权限、身份等信息识别）。

④ 收/付款方式（定义、维护各种收、付款方式，供系统程序调用）。

⑤ 票据类型（定义、维护收付款的票据类型，供系统程序调用）。

⑥ 退货条件（定义、维护各种退货条件，供系统程序调用）。

⑦ 组合货号（定义、维护针对同品种捆绑或不同品种捆绑销售需要的组合货号及其品种关联子关系，实现前台以组合货号销售并统计业绩，但保证子货号库存管理）。

⑧ 职级/工资标准（定义、维护全公司职级及其基本工资参数）。

⑨ 奖罚考核标准（定义、维护全公司奖惩考核量化指标，供奖惩管理程序调用）。

⑩ 文件分类（定义、维护全公司文件分类科目，供文件管理调用）。

⑪ 设备分类（定义、维护全公司设备分类科目、系统自检提前量，供设备管理程序调用）。

⑫ 证照自检提前量（定义、维护全公司有关证照的系统自检提前量，供证照管理程序调用）。

9.4.3 分店信息管理系统

某连锁超市分店信息管理系统功能如图 9-11 所示。

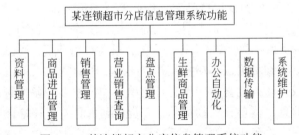

图 9-11 某连锁超市分店信息管理系统功能

1. 资料管理

（1）商品基本资料。查询来自总部下传的商品基本资料信息。可修改条码。

（2）供应商资料。查询来自总部下传的供应商资料信息。

（3）客户资料。查询来自总部下传的客户资料信息。属本分店首次注册的客户资料，可由该分店进行维护（功能同总部）。

（4）分店资料。查询来自总部下传的各分店信息。

（5）库存资料。查询分店实时的动态商品库存，并可同步显示来自总部下传的其他店仓的库存。

（6）调价资料。查询、确认公司下发的调价单，维护商品零（批）件销售价。

（7）调进价查询。查询来自总部下传的各进价调整的信息。

（8）特价资料。查询来自总部下传的特价单信息。对公司授权商品自行制定新的分店特价单或修改分店特价单，形成自主的销售价格。

（9）会员价资料。查询来自总部下传的会员价单信息。对公司授权商品自行制定新的分店会员价单或修改分店会员价单，形成自主的会员销售价格。

（10）可经营商品。可查询或打印由公司规定的该分店可经营或淘汰商品品种及其销量、销额、排名等信息，用于约束该分店进货及指导商品陈列管理。

（11）货架管理。维护商品的陈列货架号，为日常管理、盘点工作提供信息参考。

（12）货损货差登记。记录分店发生的货损货差信息，便于及时处理。

（13）库存检查。系统自动以上次盘点库存实数为起始，统计或显示盘点后至当前的每个商品所有进销存物流数据，供用户查询核对库存管理情况，并可以此复算结果修正计算机库存。

（14）打印价牌。选择或输入货号打印商品价牌。

（15）电子秤管理。

2．商品进出管理

（1）支货申请。分店向仓库要货的申请单据录入并确认。采用便捷的录入方式，具备商品类别和经营属性自动约束机制；具备上月、上周销量以及现库存等参考数据。

（2）支货单处理。将收到仓库送货的实收数，选单确认进入计算机加库存。可查询或打印已确认支货单。

（3）支货差错处理。可查询或打印总部传来的支货差错通知单，执行确认修正库存。可查询或打印已确认支货差错单。

（4）直送货处理。对公司授权商品制订预订单或到货确认单。采用便捷的录入方式，具备经营属性自动约束机制；具备上月、上周销量、现库存、自动预订量等参考数据；可同步提示"促销进货条件"，供本次订货选择；具备按供应商、付款方式、票据类型自动分单排序打印订单和到货确认单功能，并可同步打印退货通知单。

（5）订单查询或打印。浏览本店所有订货单，并可按多种条件查询订单的已到货、部分到货、未到货信息，具备分析到货率、订货和到货时差、补打订单等功能。

（6）到货单处理。收到供应商送货后，可查询到对应的来自总部的订单或自购货预订单，从而对收货品种、数量、金额进行确认。确认单打印作为财务凭证，并增加商品计算机库存。可查询和打印已确认到货单。

（7）指令调货处理。根据总部下达指令调货信息，执行分店间货品调拨的单据确认。可查询和打印已确认指令调货单。

（8）调货单处理。进行分店间自主的货品调拨的单据确认。可查询和打印已确认调货单。

（9）指令退仓处理。根据总部下达指令退仓信息，执行将商品退回仓库的单据确认。可查询和打印已确认指令退仓单。

（10）退仓单处理。进行日常需退回仓库商品的单据确认。可查询或打印已确认退仓单。

（11）指令退货处理。根据总部下达指令退货信息，执行将商品退回供应商的单据确认。可查询和打印已确认指令退货单。

（12）退货单处理。进行日常需退回供应商商品的单据确认。可查询或打印已确认退货单。

（13）坏货处理。进行店存坏货商品报亏或折价销售处理的单据确认。可查询或打印已确认坏货处理单。

（14）客户批发处理。执行对单位客户批发购货的销售开单（收款、挂账）处理。采用便捷的录入方式，可同步提示"客户合同购货商品条件"及"促销购货条件"，供本次开单选择；动态显示开单总销额、毛利额、毛利率、信用余度信息；具备按付款方式、票据类型自动分单排序打印功能。

（15）客户批发确认。可查询来自总部的客户批发送货通知单和本店自定的客户批发预售单，并根据实际出货情况，按单进行品种、数量、金额确认。确认单打印作为财务凭证。可查询或打印已确认客户批发单。

（16）客户退货处理。执行对单位批发客户退货的单据确认。可查询或打印已确认客户退货单。

（17）单据改错处理。执行对各种物流确认单据的差错纠正处理。快捷的分类查单功能，原单信息自动对照，同步修正库存和财务数据。可查询或打印已确认单据改错单。

（18）补货申请。当货物不足时，进行申请。

3. 销售管理

（1）准备销售资料。收集后台系统最新的商品资料（货号、条码、品名）、销价资料（零价、件销价、生效期内的特价和会员价）、成本价、会员资料、收款员资料等基本信息，传送至 POS 收款机供售卖使用。

（2）商品销售查询。查询本店的商品销售历史数据，可按日、周、月、自定义方式，查询（统计、排序）分析商品的销量、销额、毛利额、毛利率及汇总和分类排名。

（3）分类销售查询。可按日、周、月、自定义方式，逐次查询商品大小分类、商品明细的销额、毛利额、毛利率、占比、排名、库存总额、周转天数，用于统计分析。

4. 营业销售查询

（1）时段销售查询。可查询本日已发生的每小时时段总销额，以及之前的每天时段总销额，列表对比式界面，方便观测销售趋势。

（2）供应商销售查询。可查询本日已发生的各供应商商品总销额，以及之前的每天供应商总销额，方便观测供应商商品销售趋势。

（3）收款员销售查询。可查询本日已发生的各收款员总销额，以及之前的每天收款员总销额，方便观测收款员工作业绩。

（4）销售流水动态查询。可查询本日已发生的前台销售流水数据，用于工作查证和监控收款员。

（5）销售流水历史查询。可查询过去每天的前台销售流水历史数据，主要用于工作查证。

（6）专柜销售查询。可按时段统计联营专柜的商品销售数据，用于提成结算。

（7）商品进销存查询。可统计或查询某时段内，每个商品所有的进销存物流数据，方便工作检查。

（8）前台清机检查。营业结束后，检查来自POS收款机的销售数据和有关报表是否完整有效地传回后台管理系统。

（9）财务日报表。统计或打印当天进销存日报表、财务收支报表、本日单据报表、特价损失报表、折扣损失报表，显示所发生的进、销、存、批、调、退、损、盘等各环节金额数据，以及毛利额、毛利率和各类确认单、销售退单信息。可逐日查询或打印以前的各种报表。

5．盘点管理

（1）日常盘点。部分商品盘点。

（2）自定盘点。可选择和输入部分商品生成盘点表，进行针对性盘点，检查库存管理状况。盘点结果可选择修正计算机库存。

（3）随机抽盘。可由计算机随机取样商品生成盘点表，进行针对性盘点，检查库存管理状况。盘点结果可选择修正计算机库存。

（4）阶段盘点。全部商品盘点。

（5）生成盘点表。自动比对计算机库存和货架号信息，生成盘点表供用户打印实操。

（6）盘点初始化。提示用户完成有关单据、数据处理操作，锁定物流操作模块，保证库存数据处于静态。

（7）盘点录入。将实盘数据录入计算机。界面商品排序保持与打印表格一致，可随时增补商品。

（8）商品误差分析。可按设定的盘点差额段，查询其涵盖的商品品种，并打印出相应盘点表进行针对性的复盘。

（9）财务误差分析。预示盘点财务报表，方便实时评估。

（10）盘点确认。用实盘数更新计算机库存并生成财务盘点报表。

（11）盘点报表。查询或打印本店的阶段盘点报表，包括分类和汇总的计算机库存金额、实盘金额、盘差额、盘差率、计算机品种、盘差品种、品种差错率等信息。

6．生鲜商品管理

（1）生鲜商品资料。维护、查询生鲜商品自编货号、条形码、中文名称、分类号、规格、产地、多渠道供货条件、零售价等基本属性和商品保鲜技术、分割技术、商品配方、制作工艺、供货条件等信息。并根据生鲜自身的特殊情况在商品主档中增加商品属性A/B/C费用。

A类：进、销、存三者在操作过程中物理形态不发生变化的商品我们将其定义为A类（进货和销售只是单位不同也属此类，如方便面以一箱进货或是以一桶销售，库存都是以一桶为单位计量）。

B类：商品以整件进，然后进行分割等作业将商品的物理形态改变，分割成不同的子商品进行销售，库存记录基本单位（kg）的库存，当然它本身也可以独立销售，如猪肉、鱼等。

因为分割后各子件生产的销售价格不同，所以会产生不同的商品货号，同样会产生不同的库存和存货成本。

C类：将不同的子商品按一定的比例和数量组合在一起形成一种商品进行销售，称为组合商品,又叫配菜。

(2)商品结构维护。维护或查询 B 类商品的分割情况,此类商品主要指肉禽类和水产品等,相对完整的屠体进场后要经过分割成为特定的销售单品定价销售,成本随产品经过"由一到多"的分解过程。分割时主要通过分割率、消耗率控制整件商品的分割度。分割后商品会产生不同商品货号及不同的库存和存货成本。

(3)配菜商品维护。查询或维护 C 类商品的分配情况,此类商品主要指熟食制品、半成品配菜、面点、快餐和大众主食厨房类产品等,由于需要使用各种相关原料经过加工生产流程转化为某一固定产品,成本也随产品经过"由多到一"的组合过程。

(4)生鲜直送货单。对公司授权生鲜商品制订预订单或到货确认单。采用便捷的录入方式,具备经营属性自动约束机制;具备上月、上周销量、现库存、自动预订量等参考数据;可同步提示"促销进货条件"供本次订货选择;具备按供应商、付款方式、票据类型自动分单排序打印订单和到货确认单功能,并可同步打印退货通知单。

(5)生鲜到货处理。收到供应商送货后,可查询到对应的来自总部的订单或自购货预订单,从而对收货品种、数量、金额进行确认。确认单打印作为财务凭证,并增加商品计算机库存。可查询和打印已确认到货单。

(6)商品分割处理。此类商品主要指肉禽类和水产品等,相对完整的屠体进场后要经过分割成为特定的销售单品定价销售,成本随产品经过"由一到多"的分解过程。

(7)商品销售转换。主要用于不同价格货品之间的折价转换销售,有利于一价商品转换为二价商品。

(8)商品内部领用。登记公司内部不同部门商品之间的转换情况,有利于部门之间货品不平衡或周转需求。

(9)商品损耗登记。生鲜的损耗无所不在,流程中的每个环节都可能产生损耗。从采购、订货、验收、搬运、储存、加工、陈列等一系列的细节都必须很小心地执行。做好生鲜的损耗登记才能正确进行生鲜毛利率的统计。

(10)商品检验单。由产地、供应商或自采购的商品,必须经由配送中心统一验收数量及质量。经验收后,实收数量少于订货数量者,必须由供货者定时补足,否则应依合同条款予以罚款。为免发生验收纠纷,采购、供货者、配送中心验收者及店铺营运人员应对验收标准达成共识。经由统一验收,店铺的商品才能确保质量及数量的需求。

(11)生鲜商品抽盘。可选/输部分商品生成盘点表,进行针对性盘点,检查库存管理状况;盘点结果可选择修正计算机库存。

(12)生鲜周期盘点。包括以下几个方面:

① 生鲜阶段盘点。全部生鲜商品盘点,可按好货仓、坏货仓分别执行操作。

② 生成盘点表。自动比对计算机库存和货架号信息,生成盘点表供用户打印实操。

③ 盘点初始化。提示用户完成有关单据、数据处理操作,锁定物流操作模块,保证库存数据处于静态。

④ 盘点录入。将实盘数据录入计算机。界面商品排序保持与打印表格一致,可随时增补商品。

⑤ 商品误差分析。可按设定的盘点差额段,查询其涵盖的商品品种,并打印出相应

盘点表进行针对性的复盘。

⑥ 财务误差分析。预示盘点财务报表，方便实时评估。

⑦ 盘点确认。用实盘数更新计算机库存并生成财务盘点报表。

⑧ 盘点报表。查询或打印本店的阶段盘点报表，包括分类和汇总的计算机库存金额、实盘金额、盘差额、盘差率、计算机品种、盘差品种、品种差错率等信息。

7. 办公自动化

（1）人事管理。查询和维护本店员工的个人基本资料，包括姓名、性别、年龄、身份证号、住址、电话、联系人（担保人）姓名、身份证号、住址电话、学历、简历、个人证件（种类、有效期）、上岗时间、离岗时间、职级、基本薪资、升职记录、领用物品等信息。

（2）奖惩考核。按月度记录本店员工奖惩信息。可按时段查询店员奖惩历史记录。

（3）薪资管理。可由用户自定义工资表项目。可根据基本薪资、奖惩记录等用户设定参数自动生成分店月度工资表，由用户修改、审定和打印。

（4）文件管理。可分类型、分权限输入和查询本店文件档案资料；向总部、仓库、其他分店定向传输文件；查看来自总部、仓库、其他分店的文件。

（5）设备管理。可查询或维护本店设备资料信息，包括分类、编号、名称、专职负责人、购入日期、供应厂商（名称、地址、联系人、电话、票据号）、保养单位（名称、地址、联系人、电话、票据号）、检测机构（名称、地址、联系人、电话）、合格证发放日期、合格证法定报审日期、合格证报审记录、检修周期、检修记录等信息。能自动按用户设定提前量检查和提示需报审合格证及设备检修信息。

（6）证照管理。可查询和维护本店证照资料信息，包括名称、专职负责人、管理机构（名称、地址、联系人、电话）、发放日期、法定报审日期、报审记录等信息。能自动按用户设定提前量检查和提示需报审证照信息。

8. 数据传输

（1）准备数据。自动收集需上传总部的有关数据，完成传输准备。

（2）数据传输。拨号联网，完成发送上传数据包，接收下传数据包。

（3）接收数据。自动收集总部传来的有关数据文件包，并释放处理入分店数据库。

（4）修改传输标志。针对某些异常情况下未能传输成功的数据，可进行再次恢复、重新传输。

（5）最新价格。特价生效单提示，可查询商品价格变动情况。

9. 系统维护

（1）新文件提示。

（2）系统资料。由系统管理员操作使用，用于设定分店系统基本参数，如前台收款机操作人员的编号、姓名、密码信息，作为其使用收款机的身份识别，设定分店自定义的商品快捷货号，以便收款员快速输入商品。

（3）权限管理。规定程序使用人员的用户名、密码和权限。

（4）修改（SQL）数据库密码。

（5）删除前台历史。

9.4.4 配送中心管理系统

（1）某超市的配送中心管理信息系统的结构与配置如图 9-12 所示。

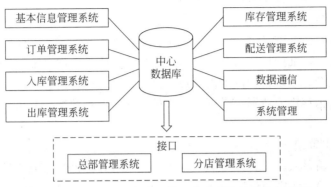

图 9-12　某超市的配送中心管理信息系统的结构与配置

（2）某超市的配送中心管理信息系统的体系结构。

配送中心管理信息系统是对商品的出入库、保管、货品集中、流通加工及配送等进行全面管理的信息系统。

配送中心的物流操作作业是在计算机管理下进行的，以指示书的方式说明作业，配以物流控制、计算机控制的自动仓库，以及机械化分拣装置等来共同完成，还必须与总部和各分店的信息系统相协调才能实现其管理功能。

（3）某超市的配送中心信息系统主要模块如图 9-13 所示。

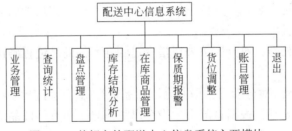

图 9-13　某超市的配送中心信息系统主要模块

9.4.5 仓储管理系统

某超市的仓储管理信息系统主要模块如图 9-14 所示。

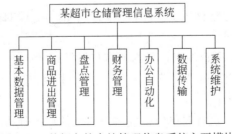

图 9-14　某超市的仓储管理信息系统主要模块

1. 基本数据管理

（1）商品资料。查询来自公司下传的商品基本信息。

（2）供应商资料。查询来自公司下传的供应商资料信息。

（3）库存资料。查询仓库实时的商品库存。

（4）调价资料。查询、确认公司下发调价单，维护商品零、批件销价。

（5）仓位管理。维护管理仓存商品的仓位号，为拣货、盘点等工作提供信息参考。

（6）库存检查。系统自动以上次盘点库存实数为起始，统计和显示盘点后至当前的每件商品所有进销存物流数据，供用户查询核对库存管理情况，并可以此复算结果修正计算机库存。

2. 商品进出管理

（1）支货申请录入。可将分店书面要货商品录入计算机并生成拣货单，进行送货操作。用于传输故障时的应急保障功能。

（2）支货单处理。查询总部下传或自输的未确认分店支货单（即要货单）并打印拣货单；拣货单商品按仓位号排序并自动换算整包装、零散数量，方便拣货。拣货完毕录入实数确认单据，打印确认单执行送货。可查询或打印已确认支货单。

（3）支货差错处理。可查询或打印总部传来的支货差错通知单，执行确认修正库存。可查询或打印已确认支货差错单。

（4）支货汇总查询。可按时段查询对各分店支货总金额、对应的各支货确认单总金额、各支货确认单商品明细，方便工作查证。

（5）到货单处理。收到供应商送货后，可查询相应的来自总部的订单，从而对收货品种、数量、金额进行确认。确认单打印作为财务凭证，并增加商品计算机库存。可查询或打印已确认到货单。

（6）指令退仓处理。对分店按公司指令退回仓库的商品进行确认。可查询或打印已确认指令退仓单。

（7）退仓单处理。对分店日常退回仓库商品进行确认。可查询或打印已确认退仓单。

（8）指令退货处理。根据总部下达指令退货信息，执行将商品退回供应商的单据确认。可查询或打印已确认指令退货单。

（9）退货单处理。进行日常需退回供应商商品的单据确认。可查询或打印已确认退货单。

（10）转货处理。执行好货转坏货，坏货转好货的单据确认。可查询或打印已确认转货处理单。

（11）货损处理。进行仓存坏货商品报亏或折价销售处理的单据确认。可查询或打印已确认货损处理单。

（12）客户批发确认。可查询来自总部的客户批发送货通知单，并根据实际出货情况，按单进行品种、数量、金额确认。确认单打印作为财务凭证。可查询或打印已确认客户批发单。

（13）客户退货确认。执行对单位批发客户退货的单据确认。可查询或打印已确认客户退货单。

（14）单据改错处理。执行对各种物流确认单据的纠错处理。快捷的分类查单功能单信息自动对照，同步修正库存和财务数据。可查询或打印已确认单据改错单。

（15）商品进销存查询。可统计或查询某时段内，每个商品所有的进销存物流数据，方便工作检查。

3．盘点管理

（1）日常盘点。部分好货商品盘点。

（2）自定盘点。可选择或输入部分商品生成盘点表，进行针对性盘点，检查库存管理状况。盘点结果可选择修正计算机库存。

（3）随机抽盘。可由计算机随机取样商品生成盘点表，进行针对性盘点，检查库存管理状况。盘点结果可选择修正计算机库存。

（4）阶段盘点。全部商品盘点，可按好货仓、坏货仓分别执行操作。

（5）生成盘点表。自动比对计算机库存和仓位号信息，生成盘点表供用户打印实操。

（6）盘点初始化。提示用户完成有关单据、数据处理操作，锁定物流操作模块，保证库存数据处于静态。

（7）盘点录入。将实盘数据录入计算机。界面商品排序保持与打印表格一致，可随时增补商品。

（8）商品误差分析。可按设定的盘点差额段，查询其涵盖的商品品种，并打印出相应盘点表，进行针对性的复盘。

（9）财务误差分析。预示盘点财务报表，方便实时评估。

（10）盘点确认。用实盘数更新计算机库存并生成财务盘点报表。

（11）盘点报表。查询或打印仓库的阶段盘点报表，包括分类和汇总的计算机库存金额、实盘金额、盘差额、盘差率、计算机品种、盘差品种、品种差错率等信息。

4．财务管理

财务日报表即统计生成或打印本日进销存日报表及本日单据报表。显示所发生的进、销、存、批、退、损、盘等各环节金额数据，以及各类确认单信息。可逐日查询或打印以前的进销存日报表及确认单据报表。

5．办公自动化

（1）人事管理。查询或维护仓库员工的个人基本资料，包括姓名、性别、年龄、身份证号、住址、电话、联系人（担保人）姓名、身份证号、住址、电话、学历、简历、个人证件（种类、有效期）、上岗时间、离岗时间、职级、基本薪资、升职记录、领用物品等信息。

（2）奖惩考核。按月度记录仓库员工奖惩信息。可按时段查询仓库人员奖惩历史记录。

（3）薪资管理。可由用户自定义工资表项目。可根据基本薪资、奖惩记录等用户设定参数自动生成仓库月度工资表，由用户修改、审定和打印。

（4）文件管理。可分类型、分权限输入和查询仓库文件档案资料；向总部、分店和其他仓库定向传输文件；查看来自总部、分店和其他仓库的文件。

（5）设备管理。可查询或维护仓库设备资料信息，包括分类、编号、名称、专职负责人、购入日期、供应厂商（名称、地址、联系人、电话、票据号）、保养单位（名称、地址、联系人、电话、票据号）、检测机构（名称、地址、联系人、电话）、合格证发放日期、合格证法定报审日期、合格证报审记录、检修周期、检修记录等信息。能自动按用户设定提前量检查和提示需报审合格证及设备检修信息。

（6）证照管理。可查询和维护仓库证照资料信息，包括名称、专职负责人、管理机构（名称、地址、联系人、电话）、发放日期、法定报审日期、报审记录等信息。能自动按用户设定提前量检查和提示需报审证照信息。

6. 数据传输

（1）准备数据。自动收集需上传总部的有关数据，完成传输准备。
（2）传输拨号。拨号联网，完成发送上传数据包，接收下传数据包。
（3）接收数据。自动收集总部传来的有关数据文件包，并释放处理入仓库数据库。
（4）查看接收信息。浏览总部最新下传的有关数据文件包，用于检查传输工作进程。
（5）修改传输标志。针对某些异常情况下未能传输成功的数据，可进行再次恢复，重新传输。

7. 系统维护

权限管理：规定程序使用人员的用户名、密码和权限。

9.4.6 某超市物流信息系统评价

1. 系统的评价

连锁物流信息系统投入正常运行一段时间后，要进行系统的运行效果评价。其目的是通过对新系统运行绩效的审查，来检查新系统是否达到了预期目标，是否充分利用了系统内的各种资源，系统的管理工作是否完善，以及指出系统改进和扩展的方向等。

2. 系统性能指标

系统性能指标主要包括以下几项内容：
（1）人机交互的灵活性与方便性。
（2）系统响应时间与信息处理速度满足管理办公业务需求的程度。
（3）输出信息的正确性与精确度。
（4）单位时间内的故障次数与故障时间在工作时间中的比例。
（5）系统结构与功能的调整、改进及扩展，与其他系统交互或集成的难易程度。
（6）系统故障诊断、排除、恢复的难易程度。
（7）系统安全保密措施的完整性、规范性与有效性。
（8）系统文档资料的规范、完备与正确程度。

3. 直接经济效益指标

系统直接经济效益指标，主要是分析系统投资额、系统运行费用与系统运行新增加的效益之间的综合比较。其中：

（1）系统投资额。包括系统硬件、系统软件的购置、安装费用；应用系统的开发或购置所投入的资金；企业内部投入的人力、材料费用；系统维护所投入的资金费用。
（2）系统运行费用。包括存储介质、纸张与打印油墨等耗料费用，系统投资折旧费

（由于信息系统的技术成分较高，更新换代快，一般折旧年限取 5～8 年），硬件日常维护费，系统所耗用的电费、系统管理人员费用等。

（3）系统运行新增加的效益。包括成本的降低；库存积压的减少；流动资金周转的加快与占用额的减少；销售利润的增加及人力的减少等方面。

4. 间接经济效益指标

间接经济效益是通过改进办公业务流程、组织结构、运作方式以及提高人员素质等途径，促使办公效率提高、审批手续精简而逐渐地间接获得的效益。它主要包括：

（1）对组织为适应环境所作的结构、管理制度与管理模式等的变革会起巨大的推动作用，这种作用一般无法用其他方法实现。

（2）能显著地改善单位形象，对外可提高客户对单位的信任程度；对内可提高全体员工的自信心与自豪感。

（3）可使办公管理人员获得许多新知识、新技术与新方法，进而提高他们的技能素质，拓宽思路，进入学习与掌握新知识的良性循环。

（4）系统信息的共享与交互，使部门之间、管理人员之间的联系更紧密，这可加强他们的协作精神，提高单位的凝聚力。

（5）对单位的规章制度、工作规范、办事流程、计量与代码等的基础管理产生很大的促进作用，为其他管理工作提供有利的条件。

5. 系统的实施经济效益

（1）可为商场、连锁店、超级市场提供大量商品销售信息。

（2）可以提高服务质量和商品销售量。

（3）能够实现对企业信息和职工的规范化管理。

（4）运用 POS 系统会大大降低商业企业的库存水平，并提高产品销售的能力，大大提高商品的周转率和毛利率。

（5）运用连锁物流信息系统这一现代科学的管理手段，将为企业提供更迅速、更精确、更有用的信息资料，能为决策提供可靠的依据，这对市场分析和企业决策极为重要。

另外商业企业对消费趋势的把握，对新消费需求的创造也都离不开 POS 系统。商业企业可以凭借 POS 系统所把握的未来消费趋势，积极主动地引导工业生产。

本 章 小 结

近年来随着商品流通业的快速发展以及竞争的加剧，连锁商业企业对物流的管理越来越重视。在基础设施和设备不断投入和完善的同时，连锁物流信息系统成为发展连锁商业企业必不可少的重要组成部分。

连锁商业经营，是由同一经营总部领导下的若干分支企业或者店铺所组成的一个联合体所进行的商业经营活动，其中，连锁总部对各连锁店的经营要实行"六个统一"（统一商号、统一采购、统一配送、统一定价、统一核算、统一管理），在管理方式上要实现标准化、集中化和专业化管理，其最终目的是取得规模效益，从而降低成本，提高效益。连锁经营有几种形式，一般来讲可分为正规连锁、自由连锁和特许连锁三种。

连锁经营具有很好的竞争优势：有利于取得规模效益；有利于降低经营成本；有利于实现标准化和专业化。连锁企业群体的发展对信息技术有着天然的依赖性。

连锁商业企业在结构组成上，包括三个相互关联的组成部分，分别是连锁总部、连锁分店和配送中心。与此相应，连锁商业企业管理信息系统在结构组成上，也包括连锁总部管理信息系统、配送中心管理信息系统、连锁分店管理信息系统以及远程联网系统三个部分。其中：各部分内部采用局域网络，各部分之间则采用广域网络，通过通信线路、电话线或其他传输介质实现异地数据通信。

连锁物流信息系统可以实现连锁企业的现代化管理，可为企业提供更迅速、更精确、更有用的信息资料，能为决策提供可靠的依据，对市场分析和企业决策极为重要。

思考与练习

一、填空题

1. 连锁经营最早产生于（　　），距今已有140多年的历史。
2. 在连锁商业经营中，连锁公司总部对各连锁店的经营要实行"六个统一"，即（　　），在管理方式上要实现标准化、集中化和专业化管理，其最终目的是取得规模效益，从而降低成本，提高效益。
3. （　　），即从商品购进到商品销售的物资流通过程。包括商品的入库、分类、加工、储存、配送，以及这些活动产生的信息的收集、处理和利用过程。
4. 大型连锁物流企业一般有三级管理体系结构，即（　　）。
5. （　　）是企业即时处理从订货到交货为止的一系列业务的过程。

二、判断题

1. 连锁物流管理信息系统是在商业连锁行业计算机管理经验的不断积累，行业的不断运用、不断完善而开发成功的工业信息管理系统。（　　）
2. 零售连锁物流管理系统是以总部为中心，以配送为物流通道，链接众多分支机构，构筑商业零售连锁的网络。（　　）
3. 连锁物流信息系统中，处理的数据包括销售业务数据、会计数据和人事数据。其中会计业务数据是最大的。（　　）
4. 随着通信网络与计算机技术的发展，零售商物流信息系统已逐步实现了通过联机线路进行信息自动集中，形成配送方案，既提高了信息传输的准确性和传输速度，又优化了配送方案，大大提高了工作效率。（　　）
5. 核查业务的任务是及时而准确地采集人事数据，在联机处理结束后作出分类整理的文件，用它来满足各自终端的核查要求，能够及时反映出销售、库存量、账务数据和报表信息，为决策者提供及时、准确的决策支持信息。（　　）
6. 会计部门的目标是实时掌握每一次交易的相关信息，分析实际销售情况，预测未来的销售情况。（　　）
7. 支票是用来简化采购的电子支付手段，它自动将用户银行账户上的资金划转来支付货款。（　　）

8. 大中型连锁分店由于数据量大，因而要采用大型数据库系统结构。数据库则选用 Oracle 或 UNIX 等适于开放式系统的大型关系数据库。   （ ）

9. 连锁经营管理信息系统是对商品的出入库、保管、货品集中、流通加工及配送等进行全面管理的信息系统。   （ ）

10. 运用 POS 系统会大大降低商业企业的库存水平，并提高产品销售的能力，大大提高商品的周转率和毛利率。   （ ）

三、单项选择

1. 根据（   ）传来的销售数据及库存信息，生成各种报表如销售统计报表、库存表等，迅速传输给各级经营管理者，使管理人员与地区经理能够及时检查特定地区内不同店铺或不同地区店铺的业绩，从而辅助总部和现场管理人员调整销售方案等。

  A．POS   B．EDI   C．EOS   D．WMS

2. 对于中小型连锁企业，多采用高档奔腾系列计算机或服务器为系统的主服务器；操作系统选用 Windows 2000、Windows XP 等；工作站点则选用 PC 机，前台销售选用第三类收款机，条形码扫描器可采用激光平台式，另外还应配备 UPS 电源、打印机及磁卡刷卡机等辅助设备。由于数据量小，数据库则选用（   ）适于对外连接的小型关系数据库。

  A．Oracle 或 Sybase B．FoxPro C．PC   D．UNIX

3. 前台（   ）系统是销售收银的体现，处理门店的各种销售，记录每笔销售所涉及的商品、金额、折扣、时间等信息。

  A．POS   B．EDI   C．EOS   D．WMS

4. （   ）用户可对选定商品集合，同时完成对各分店、仓库的订货处理。此功能适用于周期性的商品全面补货，对解放和保障业务部门工作极有实用价值。

  A．一次订货 B．大量订货 C．EOS 订货 D．批次订货

5. （   ）制定商品新进价（全公司或部分分店两种执行模式），并且可以根据需要选择时段调价或一次性调价。

  A．特价   B．零价   C．进价调价 D．会员价

四、简答题

1. 连锁物流系统由哪几部分构成？其软硬件结构是怎样的？
2. 连锁物流信息系统有哪些功能？
3. 如何理解零售商物流活动？
4. 零售商物流系统具有哪些职能？
5. 商业零售商信息管理的主要业务有哪些？

五、论述题

1. 简述信息技术对零售企业内部运营的影响。
2. 简述连锁物流系统业务流程。
3. 简述连锁分店具有哪些特点。

六、案例分析

现代仓储管理中条形码技术的运用

随着莱钢公司的快速发展，自动化部一站式物资供应中心应运而生。但是，传统的记账方式、出入库管理，盘点等严重影响着自动化部的发展。在条形码技术日益成熟的条件下，使用条形码对仓库进行管理，来提高仓储管理的效率。对仓库的到货检验、入库、出库、调拨、移库移位、库存盘点、出库消耗等各个作业环节的数据使用数据采集器进行自动化的数据采集，保证仓库管理各个作业环节数据输入的效率和准确性，确保企业及时、准确地掌握库存的真实数据，合理保持和控制企业库存。通过科学的编码，还可方便地对物资的批次、使用状况等进行管理。

对库存品进行科学编码，并通过条码打印机打印库存品条码标签，根据不同的管理目标（例如要追踪单品，还是实现保质期/批次管理）对库存品进行科学编码，在科学编码的基础上，入库前用条码打印机打印出物资条码标签，粘贴在物资上，以便以后数据的自动化采集。

使用手持数据终端可以办理物资验收、入库、盘库、物资消耗等，同步将采集的数据上传到物资管理系统中，自动更新系统中的数据，也可以将系统中更新以后的数据下载到手持终端中，以便在现场进行查询和调用。

信息来源：http://www.lvsca.cn/Xw_l-243.html.

讨论

1. WMS 功能有哪些？
2. 开发 WMS 有什么好处？

第 10 章

物流信息系统运行与安全管理

学习目标

通过本章的学习,要求重点掌握影响物流信息系统安全的主要因素及物流信息系统的安全策略;物流信息系统维护的内容及过程;了解物流信息系统的运行管理内容;理解物流信息系统的安全技术。

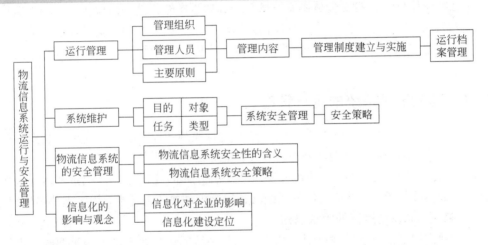

雅虎等五大著名网站遭受神秘黑客袭击连连瘫痪

神秘黑客在三天内接连袭击了互联网上雅虎、美国有线新闻等五个最热门的网站,导致世界五大网站连连瘫痪。黑客使用了一种名为"拒绝服务"的入侵方式,在不同的计算机上同时用连续不断的服务器电子请求来轰炸雅虎网站。在袭击进行最高峰时,网站平均每秒钟要遭受相当于普通网站一年数据量的猛烈攻击,对此,雅虎的技术人员只能眼睁睁地看着泛滥成灾的电子邮件垃圾死死堵住了雅虎用户上网所需的路由器。汹涌而来的垃圾邮件堵死了雅虎网站电子邮件服务等三个站点所有的路由器,雅虎公司大部分网络服务均陷入瘫痪,公司不得不将网站入口关闭。第二天,尽管世界各著名网站已经高度警惕,但还是再次遭到这些神秘黑客的袭击。

世界著名的网络拍卖行 eBay 因神秘黑客袭击而瘫痪了整整两个小时;赫赫有名的美

国有线新闻网 CNN 随后也因遭神秘黑客的袭击而瘫痪近两个小时；风头最劲的购物网站也被迫关闭了一个多小时！澳大利亚悉尼一家名叫"比蒂有限公司"的网站，在三个星期内接连 20 多次遭到同样的网络袭击，每次都导致整个网络瘫痪长达数个小时。

思考
1. 影响物流管理信息系统安全的因素有哪些？
2. 如何做好物流管理信息系统的运行管理？
3. 企业物流信息系统的安全应如何保障？

10.1 物流管理信息系统的运行管理

系统运行管理的根本目的是让软件项目尤其是大型项目的整个软件生命周期（从分析、设计、编码到测试、维护的全过程）都能在管理者的控制之下，以预订成本按期、按质地完成软件并交付用户使用。

保证物流信息系统的安全是物流信息系统成功运作的关键。但现实中，由于病毒、黑客、人为因素等多方面的影响，物流信息系统常常面临被攻击、被破坏的危险。本章将对物流信息系统运行的整个过程进行探讨，并重点分析物流信息系统的安全及维护问题。

10.1.1 物流信息系统的运行管理

所谓运行管理就是对物流信息系统的运行进行监测和控制，记录其运行状态，对信息系统进行必要的完善、修改和补充，以使信息系统充分地发挥其功能。

物流信息系统运行管理的目标就是对信息系统的运行实时控制，记录其运行状态，进行必要的修改与扩充，以便使信息系统真正符合管理决策的需要，为管理决策者服务。

1. 物流信息系统运行的组织机构

有效地组织好信息系统运行对提高物流信息系统的运行效率是十分重要的。系统运行组织的建立是与信息系统在企业中的地位是分不开的。目前国内企业组织中负责系统运行的大多是信息中心、计算中心、信息处等信息管理职能部门。随着人们认识的逐步提高，信息系统在企业中的地位也逐步提高。目前企业常见的信息系统运行组织机构主要有 4 种形式，如图 10-1 所示。

2. 物流信息系统人员配置

人员是项目成功的关键。软件不是科学，它只是一门技术，一项与人及组织有着密切联系的技术。尽管软件工程师们是聪敏有才气的，但如果不把他们很好地凝聚到一起，不把他们的激情调动起来的话，项目要成功就难了，一个运转良好的团队通常可以产生远远超出单个成员的生产效率，而好的项目团队的标志是"2+2>4"。如何组建一个和谐的团队是项目经理的职责所在。

图 10-1（a）是一种较低级的方式，信息系统为部门独立所有，不能成为企业的共享资源。

图 10-1（b）是一种将信息系统的管理机构与企业内部的其他部门平行看待，享有

同等的权力。

图 10-1（c）是一种由最高层直接领导，系统作为企业的信息中心和参谋中心而存在。

图 10-1（d）是第三种方式的改进。

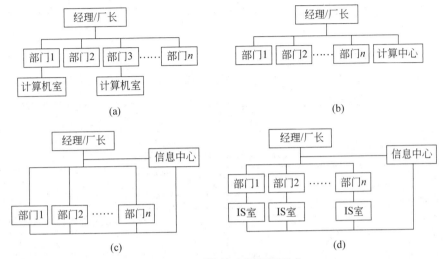

图 10-1　系统管理的组织形式

人员配置与管理好坏是信息系统发挥作用的关键，没有好的人员管理，分工协作不能有效管理，这种人—机系统的整体优化将是一句空话。运行期间的信息系统管理部门内部人员大致可以分为三大类，即系统维护人员、管理人员和系统操作人员。

一般而言，在中小型企业中物流信息系统部门中的人员较少，常常是一人身兼数职，而在大型企业中的物流信息系统管理部门的构成比较复杂，人员较多，分工也较细，其人员究竟多少为好，主要还要根据管理需求和物流信息系统的规模而定。

人员的管理主要包括三个方面。

（1）明确地规定各类人员的任务及职权范围。

尽可能确切地规定各类人员在各项业务活动中应负的责任，应做的事情，办事的方式，工作的次序。简单地说，要有明确的授权。

（2）定期检查、评价每个岗位的工作。

具体做法是：对每种工作建立相应的评价指标，这些指标应该尽可能有定量的尺度，以便检查与比较。这些指标应该有一定的客观的衡量办法，并且要真正按这些标准去衡量各类工作人员的工作，即必须有检查和评价。

（3）对工作人员进行培训。

对工作人员进行培训，以便使他们的工作能力不断提高，工作质量不断改善，从而提高整个系统的效率。

10.1.2 物流信息系统运行管理的内容

物流信息系统的运行管理工作是系统开发工作的继续,是系统能否达到预期目标的根本,其主要包括日常运行的管理、运行情况的记录以及对系统的运行情况进行检查与评价。

1. 物流信息系统日常运行的管理

信息系统投入使用后,日常运行的管理工作量巨大,通过信息系统必须完成数据的收集、例行的信息处理及服务工作、计算机本身的运行与维护、系统的安全管理四项任务,见表10-1。

表 10-1　信息系统运行管理内容

管理内容	主要任务
数据的收集工作	一般包括数据收集、数据校验及数据录入等
例行的信息处理及服务工作	包括例行的数据更新、统计分析、报表生成、数据的复制及保存与外界的定期数据的交流等
计算机本身的运行与维护	包括设备的使用管理、定期检修、备品配件的准备及使用、各种消耗性材料的使用及管理、电源及工作环境的管理等
系统的安全管理	信息系统的安全性体现在保密性、可控制性、可审查性、抗攻击性四个方面

1)数据的收集工作

数据的收集工作一般包括数据收集、数据校验及数据录入三项主要任务。

如果系统数据收集工作不做好,整个系统的工作就成了"空中楼阁"。系统主管人员应该努力通过各种方法,提高数据收集人员的技术水平和工作责任感,对他们的工作进行评价、指导和帮助,以便提高所收集数据的质量,为系统有效地工作打下坚实的基础。

数据校验工作,也就是对数据进行把关。在较小的系统中,往往是由系统主管人员自己来完成。在较大的系统中,一般需要设立专职数据控制人员来完成这一任务。

数据录入工作的要求是迅速与准确。录入人员的责任在于把经过校验的数据及时准确地录入计算机系统,录入人员并不对数据在逻辑上、具体业务中的含义进行考虑与承担责任,这一责任是由校验人员承担的,录入人员只需要保证录入计算机的数据与纸面上的数据严格一致,决不能由录入人员代替校验人员。

2)例行的信息处理及服务工作

常见的工作包括:例行的数据更新、统计分析、报表生成、数据的复制及保存、与外界的定期数据交流等。这些工作,一般来说都是按照一定的规程,定期或不定期地运行某些事先编制好了的程序,这是由软件操作人员来完成的。这些工作的规程,应该是在系统研制中已经详细规定好了的,操作人员也应经过严格的培训,清楚地了解各项操作规则，了解各种情况的处理方法。组织软件操作人员，完成这些例行的信息处理及信息服务工作，是系统主管人员又一项经常性任务。

3）计算机本身的运行与维护

这里所说的运行和维护工作包括设备的使用管理、定期检修、备品配件的准备及使用、各种消耗性材料（如软盘、打印纸等）的使用及管理、电源及工作环境的管理等。

对于大型计算机，这一工作需要有较多的专职人员来完成，对于微型机，则不要求那么多的人员及专门设备，但至少也要指定能够切实负责的人员来兼管这些事情，无人负责是不行的。

4）系统的安全管理

系统的安全管理是为了防止系统外部对系统资源不合法的使用和访问，保证系统的硬件、软件和数据，不因偶然或人为的因素而遭受破坏、泄露、修改或复制，维护正当的信息活动，保证信息系统安全运行所采取的手段。信息系统的安全性体现在保密性、可控制性、可审查性、抗攻击性四个方面，它是日常工作的重要部分之一。

2．物流信息系统运行情况的记录

系统的运行情况如何对系统管理、评价是十分重要且十分宝贵的资料。而多数企业或单位却缺乏系统运行情况的基本数据，无法对系统运行情况进行科学分析和合理判断，难以进一步提高信息系统的工作水平。信息系统的主管人员应该从系统运行的一开始，就注意积累系统运行情况的详细资料，见表10-2。

表10-2 物流信息系统运行中需要收集的资料

主要资料	说明
系统的工作数量信息	反映系统的工作负担、所提供的信息服务的规模以及计算机应用系统功能的最基本的数据
系统工作的效率	系统为了完成所规定的工作，占用了多少人力、物力及时间
系统运行工作质量	系统所提供的信息应准确、及时、满足相应需求的情况
系统的维护修改情况	对维护工作的内容、情况、时间、执行人员进行记录
系统的故障情况	对故障的发生时间、故障的现象、故障发生时的工作环境、处理的办法、处理的结果、处理人员等进行记录

1）系统的工作数量信息

系统运行工作数量主要包括物流信息管理系统投入正式使用后的具体使用情况、使用时间、数据位置、系统存储情况、使用频率和数据积累总量等。例如，开机的时间、每天（周、月）提供的报表的数量、每天（周、月）录入数据的数量、系统中积累的数据量、修改程序的数量、数据使用的频率、满足用户临时要求的数量等反映系统的工作负担、所提供信息服务的规模以及计算机应用系统功能的最基本的数据。

2）系统工作的效率

系统运行工作效率是指物流信息管理系统投入正式使用后完成的工作量与所耗费的人力、物力的比较。如单位时间内处理物流作业的信息量。如完成一次年度报表的编制，用了多长时间、多少人力；使用者提出一个临时的查询要求，系统花费了多长时间才给出所要的数据。此外，系统在日常运行中，例行的操作所花费的人力是多少，消耗性材料的使用情况如何等。

3）系统运行工作质量

系统运行工作质量是指物流信息管理系统投入正式使用后的工作效果。如系统使用人员感到满意，减轻了工作量，减少了差错事故等。信息服务和其他服务一样，应保质保量。如果一个信息系统生成的报表，并不是管理工作所需要的，管理人员使用起来并不方便，那么这样的报表生成得再多再快也毫无意义。同样，使用者对于提供的方式是否满意，所提供信息的精确程度是否符合要求，信息提供得是否及时，临时提出的信息需求能否得到满足等，也都在信息服务质量的范围之内。

4）系统的维护修改情况

系统中的数据、软件和硬件都有一定的更新、维护和检修的工作规程。这些工作都要有详细、及时的记载，包括维护工作的内容、情况、时间、执行人员等。这不仅是为了保证系统的安全和正常运行，而且有利于系统的评价及进一步扩充。

5）系统的故障情况

系统运行工作故障是指物流信息管理系统正式投入使用后所发生的故障情况。如数据出现错误、死机等。系统的故障不只是指计算机本身的故障，而是对整个信息系统来说的。例如，由于数据收集不及时，使年度报表的生成未能按期完成，这就是整个信息系统的故障，但并不是计算机的故障。无论大小故障都应该及时地记录以下这些情况：故障的发生时间、故障的现象、故障发生时的工作环境、处理的方法、处理的结果、处理人员、善后措施、原因分析。

如何使信息记载完整

为了使信息记载得完整准确，应注意以下几点：

（1）强调在事情发生的当时当地由当事人记录，而绝不能代填或倒填，避免事过境迁使信息记载失真。

（2）尽量采用固定的表格或本册进行登记，而不要使用自然语言含糊地表达。

（3）需要填写的内容应该含义明确，用词确切，并且尽可能给予定量的描述。

3. 对系统的运行情况进行检查与评价

信息系统在其运行过程中除了不断进行大量的管理和维护工作外，还要在高层领导的直接领导下，由系统分析员或专门的审计人员会同各类开发人员和业务部门经理共同参与，定期对系统的运行状况进行审核和评价，为系统的改进和扩展提供依据。

对物流信息系统的评价一般从以下三个方面考虑：

(1) 系统是否达到预定目标，目标是否需要进行修改。
(2) 系统的适应性、安全性评价。
(3) 系统的社会经济效益评价。

10.1.3 物流信息系统运行管理制度的建立与实施

企业启用新物流信息系统后，便进入长期的使用、运行和维护期。为保证系统运行期间正常工作，就必须明确规定各类人员的职权范围和责任，建立和健全信息系统管理体制，保证系统的工作环境和系统的安全，为此要有效地利用运行日志等对运行的系统施行监督和控制，这也是系统正常运行的重要保证。

1. 信息系统运行的机房管理制度

一个较大的系统往往是一个网络系统，除中心机房（服务机房）外，工作站大多安装在业务人员的办公室，没有专门的机房。

专用机房要有一套严格的管理制度，正式行文并张贴在墙上。该制度一般包括以下内容：

(1) 操作人员的操作行为，例如，开机、关机、登记运行日记、异常情况处理等。
(2) 出入机房人员的规定。
(3) 机房的电力供应。
(4) 机房的温度、湿度、清洁度。
(5) 机房安全防火等。
(6) 严格禁止上网玩游戏和与外来盘互相拷贝，防止计算机病毒感染和传染。
(7) 不得在带电状态下拔、插机器部件和各电线、电缆。
(8) 专用机房由专人管理。

2. 信息系统的运行管理制度

系统的运行是长期的，而不是突击性的，要使每一个操作计算机的人都养成遵守管理制度的习惯。对运行中的异常情况要做好记录、及时报告，以便得到及时处理，否则可能酿成大问题，甚至出现灾难性故障。

系统中的数据是企业极其宝贵的资源，禁止以非正常方式修改系统中的任何数据。

数据备份是保证系统安全的一个重要措施，它能够保证在系统发生故障后恢复到最近的时间界面上。重要的数据必须每天备份，以保证系统数据的绝对安全。

3. 信息系统的运行日记制度

运行日记制度的内容应当包括以下几个方面：

(1) 时间。
(2) 操作人。
(3) 运行情况。
(4) 异常情况，包括异常情况的发生时间、现象、处理人、处理过程、处理记录文件名、在场人员等。
(5) 值班人签字。
(6) 负责人签字等。

系统运行日记主要为系统的运行情况提供历史资料，因此运行日记应当认真填写、妥善保存，也可为查找系统故障提供线索。

综上所述，物流信息系统运行管理制度的主要内容见表10-3。

表10-3 物流信息系统运行管理制度的主要内容

主要制度	机房管理制度	运行管理制度	运行日记制度
管理制度具体内容	操作人员的操作行为	操作规范	时间
	出入机房人员的规定	数据管理	操作人
	机房的电力供应	备份管理	运行情况
	机房的温度、湿度、清洁度	人员管理	异常情况
	机房安全防火等	组织管理	值班人签字
	严格禁止上网玩游戏和与外来盘互相拷贝		负责人签字
	不得带电拔、插机器部件		
	专用机房由专人管理		

10.1.4 物流信息系统运行的档案管理

系统文档并非在系统开发之前一次形成的，它是在系统调查与规划、分析、设计、实施、运行和维护的整个过程中不断地依次编写、修改、完善与积累而成的。如果没有规范的系统文档，系统的开发、运行和维护将处于一种混沌状态，系统质量根本无法保证。因此可以说，文档是系统的生命线，没有规范的系统文档就没有系统成功的保证。

1. 物流信息系统文档的类型

信息系统文档按照不同的分类标准，可分为不同的类型，见表10-4。

表10-4 信息系统文档的主要类型

文档类别	文档内容	产生阶段	备注
技术文档	系统可行性研究报告	系统调查	
	系统总体规划报告	系统规划	
	系统分析报告	系统分析	
	系统概要设计	系统设计	
	系统详细设计	系统设计	
	系统测试说明	系统实施	
	系统测试报告	系统实施	
	系统使用手册	系统实施	
	系统维护手册	系统实施	

续表

文档类别	文档内容	产生阶段	备注
管理文档	系统需求报告	系统规划	委托或合作开发时
	系统开发计划	系统规划	
	系统开发合同	系统规划	
	系统总体规划评审意见	系统规划	
	系统分析评审意见	系统分析	
	系统实施计划	系统设计	
	系统设计评审意见	系统设计	
	系统试运行报告	系统实施	
	系统维护计划	系统运行与维护	
	系统运行报告	系统运行与维护	
	系统开发报告	系统运行与维护	
	系统评价报告	系统运行与维护	
	系统维护报告	系统运行与维护	
记录文档	会议记录	各阶段各次会议	主要在分析阶段
	调查记录	各阶段系统	
	系统运行情况记录	运行与维护	
	系统维护记录	系统运行与维护	

物流信息系统文档是系统的重要组成部分,要做好分类、归档工作,进行妥善、长期保存。档案的借阅也必须建立严格的管理制度和必要的控制手段。

CIO 的职责

由于信息系统在企业中的作用越来越大,越来越多的企业设立了信息主管(Chief Information Officer,CIO)一职。CIO 往往是由组织的高层决策人士来担任,其地位如同公司的副总经理,有的甚至更高。CIO 并不是传统的信息中心主任,这只是其职责的一小部分。在国外,CIO 只是一种职业或一个职位,在我国不仅仅是这些,而更是一种思维,体现的是对信息资源、信息技术的重视。

以 CIO 为首的信息系统部门主要有以下职责:
(1)制订系统规划。
(2)负责信息处理的全过程。
(3)信息的综合开发。
(4)搞好信息标准化等基础管理。
(5)负责系统的运行和维护。

2. 物流信息系统文档的管理

为了最终得到高质量的信息系统文档,在信息系统的建设过程中必须加强对文档的管理。文档管理应从以下几个方面着手进行。

1）文档管理的制度化、标准化

必须形成一整套的文档管理制度，其内容包括：

(1) 明确必须提供文档的种类、格式规范。

(2) 明确文档管理人员。

(3) 明确文档的制定、修改和审核的权限。

(4) 制定文档资料管理制度。

2）文档管理的人员保证

项目小组应设文档组或至少一位文档保管人员，负责集中保管本项目已有文档的两套主文本。两套文本内容应完全一致。其中的一套可按一定手续办理借阅。

3）维护文档的一致性

信息系统开发建设过程是一个不断变化的动态过程，一旦需要对某一文档进行修改时，要及时、准确地修改与之相关的文档，否则将会引起系统开发工作的混乱，而这一过程又必须有相应的制度来保证。

4）维护文档的可追踪性

由于信息系统开发的动态性，系统的某种修改是否最终有效，要经过一段时间的检验，因此文档要分版本来实现。而版本的出现时机及要求也要有相应的制度。

10.2 物流信息系统的维护

一个应用系统由于需求环境的变化以及自身暴露的问题，在交付用户使用后，对它进行维护是不可避免的，许多大型软件公司为维护已有系统软件耗费了大量的人力和财力。当然，对物流信息系统的维护也是如此。

10.2.1 物流信息系统维护的目的与任务

系统维护就是在开发的新系统运行和交付使用后，保持系统能正常工作并达到预期的目标而采取的一切活动，包括系统功能的改进，以及解决系统运行期间发生的一切问题和错误。系统维护的目的就是保证信息系统正常而可靠地运行，并能使系统不断得到改善和提高，以充分发挥作用。

系统维护的任务就是要有计划、有组织地对系统进行必要的改动，以保证系统中的各个要素不管环境如何变化始终是最新的。系统的维护和控制过程如图 10-2 所示。

10.2.2 物流信息系统维护的对象与类型

物流信息系统维护是物流信息系统生命周期的最后一个阶段，所有活动都发生在系统交付并投入运行之后。

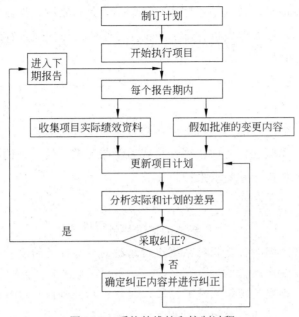

图 10-2　系统的维护和控制过程

1．系统维护的对象

系统维护是面向系统中各种构成要素的，系统维护的对象包括：

1）系统应用程序维护

物流信息管理系统在正式运行过程中可能会出现程序错误，需要改进一部分程序，或者随着物流业务发展，用户提出了新的更高的要求。这时就需要对部分程序进行修改、维护。在物流信息系统运行过程中，一旦业务处理过程或程序本身发生问题，就必然引起程序的修改和调整，因此系统维护的主要活动是对程序进行维护。

2）代码维护

随着物流业务的发展，系统中的代码可能不适应新的物流业务发展需要，这就需要进行代码维护，制定新的代码体系或修改旧的代码体系。

3）数据维护

物流信息管理系统在正式运行中可能会出现数据文件的差错，或者物流业务的改变，要求系统建立新的数据文件时，就需要对系统的数据文件进行修改、维护和建立新的数据文件。系统中的各种代码往往需要进行一定程度的增加、修改。在物流信息系统中，有许多数据需要进行不定期的更新，或随环境和业务的变化而调整，数据的备份与恢复也是数据维护的工作内容。

4）硬件设备维护

硬件设备维护主要是指对主机及外围设备的日常维护和管理，如机器部件的清洗、润滑、设备故障的检修、损坏部件的更换等。物流信息管理系统中的硬件在经过一段时间的运行后也会发生故障，特别是一些小故障的出现是正常的，这就需要经常对机器进行日常的维护和管理，要有专人进行维护或请厂家维修，以保证系统的正常运行。

2．系统维护的类型

系统维护活动根据起因不同，可分为以下三种类型：

1）正确性维护

正确性维护是为诊断和改正系统中潜藏的错误而进行的活动。系统测试不可能排除系统中所有的错误，系统交付之后，用户将成为新的测试人员，在使用过程中，一旦发现错误就会向开发人员报告并要求维护。

系统的可维护性

物流信息系统的可维护性是指对系统进行维护的难易程度的度量，影响系统可维护性的因素主要有以下三个。

（1）可理解性。表现为理解系统的结构、接口、功能和内部过程的难易程度。

（2）可测试性。表现为对系统进行测试和诊断的难易程度。

（3）可修改性。表现为对系统各部分进行修改的难易程度。

2）适应性维护

适应性维护是为适应环境的变化而修改系统软件的活动。一般应用系统软件的使用寿命很容易超过 10 年，但其运行环境却更新得很快，硬件基本是一年半一代，操作系统不断地推出新版本，外部设备和其他系统元素也频繁地升级和变化，因此，对物流信息系统进行适应性维护是十分必要且经常发生的。

3）完善性维护

完善性维护是根据用户在使用过程中提出的一些建设性意见而进行的维护活动。在物流信息系统成功运行期，用户也可能请求增加新的功能，建议修改已有功能或提出某些改进意见。完善性维护通常占所有系统维护工作量的一半以上。

根据对各类维护工作分布情况的统计结果得知，一般正确性维护占 21%，适应性维护占 25%，完善性维护达到 50%，而预防性维护及其他类型的维护仅占 4%，如图 10-3 所示。

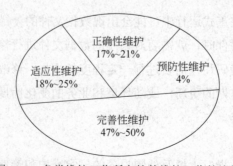

图 10-3　各类维护工作所占软件维护工作的比例

3．系统维护的过程

系统维护的过程一般包括以下内容。

1）确定维护目标，建立维护人员小组

维护人员小组首先应分析问题产生的原因及严重性。

2）建立维护计划方案

确定维护目标和维护时间。

维护工作应当有计划、有步骤地进行，维护计划应包括维护任务的范围、所需资源、维护费用、进度、验收标准等。

3）修改程序及调试

在修改程序的过程中，维护人员往往只注意程序的修改，而忽略未改变的部分，这样产生潜在错误的可能性就会增加。因此，在程序修改完成后，维护人员还要对程序及系统的有关部分进行重新调试。

4）修改文档

程序修改调试通过后，则可以修改相应文档并且结束本次维护过程。

总之，系统维护是物流信息系统运行阶段的重要工作内容，必须给予充分的重视。维护工作做得越好，信息资源的作用才能越得以充分发挥，信息系统的寿命也就越长。

10.3 物流信息系统的安全管理

10.3.1 物流信息系统安全性的含义

1．概念

社会信息化导致社会各个方面对信息系统的依赖性越来越强，信息系统的任何破坏或故障，都将对用户以至整个社会产生巨大的影响，信息系统的安全日显重要。信息系统的安全性是指为了防范意外或人为地破坏信息系统的运行，或非法使用信息资源，而对信息系统采取的安全保护措施。

2．物流信息系统安全的类型

信息系统的安全实际上包括了以下四个方面。

1）信息安全

信息安全是指保护信息资源，使其免遭偶然的和有意的泄露、删改、破坏和处理能力的丧失。

2）计算机安全

计算机安全是指确保计算机处于稳定的状态，使计算机的数据和程序文件不致被非法访问、获取和修改。

3）网络安全

网络安全是指采取一系列措施确保网络的正常运行。

4）通信安全

通信安全是指确保信息在网络传输中的完整性和保密性。

3. 影响物流信息系统安全的因素

造成信息系统和信息网络的不安全因素主要有以下几个方面。

1）计算机黑客

计算机黑客是人们对那些利用所掌握的技术未经授权而进入一个计算机信息网，以获取个人利益、故意捣乱或寻求刺激为目的的人的总称。目前，世界上有几十万个黑客网站，攻击的方法和手段有几千种。黑客可分为政治性黑客、技术性黑客和牟利性黑客三种。无论是哪一种黑客，其对信息系统的破坏都是不可忽视的。

2）软硬件的"漏洞"

1999年，保加利亚软件测试专家发现微软浏览器产品Ⅲ存在安全漏洞，它可以使网络管理人员轻而易举地入侵访问者的计算机文件，微软也承认了这一缺陷。另外，发达国家对信息安全高级产品的封锁也使软、硬件产品的漏洞变得更为明显。

3）管理的欠缺

管理的欠缺主要在于缺乏安全管理的观念，没有从管理制度、人员和技术上建立相应的安全防范机制。

4）计算机商业间谍

信息化浪潮使越来越多的公司、银行、企业等经济实体加入了上网的行列，他们把越来越多的秘密信息保存在计算机上，其中包括经营战略计划、销售数据甚至秘密的信件、备忘录等。这些信息对竞争对手来说是非常珍贵的。计算机商业间谍可以通过各种手段直接进入商家的计算机来获得这些信息。

影响物流信息系统安全的主要因素见表10-5。

4. 物流信息系统攻击的类型

物流信息系统面临的安全威胁主要有四种。

1）对信息系统硬件的攻击

这类威胁和攻击针对的是计算机本身与外部设备乃至网络和通信线路，如各种自然灾害、人为破坏、操作失误、设备故障、电磁干扰、被盗以及各种不同类型的不安全因素所导致的物质财产损失、数据资料损失等。主要表现在对计算机的硬件系统、计算机的外围设备、信息网络的线路等的攻击。

2）对信息的攻击

这类威胁和攻击涉及企业和个人的机密、重要及敏感性信息。主要表现在信息泄露和信息破坏。

表 10-5 影响物流信息系统安全的主要因素

影响因素	具体表现
黑客	一些非法的网络用户利用所掌握的信息技术进入未经授权的信息系统
病毒	各种病毒程序越来越严重地威胁着信息系统
源程序	容易被修改和窃取,并且本身可能存在漏洞
应用软件	若软件的程序被修改或破坏,就会损坏系统的功能,进而导致系统的瘫痪
操作系统	操作系统如遭到攻击和破坏,将造成系统运行的崩溃
数据库	数据库中存有大量数据资源,若遭到破坏,其损失难以估计
硬件	硬件本身可能被破坏或盗窃,组成计算机的电子设备和元件可能偶然发生故障
通信	信息和数据在通信过程中可能被窃听
数据输入	输入虚假数据或篡改数据,当然有时是误输入
数据输出	数据在输出过程中有泄露和被盗看的可能
软件的非法复制	会造成软件的失密
企业内部人员的因素	低水平的安全管理、偶然的操作失误或故意的犯罪行为等都会影响系统安全
商业间谍	出于商业目的窃取竞争对手的机密数据

信息泄露是指偶然地或故意地截取目标信息系统的信息。信息破坏是指由于偶然事故或人为破坏而使信息系统中的信息被修改、删除、添加、伪造及非法复制。

3)计算机病毒

计算机病毒是通过运行来干扰或破坏信息系统正常工作的一段程序。由于病毒破坏经常导致企业物流信息系统不能正常运行甚至瘫痪,直接影响了正常的物流运作和正常的结算往来,危害极深,令人谈毒色变。

4)计算机犯罪

计算机犯罪是指针对和利用物流信息系统,通过非法操作或以其他手段进行破坏、窃取危害国家、社会和他人利益的不法行为。

10.3.2 物流信息系统安全策略

1. Windows XP 系统的安全配置

操作系统是应用软件同系统硬件的接口,其目的是高效地、最大限度地、合理地使用计算机资源。安全的操作系统能增强安全机制与功能,以保障计算机资源的保密性、完整性和可用性。

安装的安全策略有以下几点:

(1)不要选择从网络上安装。虽然微软支持在线安装,但这绝对不安全。在系统未全部安装完之前不要连入网络,因为 Windows XP 安装时,在输入用户管理员账号 "Administrator"的密码后,系统会建立一个"ADMIN"的共享账号,但是系统并没有用刚输入的密码来保护计算机，这种情况一直会持续到计算机再次启动。在此期间，任何人都可以通过"ADMIN"进入系统；同时，安装完成，各种服务会马上自动运行，而这时的系统还到处是漏洞，非常容易从外部侵入。

（2）选择 NTFS 格式分区。最好所有的分区都选择 NTFS 格式，因为 NTFS 格式的分区在安全性方面更加有保障。应用程序不要和系统放在同一个分区中，以防攻击者利用应用程序的漏洞（如微软的 IIS 漏洞）攻击计算机，导致系统文件的泄露，甚至让入侵者远程获取管理员权限。

（3）组件的定制。Windows XP 在默认情况下会安装一些常用的组件，但是这个默认安装是很危险的。你应该确切地知道你需要哪些服务，再根据安全原则（最少的服务+最小的权限=最大的安全）来安装你确实需要的服务。

（4）分区和逻辑盘的分配。建议至少建立两个以上的分区，一个系统分区，一个应用程序分区，把系统分区和应用程序分区分开，以此来保护应用程序。因为病毒或黑客利用漏洞攻击计算机，一般来说损坏的是系统分区，而不会对应用程序分区造成损坏。

2. 账号的安全策略

（1）禁用 Guest 账号。到"计算机管理"/"用户"里把 Guest 账号禁用，否则最好给 Guest 加一个复杂的密码（大小写字母、数字混合，且 8 位以上）。

（2）限制不必要的账号。删除所有的 Duplicate User 账号、测试账号、共享账号等。用户组策略设置相应权限，并且经常检查系统的账号，删除不再使用的账号。

（3）创建两个管理员账号。一个一般权限账号用来收信以及处理日常事务，另一个拥有 Administrator 权限的账号只在需要的时候使用。

（4）把系统账号 Administrator 改名。Windows XP 的 Administrator 账号是不能被停用的，这意味着别人可以一次又一次地尝试这个账号的密码，所以尽量把它伪装成普通账号，比如改名为 Guesycludx。

（5）创建一个陷阱账号。创建一个名为"Administrator"的本地账号，把它的权限设置成最低，什么事也干不了的那种，并且加上一个超级复杂的密码。

（6）把共享文件的权限从 Everyone 组改为授权账号。不要把共享文件的用户设置成"Everyone"组，包括打印共享，默认的设置是"Everyone"组的。

（7）不让系统显示上次登录的账号名，修改方法如下：

打开注册表编辑器并找到注册表项 Software\Microsoft\Windows\Current Version\Winlogon\Dont-Display Last User Name，把键值改成"1"。

（8）禁止空连接保护系统账号/共享列表。Windows XP 的默认安装允许任何账号通过空账号得到系统所有账号/共享列表，这本来是为了方便局域网账号共享文件的，但是一个远程账号也可以得到你的账号列表并使用暴力法破解账号密码。禁止空连接方法如下：打开注册表编辑器并找到注册表项 Local_Machine\System\Current Control Set\Control XLSA-Restrict Anonymous，把键值改成"1"，即可禁止 139 空连接。还可以在 Windows XP 的本地安全策略（如果是域服务器就是在域服务器安全和域安全策略中）通过选项 Restrict Anonymous（匿名连接的额外限制）禁止空连接。

3. 应用的安全策略

（1）安装杀毒软件。杀毒软件不仅能查杀一些著名的病毒，还能查杀大量木马和后门程序，但需要经常运行程序升级病毒库。

（2）安装防火墙。防火墙能侦听外界对本机所采取的攻击，及早提醒用户采取防范措施，可以开启 Windows XP 系统自带的 Internet 连接防火墙。

（3）安装系统补丁。经常访问微软和一些安全站点，下载最新的 Pack 和漏洞补丁，以保障系统的安全。利用 360 安全卫士可以快速地自动修复系统漏洞。

（4）停止不必要的服务。服务组件安装得越多，用户可以享受的服务功能就越多。但是用户平时使用到的服务组件毕竟有限，而那些很少用到的组件除占用不少系统资源引起系统不稳定外，还为黑客的远程入侵提供了多种途径。因此尽量屏蔽那些暂时不需要的服务组件。具体的操作方法如下：打开"计算机管理"/"服务"，停止需要屏蔽的服务，同时将"启动类型"设置为"手动"或"已禁用"。

4. 网络的安全策略

（1）关闭不必要的端口。关闭端口意味着减少功能，在安全和功能之间需要做平衡决策。如果服务器安装在防火墙的后面，风险相对较少。不管服务器在防火墙的前面还是后面，都需要经常扫描系统已开放的端口，确定系统开放的哪些服务可能引起黑客入侵。在系统目录中的\System32\drivers\etc\services 文件中有常见端口和服务的对照表。关闭端口的操作方法如下：打开"本地连接"选择"属性"，然后依次打开"internet 协议（TCP/IP）/属性/高级/选项/TCP/IP 筛选/属性"，打开"TCP/IP 筛选"，添加需要的端口即可。

（2）设置安全记录的访问权限。安全记录在默认情况下是没有保护的，把它设置成只有 Administrators 和系统账户才有权访问。

（3）使用 Web 格式的电子邮件系统。有些邮件危害性很大，一旦植入计算机，就有可能造成系统的瘫痪。所以尽量不要使用 Outlook、Foxmail 等客户端邮件系统接收邮件，也不要查看陌生人邮件中的附件。

5. 系统的备份

备份是系统文件和重要数据的一种安全策略，通过制作原始文件、数据的拷贝，就可以在原始数据丢失或遭到破坏时，利用备份恢复原始数据，以保证系统的正常运行。

（1）准备。要备份的系统应该是稳定没有错误并且已经安装必要的软件和硬件。

（2）备份。为保险起见，关闭其他正在运行的程序，然后运行 Ghost 程序，随后进入类似于 DOS 的界面，选择要备份的分区，按"确定"即可。

6．数据的备份

数据库备份：是指对数据库的完整备份，包括所有的数据以及数据库对象。备份数据库过程就是首先将事务日志写到磁盘上，然后根据事务创建相同的数据库和数据库对象以及拷贝数据的过程。

7．设置防火墙

常见的防范工具有以下几种：

（1）木马专家 2015 V1101；

（2）瑞星安全助手 V1.0.2.77；

（3）局域网防护盾 V1.3；

（4）服务器安全狗 windows 版 V5.0.00038；

（5）网站安全狗 IIS 版 V4.0.16786；

（6）木马专家 2015 V1101；

（7）virmon 防火墙 V2.0.0.60。

10.4　物流信息化的影响与观念

现代信息技术在物流领域的广泛运用，促进了现代物流的快速发展。物流信息化是现代物流的重要标志，也是现代物流企业的理想平台。

10.4.1　物流信息化对现代物流企业的影响

物流信息化产生于物流信息技术，物流信息技术的飞速发展，物流信息设备和产品的日新月异，物流信息技术在物流领域的广泛渗透和应用，已经对整个物流企业产生重大影响。其表现主要在以下几个方面，如图10-4所示。

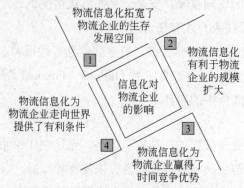

图10-4　信息化对现代物流企业的影响

1. 物流信息化拓宽了物流企业的生存发展空间

由于物流信息技术在物流领域的广泛应用，使物流市场和物流企业逐步实现信息化、数字化、网络化，有效合理地配置使用各种资源，方便物流企业进入其他地区、其他行业或其他企业的市场，甚至冲出国门，走向全球，从而大大地拓宽了物流企业的生存发展空间，有利于物流企业适应经济全球化的发展需要。

2. 物流信息化有利于物流企业的规模扩大

物流企业由于市场空间的扩大，往往会带来经营规模的扩大，而物流企业经营规模的扩大又常常会带来自身的组织成本及管理费用的增加，从而削弱组织的管理控制能力。因此，物流企业只有通过信息化、数字化、网络化才能消灭由于经营规模扩大所带来的空间距离，降低组织成本和管理费用，从而形成物流企业的规模竞争优势，提高物流企业的市场竞争实力。

3. 物流信息化为物流企业赢得了时间竞争优势

物流信息技术的强大功能不仅在物流企业内可加速物流信息的处理、存储、传递、使用和反馈，大大提高物流作业效率，而且使企业间的不同信息管理系统互相联网和整合，使物流供应链成员之间沟通交流信息更为方便、快捷，消灭了时间上的距离，为物流企业建立一个有效的快速反应系统，赢得了时间的竞争优势。

4. 物流信息化为物流企业走向世界提供了有利条件

物流企业要冲出国门，走向世界，开展国际物流，就必须以物流信息化作为信息交流平台。在国际物流条件下，企业的经营管理是准时管理、精益化管理和柔性化管理。而所有这些管理，都需要现代技术的支持，都需要有一个信息化支撑平台。如准时管理，就需要资金流、物流、信息流合而为一，需要一体化的全球链管理，需要基于物流信息化平台的支持，需要有能支持多功能集成的网络与物流信息化平台。现代物流是当代计算机技术与物流信息技术的运用，是先进物流思想的真实体现。

10.4.2 物流信息化建设的观念定位

在信息化浪潮一浪高过一浪的今天，物流企业都纷纷地进行物流信息化建设。其中，有的物流企业获得成功，取得了很好的经济效益。有的物流企业却事与愿违以失败告终。为什么同样的事情会有截然不同的结果？其实物流信息化建设的观念定位是重要因素，物流信息化建设必须有一个正确的观念定位才能获得成功，如图10-5所示。

1. 不能将物流信息化等同于物流计算机化

不少人狭隘地把物流信息化理解为物流计算机化，以为利用计算机来处理物流作业就实现了物流信息化。这是一种片面的理解，是典型的重硬轻软的信息化误区。这种现象在我国的许多中、小型物流企业中很普遍，买了不少计算机，企业也上了网，开设了网站，但实际上只是用来处理一些简单事务，网站除了主页无任何实质性内容，常年挂

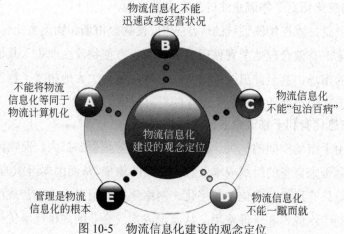

图 10-5　物流信息化建设的观念定位

在那里无人点击访问。花了大笔钱建设起来的物流信息化工程却是没有物流信息运行的"裸机""裸网"。

物流信息化建设是个系统工程，代表着一种开放的物流管理思想和观念。物流信息化是物流企业根据物流信息的重要性，对企业的经营管理和业务流程进行改造、改组和重新定向，以达到一个比传统物流时期具有更高级、更有组织、更高效率和更好效益的物流新水平的目的。物流信息化的根本目的是通过运用现代信息技术来提高物流效率，增强物流企业的核心竞争力，提高物流企业的经济效益。

2．物流信息化不能迅速改变经营状况

不少物流企业在经营管理上出现问题，都希望通过物流信息化来解决问题，迅速改变经营状况。经营状况好的物流企业，也希望通过物流信息化来寻找企业新的发展目标，在短时间内实现企业新的发展高峰。然而，物流信息化并不是救命稻草，不可能立竿见影，迅速帮助企业解决问题，马上改善企业的经营状况。

因为物流企业在经营管理上存在的问题，是由企业经营管理多方面的原因造成的，寄希望于物流信息化在短时间内迅速解决这些问题是不现实的，也是不可能的。对经营管理问题多的企业而言，物流信息化可以帮助解决一些问题，改变企业的经营状况，但这种解决问题是通过提高企业综合竞争力来实现的，是一个渐进过程。对经营状况好的企业而言，物流信息化可以帮助企业持续发展，是锦上添花，也是一个渐进过程。物流信息化并不能解决经营层面的问题，只是当物流信息不畅而造成的风险和问题时，可以通过物流信息化来进行规避，而大部分风险和问题需通过其他经营管理方法来解决。物流信息化的效果需要一定的时间才能显现，希望在短时间内迅速解决经营管理问题是不现实的。

3．物流信息化不能"包治百病"

我国的物流企业在物流管理上存在许多痼疾，特别是一些传统物流企业在物流管理、

物流作业上的问题很多。不少物流企业把物流信息化当作"包治百病"的灵丹妙药,希望通过实施物流信息化建设把企业的痼疾一次性解决。

其实,物流信息化并不是"包治百病"的灵丹妙药,它仅仅是一种提升企业竞争力的途径,只能帮助企业"强身健体",激烈的市场竞争最终靠的还是企业的综合竞争力。通过物流信息化建设来提升物流企业综合竞争力已经被证明是物流企业实现可持续发展目标的必备条件,但物流信息化并不能全面治愈物流企业的痼疾,更不能把传统物流企业的所有问题一次性解决。

4. 物流信息化不能一蹴而就

不少物流企业在物流信息化建设中追求一步到位,步入了物流信息化建设一蹴而就的误区。其实在建设过程中物流信息化是不可能一步到位的。这是因为当今物流信息技术发展日新月异,新的物流信息技术和设备不断涌现,即使购置的是当前市场上最先进的物流信息设备,过不了多久,更先进的物流信息设备又面世了,原来购置的最先进的物流信息设备可能就是落后的了。物流信息技术和设备是永远不可能一步到位的。

另外,物流企业的经营情况随市场的变化而变化,原来装备的物流信息设备适应物流市场需要,随着物流市场的发展变化,企业的经营也将发生变化,原来装备的物流信息设备就可能会被淘汰。不少物流企业在物流信息化建设中一味追求技术先进、设备优良,常常提出一些超前和不切实际的需求,以为功能越先进越好,而忽略了实用、可靠,是否有局限性等。结果经过辛辛苦苦建设起来的信息管理系统形同虚设,经费也造成巨大的浪费。

5. 管理是物流信息化的根本

要从本质上深刻认识物流信息化建设项目是物流企业一个管理变革系统工程,物流企业推进物流信息化仅仅是管理的一种手段、工具和方法,其目的是促使物流企业提高管理水平。物流信息化可以为管理提供一个很好的平台,物流企业可以在物流信息化这个平台上做很多事情,但也可能什么事都做不成。因此,物流信息化只为物流企业提供了一个管理工具和管理平台,成功与否关键还在于企业管理。

物流信息化是否能对物流企业发挥作用,物流企业花了大量经费搞物流信息化建设是否物有所值,是否能给企业发展带来好处,这些不能单凭IT服务厂家的吹嘘,也不能靠物流企业少数人的一面之词。它需要一个独立的机构对整个物流信息化建设的投入与效益进行有效评估,需要进行事后审计,以总结物流信息化建设的成功经验和吸取失败的教训。

本 章 小 结

物流信息系统的管理包括过程管理和人员管理两部分;系统能力成熟度模型可以用于评价管理信息系统开发团队对管理信息系统质量保障的能力;信息系统的安全设置主要包括 Windows XP 系统的安全配置、系统的备份和恢复、数据的备份和恢复、防火墙的选择及设置、计算机病毒的防范等。

物流信息技术的飞速发展,在物流领域的广泛渗透和应用,已经对整个物流企业产生重大影响。但是，物流信息化并不是"包治百病"的灵丹妙药，不能把传统物流企业的所有问题一次性解决，它仅仅是一种提升企业竞争力的途径，还能帮助企业"强身健体"，激烈的市场竞争最终靠的还是企业的综合竞争力。

思考与练习

一、填空题

1. 系统运行管理的根本目的是（　　）都能在管理者的控制之下，以预订成本按期、按质地完成软件并交付用户使用。
2. 所谓运行管理就是对物流信息系统的（　　）。
3. （　　）的建立是与信息系统在企业中的地位分不开的。
4. 物流信息系统的运行管理工作是系统开发工作的继续，也是系统能否达到预期目标的根本，主要包括（　　）。
5. 数据的收集工作一般包括（　　）。

二、判断题

1. 软件是一门科学，它不是一门与人及组织有着密切联系的技术。（　　）
2. 信息系统投入使用后，日常运行的管理工作量巨大，通过信息系统必须完成数据的收集、例行的信息处理及服务工作、计算机本身的运行与维护、系统的安全管理四项任务。（　　）
3. 数据录入工作，也就是对数据进行把关。（　　）
4. 例行的信息处理及服务工作包括：例行的数据更新、统计分析及保存、与外界的定期数据交流等。（　　）
5. 信息系统的安全性体现在保密性、可控制性、可审查性，它是日常工作的重要部分之一。（　　）
6. 系统运行工作数量主要包括物流信息管理系统投入后的具体使用情况、使用时间、数据位置、系统存储情况、使用频率和数据积累总量等。（　　）
7. 系统运行工作效率是指物流信息管理系统投入正式使用后完成的工作量与所耗费的人力、物力的比较。（　　）
8. 系统运行工作质量是指物流信息管理系统投入正式使用后的工作速度。（　　）
9. 系统中的数据、软件和硬件都有一定的更新、维护和检修的工作规程。这些工作都要有详细、及时的记载，包括维护工作的内容、情况、时间、执行人员等。（　　）
10. 数据保持是保证系统安全的一个重要措施，它能够保证在系统发生故障后能恢复到最近的时间界面上。（　　）

三、单项选择题

1. 现实中，由于（　　）、黑客、人为因素等多方面的影响，物流信息系统常常面临被攻击、被破坏的危险。
    A. 病毒　　　　　B. 风险　　　　　C. 系统漏洞　　　　　D. 系统共享
2. 如果系统（　　）工作不做好，整个系统的工作就成了"空中楼阁"。

  A．界面设计   B．数据收集 C．模块设计 D．功能设计

3．系统的（　　）不只是指计算机本身的故障，而是对整个信息系统来说的。

  A．死机   B．黑屏   C．数据错误 D．故障

4．（　　），包括异常情况的发生时间、现象、处理人、处理过程、处理记录文件名、在场人员等。

  A．异常情况 B．黑屏   C．数据错误 D．故障

5．（　　）是为诊断和改正系统中潜藏的错误而进行的活动。

  A．数据维护 B．正确性维护 C．硬件维护 D．软件维护

四、简答题

1．人员的管理主要包括哪三个方面内容？
2．物流信息系统运行中需要收集的资料有哪些？
3．文档管理应从哪几个方面着手？
4．系统的安全管理有哪些？
5．物流信息系统攻击的类型有哪些？

五、论述题

1．简述系统维护的类型。
2．简述物流信息系统维护的过程。
3．简述物流信息化对现代物流企业的影响。

六、案例分析

案例：西城人民商场的信息系统[①]

  西城人民商场是一个大型综合性零售兼批发的商业企业，全场共有职工3 000余人，年销售额2.4亿元，创利润1 200多万元，属于全国大型百货商场之一。商场实行二级核算（场部、经营部），三级管理（市场部、经营部、柜组），下设18个经营部及财会、业务、劳动人事、统计、物价等10余个科室。商场经营商品量多面广，达到多个大类两万多个品种。商品在进、销、存等流转过程中，产生了大量需要加工、传递、存储、使用的信息。为了更好地开发利用信息资源，使信息在预测市场动向、指导购销业务、扩大商品经营、增强企业活力方面发挥着应有的作用，商场领导非常重视信息系统的建设和信息工作的开展，总经理亲自挂帅，并组织专门机构、安排专人从事信息工作。不但研制开发了较为先进的计算机信息系统，在信息的反馈、收集、交流、利用方面也开展了大量工作，取得了很大成效。

  1988年，商场与西城电子研究所合作，开始联合研制"零售商业企业管理信息系统"。双方签订了技术合同，组成了包括双方成员的课题组，完成了总体设计方案，并通过评审，系统实施。9月，在商场的北站分场投入试运行。

  该系统采用计算机局部网络，网上设置7个工作站，各工作站分布于分场第一经营部、第二经营部、第三经营部、批发部、办公室、计算机室等部门。整个系统以场部管理分系统和经营部管理分系统两部分组成。场部管理分系统包括服务质量管理子系统、

---

 ① 资料来源：NOS供应链管理实训系统素材库。

劳动人事管理子系统、财会子系统、总经理查询子系统。经营部管理分系统包括基础数据管理子系统、商品流转异常处理子系统、商品库存管理子系统、物价管理子系统、商品经营统计子系统、商业会计核算子系统、商品销售管理子系统、商品进货管理子系统等。系统运行后，取得了较好的经济效益和社会效益。

首先，促进了商场管理水平的提高，建立健全了全场商品、财会科目、部门的分类原则和代码体系，对商品进、销、供等重要环节进行全面管理，完成了各主要环节信息的收集、分类、存储和查询，确保企业范围内信息流动及时、准确和一致，并便于各部门实现信息资源共享。

其次，以大量、准确、及时的信息辅助领导决策。如经理可在计算机屏幕上看到前一天的进、销、存和财务信息。系统可方便地对商品进行ABC管理，保本、保利分析，销售分析，库存结构分析及动态控制，从而使经营决策人员及时把握销售信息，突出经营重点，新进商品适销对路，库存结构趋于合理，减少了库存积压，加快了资金周转，费用水平下降，销售额上升。系统运行半年后，与过去同期相比，商品库存金额减少175.78万元，销售增长398万元，库存资金平均周转次数增加0.65次，库存资金平均周转天数减少5.2天，增加利润62万多元。

最后，商场内部银行通过计算机能及时对银行往来账务进行处理，迅速提供准确信息，保证了对全场各部资金数量进行统一平衡和合理调整。不仅保证了业务活动的需要，而且使信贷资金保持在合理的水平，半年时间即减少贷款金额100多万元，节约利息6万元。

在建立先进的计算机信息系统的同时，商场也加强了常规信息手段和全面信息网络的建设。场部设置了专职信息员岗位，每个经营部、每个柜台都确定了兼职信息员，人人都必须随时随地注意收集和应用有关信息。其具体做法是：

（1）通过报纸、杂志、参观、交流、信息发布会等多种渠道获取信息，经过分析、加工、整理后，为领导决策及经营业务服务。例如，商场信息员从网络交流会上得知银行将拿出一定数量的黄金饰品回笼货币的信息后，商场领导果断决定经营黄金饰品，仅半年就实现销售额300万元，盈利50多万元。

（2）随时注意收集新产品、名优产品信息，结合消费趋向分析，寻求尚未进入商场或即将走俏的商品，以扩大商场经营品种，满足市场需求，提高经济效益。

（3）从企业的整体形象和长远利益出发，利用各种大众传播媒介和人际传播手段，在社会公众中树立商场的良好形象，提高商场的知名度和美誉感。同时结合产品宣传和优质服务，促进产品销售，创造直接效益。

（4）加强质量跟踪和信息反馈，在消费者和生产厂家之间发挥信息中介作用。一方面，积极宣传新产品，引导消费；另一方面，及时向生产部门和领导机关反馈产品质量、销售动态、市场趋势等方面的信息，促进更多的适销对路的新产品不断问世，商场本身也可从中直接受益。

思考与练习

讨论

1. 商业企业计算机信息管理系统运行的先进性表现在哪些方面?

2. 在以计算机为中心的信息操作、管理系统功能不断扩大的情势下,传统的人工信息操作、管理系统的运作有没有必要加强?若有,商业企业应怎样着手?

3. 近几年大中型商业企业出台了许多经营、管理的新举措,你认为,像西城人民商场这类于前几年建立并投入运行的计算机信息系统发展上应注意哪些工作内容,才能适应做好商业工作的新要求。

参 考 文 献

[1] 李凯. 物流信息系统[M]. 北京：北京交通大学出版社，2013.
[2] 王世文. 物流管理信息系统[M]. 北京：电子工业出版社，2010.
[3] 刘键. 物流管理信息系统[M]. 北京：清华大学出版社，2012.
[4] 冉文学. 物流管理信息系统[M]. 北京：科学出版社，2010.
[5] 凤凰出版社. 物流管理信息系统应用开发指南[M]. 北京：凤凰出版社，2009.
[6] 田宇. 物流管理[M]. 广州：中山大学出版社，2013.
[7] 夏火松. 物流管理信息系统[M]. 北京：科学出版社，2012.
[8] 李於洪. 物流信息管理[M]. 北京：人民交通出版社，2014.

教师服务

感谢您选用清华大学出版社的教材！为了更好地服务教学，我们为授课教师提供本书的教学辅助资源，以及本学科重点教材信息。请您扫码获取。

▶▶ 教辅获取

本书教辅资源，授课教师扫码获取

▶▶ 样书赠送

物流与供应链管理类重点教材，教师扫码获取样书

 清华大学出版社

E-mail：tupfuwu@163.com
电话：010-83470332 / 83470142
地址：北京市海淀区双清路学研大厦 B 座 509

网址：https://www.tup.com.cn/
传真：8610-83470107
邮编：100084